勝ち残る飲食店の「メニュー開発」はここが違う

原田 諦

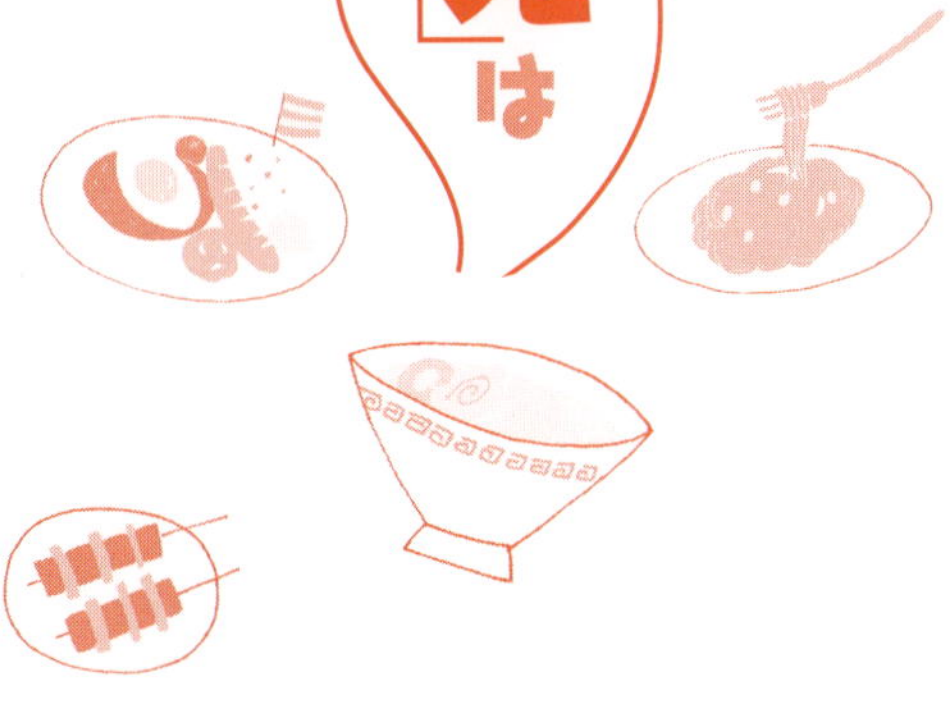

同文館出版

まえがき

飲食店の経営者は、売上げが低迷したりライバル店が現われると、「看板メニューがあったら……」、「あの店に負けないメニュー開発ができたら……」などといった考えが湧いてくることと思います。

しかし、いざメニュー開発に取りかかると、どうしたら売れるメニューになるのか、本当に他店との競争に勝てるのか、原価は大丈夫かなど、不安を抱く人が少なくありません。

たしかに、次々に新しい飲食店が開店している今日、それらの店が、お客のニーズやトレンドをとらえているとすれば、これに対抗するメニューを開発し続けるのは容易なことではありません。

自慢の看板メニューや季節メニュー、月替わりメニュー、曜日別メニュー、さらにはランチメニューや日替わりメニューなど、その開発への精神的負担と労力は並大抵のことではありません。

私は、雑誌『近代食堂』（旭屋出版）で〝独創メニューで勝つ〟をテーマに、10年以上連載を続けてきました。以上のことは、メニュー戦略に情熱を傾け、数多くのメニュー開発に携わってきた経験からも言えることです。

しかし、メニュー開発は何も発明的なことではありません。日常生活の中から浮かんだヒントやアイデアを、他の店にはないオリジナルな料理としてデザインするだけなのです。それには、店を取り巻く環境やその地域に潜在している客層、そしてその食生活の習慣をとらえていくことが基本です。これらについては、本文中でくわしく説明しましたが、ぜひそれらを、メニュー開発のポイントとして活用してください。

最近では、料理レシピがついた写真入りメニューが掲載された女性誌や飲食専門誌が一般的になりました。これらのコーナーの人気が高いということでしょう。これは、メニュー開発のヒントを得ようとしている人が多いということに他なりません。

しかし、これだけは言えることですが、それらのメニューのコピーが名物メニューや看板メニューになることはない、ということです。オリジナルメニューを開発するのであれば、絶対に他店では真似ができない「コンセプト」によって、開発に挑むことが賢明と言えるでしょう。

本書は、平成14年に刊行した『必ず当たる！ 売れるメニューはここが違う！』（同文舘出版）に続き、売れて儲かるメニュー開発の極意を、誰にでも理解できるよう、図を多数用いて解説しています。

また、50業態のメニュー開発のポイントを、それぞれ解説しましたので、調理経験の少ない方やフードコーディネーターの方々にも活用できるものと考えています。難しい理論よりも、メニューを開発するための考え方とそのポイントをつかむことが重要と考え、実践的に活用できるような内容になったと自負しています。

さらにコラムでは、私がコンサルティングの一環として開発した独創メニューの一部を紹介しています。これを参考にして、独自メニューを開発していただけたら、と思います。

しかし、飲食店は未だに過当競争、激戦であることに間違いはありません。したがって、単なるアイデアや思いつきだけでメニュー開発をしてしまうと、店のコンセプトとの整合性の欠如や原価の高騰などによるリスクが発生することは否定できません。

本書に抽出されたコンセプトや実践的なノウハウをマスターして、売れて儲かるメニュー開発を行ない、繁盛店になるべく、たゆまず精進されることを願ってやみません。

２００８年４月

原田　諦

1章 儲かるメニュー開発のための基本的な考え方

2章 儲かるメニューは〝差別化にこだわる〟

3章 なぜ、メニューが〝売れない〟〝儲からない〟のか？

4章 〝売れる〟〝儲かる〟メニューを創造しよう

5章 〝売れる〟〝儲かる〟メニュー開発の実務

6章 居酒屋のメニュー開発とそのポイント

7章 麺店のメニュー開発とそのポイント

8章 日本料理店と郷土料理店のメニュー開発ポイント

9章 中華料理店のメニュー開発ポイント

10章 その他の飲食店のメニュー開発ポイント

1章

儲かるメニュー開発のための基本的な考え方

01 メニューは飲食店の生命線

飲食店が、過当競争時代を勝ち抜いていくには、メニュー戦略を欠かすことはできない。どのようなすばらしい雰囲気と接客サービスがあろうと、お客様が求めるのは、その店のおいしい料理にあるからだ。

　では、おいしい料理をメニューに並べていれば競争に勝てるかと言うと、必ずしもそうとは言えない。お客様は、気分によって料理のおいしさや飲食の楽しさを味わおうとする複雑な心理が働く。ここが、飲食業の難しさである。

　私は、メニュー戦略を核に飲食店経営のコンサルティングを長年手がけてきた。その経験から見ると、メニューづくりを疎かにしている飲食店のほとんどが、競争や競合に巻き込まれ、それが引き金となって経営不振に陥っている。

●メニュー戦略は飲食店の最大のノウハウ

　飲食店経営における、最大の〝要〟はメニューにある――私は常々こう言っている。それは、集客をはじめ客単価や収益性を求めるうえで、メニューがもたらす影響が何よりも大きいからである。

　メニューに魅力がなければ、お客様はその店に魅力を感じることはない。また、価格設定や原価設定によっては、お客様に割高感を与え、利益の減少にもつながる。つまり、メニューは単なる飲食店のカタログではないのである。

●メニューをマーケティング視点でとらえる

　売れる、儲かるメニューを開発するうえで、メニューマーケティングを無視することはできない。つまり、メニューをマーケティングの視点からとらえることが大切になってくる。

　お客様の欲求は、社会や経済の動きによって変化する。その欲求を探りあてれば、自ずとメニュー戦略が見えてくるはずだ。

　近年の企業経営においても、マーケティング戦略が重視されているのは、モノが売れない時代だから、ということになる。これは、飲食店のメニュー戦略においても当てはまる。

メニューの組み立て方

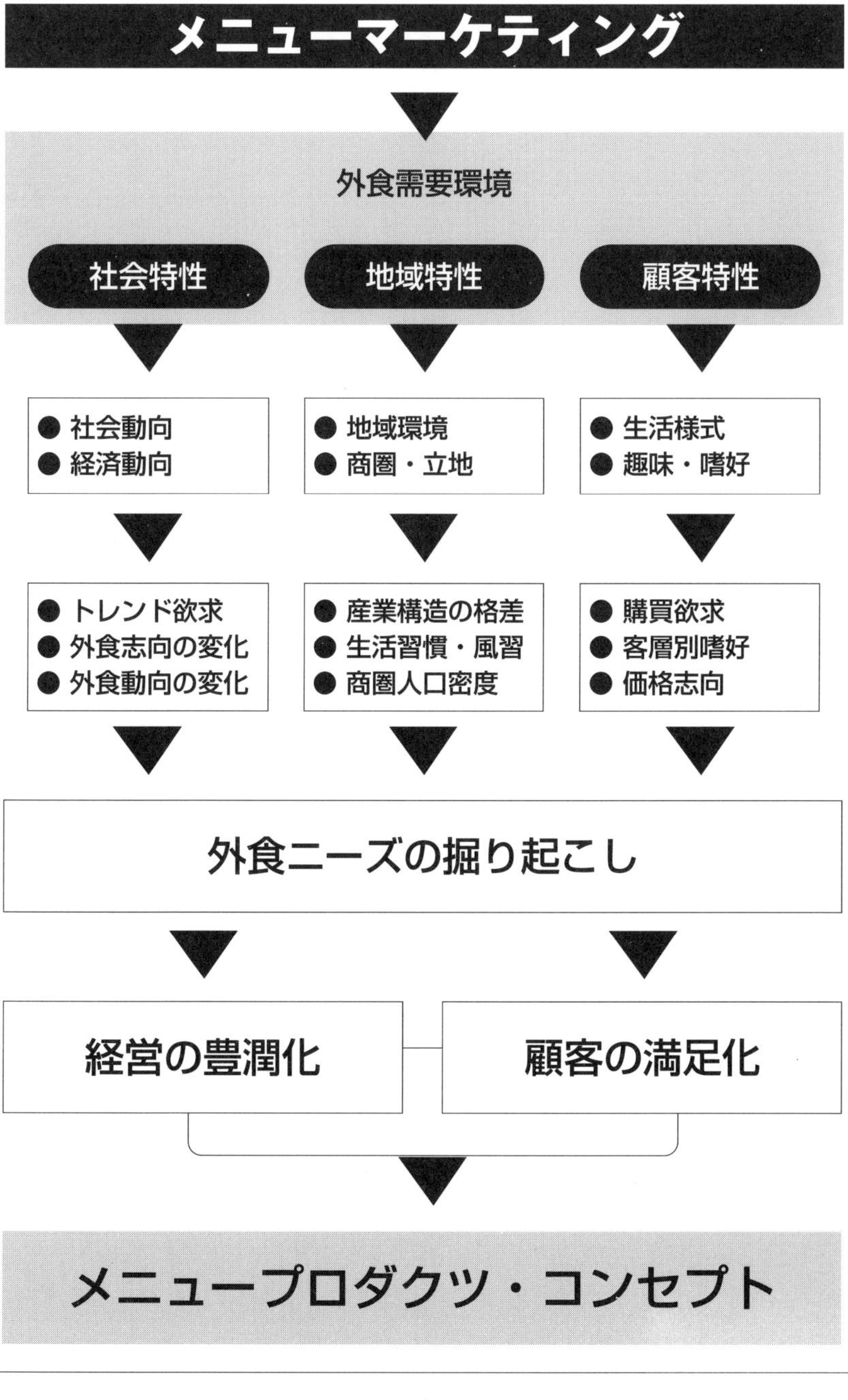
メニューマーケティング
外食需要環境
社会特性
地域特性
顧客特性
● 社会動向
● 経済動向
● 地域環境
● 商圏・立地
● 生活様式
● 趣味・嗜好
● トレンド欲求
● 外食志向の変化
● 外食動向の変化
● 産業構造の格差
● 生活習慣・風習
● 商圏人口密度
● 購買欲求
● 客層別嗜好
● 価格志向
外食ニーズの掘り起こし
経営の豊潤化
顧客の満足化
メニュープロダクツ・コンセプト

02 情報社会を活用したメニュー戦略

情報の一般化により、情報そのものが生活手段としての重要な役割をはたしている。とくに、社会全体がインターネット全盛期を迎えたことで、お客様の生活様式が大きく変わってきた。

たとえば、買い物と言えば、これまでは店頭へ行かなければならなかったが、インターネットを通じてできるようになり、パソコンや携帯電話で世界中の情報が手に入るようになった。こうした社会環境にあれば、お客様の生活様式が変わるのは当然と言ってもおかしくない。

しかし、それでも飲食店の情報を発信しようとすると簡単ではない。それは、情報の作り方、発信方法がわからないからである。

そのため、お客様にとって飲食店の情報は、広告宣伝としか映らないのである。

●顧客名簿はメールアドレスの時代

とは言っても、ただ闇雲に情報を流しても、効果はあまり期待できない。その情報を必要としている相手を探すことがポイントになる。昨今、インターネットを開くと、セールスメールが1日に何件も入るのは私だけではないだろう。これらは広域商戦なので、それなりの効果が期待できるかもしれない。

しかし、飲食店の場合は商圏が狭いためその効果は期待できない。そこで、メールアドレスによる顧客名簿づくりも一考だ。顧客名簿は、一度来店してくれたお客のデータだから、こちらの情報にも興味を持ってくれるに違いない。

●情報は、発信よりも受信するほうが有利

一般的に、情報発信によるメリットを考えている経営者は多い。しかし、相手が必要としている〝モノ・コト〟の情報を手に入れたほうが有利になる。たとえば、「今日はこれがお勧めです！」と言うよりも、「今日は何を召し上がりたいですか？」と聞いたほうがお客様に喜ばれるだろうし、確実な営業ができる。メニュー戦略も同じで、お客様が欲しがっている商品を情報ネットから抽出すれば、売れることは間違いない。これも、情報化社会だからこそのテクニックと言える。

情報社会のメニュー販売戦略

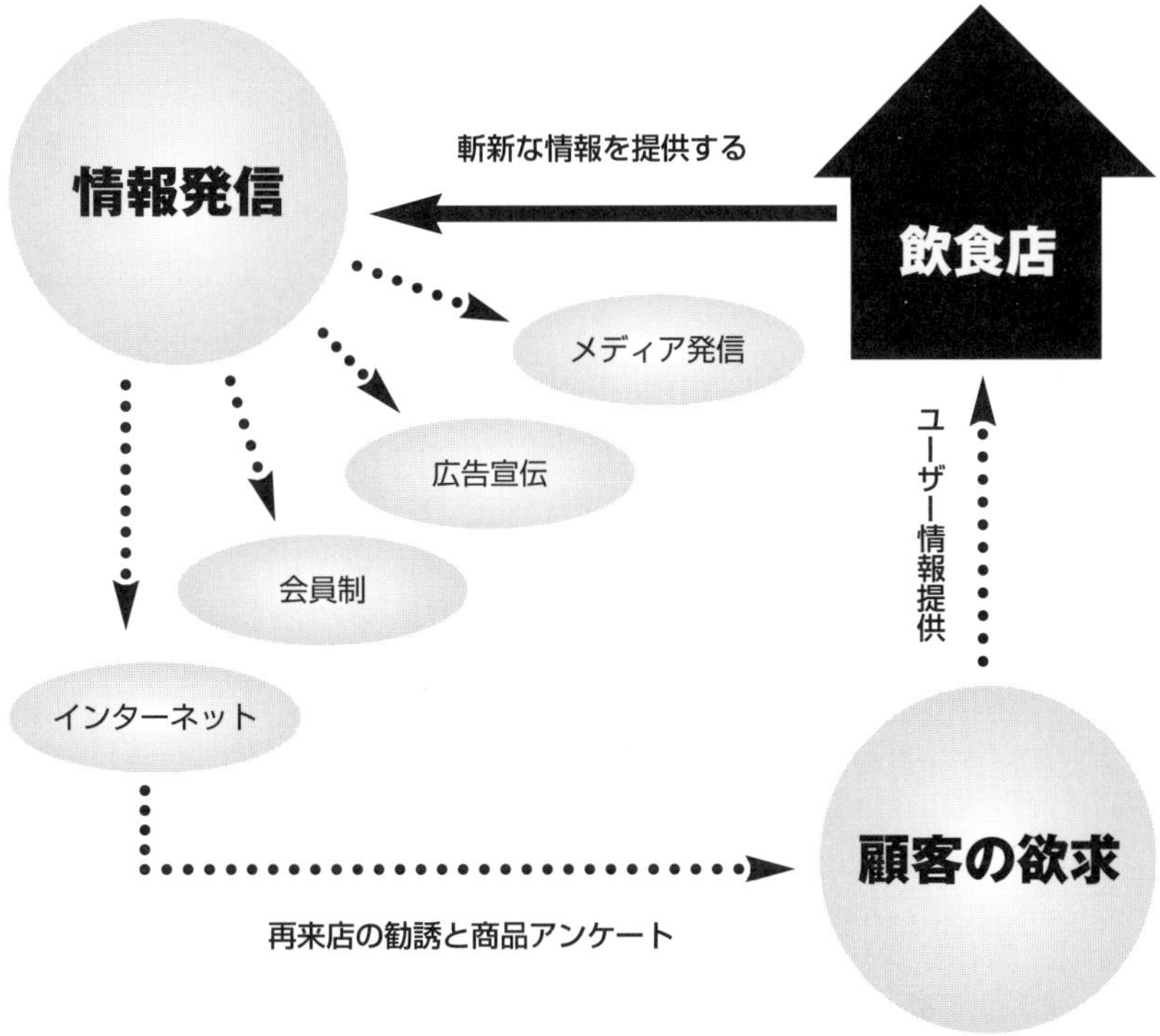

Hinomaruさま
いつも、ご来店を有難うございます。

さてこのたびは、当店の春メニュー開発のヒントを頂戴するためにメールをさせていただきました。Hinomaru 様がこの春、召し上がりたいとお考えの料理をご連絡いただけましたら幸いでございます。

ご来店の節には、生ビール一杯をサービスさせていただきます。

どうぞ、お待ちしております。

グットダイニング○○食堂
E-meil:gochisou.com　tel000-0000-0000

03 オリジナルメニューが一般化する見極め

他店では食べることができない「看板メニュー」や「自慢の一品」でも、永遠にその地位を保つことができるのは稀なことである。

なぜならば、社会の変化によって、消費者の求める〝おいしさ〟や〝価値観〟が変化するからだ。さらに、情報化社会によって、これまでの「わが家の名物」は「隣の名物」にもなりかねない。

つまり、情報の一般化が進むにつれて、オリジナルの一般化も進むものと考えなければならない。オリジナルメニューがオリジナルでなくなれば、お客様がその店にソッポを向くのも時間の問題と言える。そこで、オリジナルメニューの価値観が失われていないかどうかを見極めることが重要になる。

●売れ筋が平均化していないか

オリジナルメニューは、他のメニューよりも群を抜いて売れているから、その価値がある。他の商品と同じレベルでは、何のためのオリジナルなのかわからなくなる。その店でしか食べられない料理だからこそ、お客様はわざわざ足を運んで食べに来るのだ。

そのオリジナル商品も食べ飽きられ、他店でも食べられるようになると、その商品の売上出数が徐々に減少してくる。これをいち早くキャッチして、オリジナルメニューの改革をするか、新たな商品を開発することが、客離れを防ぐポイントとなる。オリジナルメニューが、他の商品の売上個数に近づいてきたら、赤信号と考えていい。

●新客とリピーターが増えているか

オリジナルメニューは、新客を呼ぶとともにリピーターを確保するメニューとも言える。その店でしか食べられない料理だからこそ、噂や口コミ効果によってお客様が集まるのだ。しかし、このオリジナルメニューの効果が薄れてくると、この商品を求める新客が減りはじめ、リピーターも少なくなる。この時点をオリジナルメニューの一般化と見極めるのである。

これを適切に見極めることができれば、売上げを落とすこともお客様を失うこともなくなるだろう。

オリジナルメニュー一般化の見極め

	これまでのメニュー		現在のメニュー		評価
	メニュー名	売上個数	メニュー名売上個数		ポイント
1	**地鶏唐揚げ**	880	ピリ辛唐揚げ	680	-20
2	ピリ辛唐揚げ	700	**地鶏唐揚げ**	650	**-230**
3	スティックチキン	650	スティックチキン	580	-70
4	カジュアルステーキ	580	和牛ハンバーグ	420	240
5	**飛騨牛サイコロステーキ**	420	カジュアルステーキ	400	**-180**
6	グリーンサラダ	400	**飛騨牛サイコロステーキ**	330	**-90**
7	**飛騨牛サーロインステーキ**	280	チキンステーキ	280	160
8	海老ピラフ	250	海老ピラフ	220	-30
9	**シーフードサラダ**	220	チキン照り焼き	145	-50
10	チキン照り焼き	195	**飛騨牛サーロインステーキ**	130	**-150**
11	和牛ハンバーグ	180	ジャンボハンバーグ	120	10
12	ポテトサラダ	150	**シーフードサラダ**	115	**-105**
13	チキンステーキ	120	グリーンサラダ	98	**-302**
14	ジャンボハンバーグ	110	ポテトサラダ	88	-62
15	**海老サラダ**	98	**海老サラダ**	65	-33
	計	5233		4321	-912

上表は、メニュー分析によるオリジナルメニューの一般化チェックである。太字がオリジナルメニューとして導入したものだが、3ヶ月後には右のような売上個数になっている。全体的に売上個数が減少しているが、オリジナル商品の売上個数が、とくに減少している。しかし、これらの類似商品の売上個数が逆に増えていることがある。和牛ハンバーグとチキンステーキが大きく伸びているのは、オリジナル商品が一般化しているとものと見られる

04 儲かるメニュー開発は、経営を前提に

社会や経済は、絶えず変化し続けている。またその変化につれて、お客様の需要や好みも変化している。したがって、店がその変化やニーズをとらえることができなければ、経営は必然的に衰退していくことになる。

そのため、看板メニューやオリジナルメニューの上にあぐらをかくことなく、市場の変化に応じて、新しいメニューの開発を続けていかなければならない。

しかし、単にメニュー開発をすればいいというわけではない。新メニューが経営に貢献できなければ、経営を悪化させる原因にもなりかねないからだ。

●新商品を導入したら類似商品をメニューから外そう

新メニューが増え続けると、経営効率が悪くなる。食材のロスや提供時間の遅延などが起こるからだ。それだけなく、お客様がメニューを選びにくくなる。これが原因で新商品が目立たなくなり、他の商品と競合をしてしまうことになる。

これでは、せっかくのメニュー開発も効果を発揮することはできない。そこで、開発されたメニューの類似商品をメニュー表から外す必要がある。人気のある商品を外す必要はないが、死に筋商品を残しておくと新商品の売上げを妨害するからだ。死に筋商品を見分けるには、売上個数ABC分析によって、Cランク以下にある類似商品を取り除くのである。

●「お客様の満足」と「経営豊潤」の両立を前提に開発しよう

しかし、売れ行き個数でわずかに5%に満たない商品でも、収益性の高い商品は残さなければならない。経営貢献度が高いからだ。

この場合は、その商品の再開発を実施する。収益性の高い商品に人気が出れば、経営効果はさらに高まるからである。開発されたメニューの評価は、売上個数で「お客様の満足」を、売上高で「経営の豊潤」を読み取ることができる。

そして、この両立を目指すことが、経営を有利に導くためのメニュー開発であり、メニュー戦略の極意なのである。

メニューの組み立て方

	商品名	単価	売上個数	売上高	原価率	粗利益高	査定
		付加価値	顧客の満足度	経営貢献度	収益貢献度	経営豊潤化	ランク
1	とんこつラーメン	750	940	705,000	28%	507,600	
2	味噌ラーメン	780	850	663,000	31%	457,470	
3	焼き餃子	300	800	240,000	18%	196,800	A
4	海鮮ラーメン	880	680	598,400	36%	382,976	
5	醤油ラーメン	580	500	290,000	26%	214,600	
6	大蒜チャーハン	600	350	210,000	30%	147,000	B
7	五目ラーメン	800	280	224,000	33%	150,080	
8	海老チャーハン	880	190	167,200	25%	125,400	
9	サンマー麺	680	150	102,000	28%	102,000	C
10	塩ラーメン	550	150	82,500	26%	61,050	
11	海老タンメン	800	110	88,000	32%	59,840	
12	ライス	200	100	20,000	22%	15,600	
13	中華丼	750	80	60,000	35%	39,000	
14	角煮ラーメン	980	65	63,700	43%	36,309	D
15	チャーシュウ麺	850	60	51,000	36%	32,640	
16	サラダ付け麺	550	45	24,750	30%	17,325	
17	半ライス	100	30	3,000	22%	2,340	
合計			5410	3,592,550	29%	2,695,030	

この分析表では、売上の50%までをAランク、80%までをBランク、90%までをCランクとしている。残りの10%のDランクメニューの改正、もしくは廃止を考える

05 メニュー開発は営業コンセプトとの融合が大切

●営業コンセプトをどう考えるか

飲食店にとって、「コンセプトの設計」がいかに重要かは今さら言うまでもないが、とりわけ大切なのが「営業コンセプト」である。

コンセプトとは、モノ・コトを具現化するための基本的な考え方だから、そもそもコンセプト抜きで店や商品を作っても上手くいくはずがない。

メニュー開発を成功させるためには、この営業コンセプトを無視することはできない。しかし、開業やリニューアル時点ではコンセプトと融合していても、自由な発想やひらめきが優先されて、営業コンセプトとかけ離れてしまうケースが少なくない。

これでは、たとえオリジナルな商品であっても、その店の付加価値として貢献することはできない。

岐路に立ったときは、いつも原点に立ち返ることが物事の原則である。

メニュー開発においても、営業コンセプトをテーマにしているからこそ、お客様は店に対する信頼とその満足をより大きく膨らませるのである。

●メニューと営業コンセプトとのズレは致命的

飲食店の経営においては、営業コンセプトを再確認しながら、顧客をはじめ商品、店舗、接客の各コンセプト間にズレがないかどうかをチェックしながら進めることが大切である。

とりわけ、営業コンセプトとメニューコンセプトのズレは経営の致命傷にもなるため注意が必要である。競争激化にさらされている飲食店は、看板メニューやオリジナルメニューの開発によって、経営を有利に導こうと考えるのは必然である。しかし、店に存在するそれぞれのテーマがバラバラに崩れると、お客様はその店に魅力を感じなくなってしまう。

メニューの考え方も同じで、営業コンセプトに準じた商品開発を目指すことが求められる。お客様は、単に〝おいしい〟というだけでなく、その商品がなぜ生まれたのか、というストーリーに対する興味も抱いているからである。

営業コンセプトと商品コンセプトの融合

営業コンセプトの抽出

▼

ターゲット客は？	▶	地域の家族連れと一般客
どのような商品を？	▶	大衆中華
その価格帯は？	▶	600～1,500円
どのような利用が？	▶	ランチとディナー
何が特徴の店か？	▶	本格中華をカジュアルに

▼

営業コンセプト

チャイナダイニング

▼

- 商品構成は？
- 価格構成は？
- 時間帯の主力商品は？
- 店の名物商品は？
- 店のお値打ち商品は？

▼

メニューコンセプト

06 独自性を掘り起こすための商品コンセプト

●お客様がその店を選ぶ理由とは？

飲食店にとって何よりも大切なのは、〝その店の料理〟である。したがって、メニュー開発にあたっては、独自性の高い商品開発が必須である。

日々刻々と変わりゆくお客様の嗜好は、止まることを知らないかのようだ。舌も肥え、食生活のセンスも向上している。加えて、競合店がひしめく過当競争の時代でもある。特徴のない「ありきたりの料理」では、お客様はすぐにソッポを向いてしまうだろう。

ただ食欲を満たすためだけなら別だが、お客様が求めているのは、「その店でしか食べられない料理」である。でなければ、わざわざその店を選ぶ理由はない。〝何でも屋〟を目指したところで、競合店に勝てる確率は低いため、商品の付加価値を高めるための「商品コンセプト」によって差別化を図ることが大切なのだ。

●商品コンセプトは営業テーマとターゲット客を睨んで

メニュー開発をするうえで忘れてはならないのが、店の営業テーマと、ターゲットとする顧客を前提に考えることである。このテーマを無視すれば〝よそ者商品〟ということになる。

つまり、メニュー構成に属さないメニューになってしまうのだ。これでは、いくら独自性が高い商品であっても、客層をはじめ店の雰囲気やサービスと融合しないため、お客様がそれを求めることはないはずだ。

たとえば、業態が「ステーキ店」として、営業コンセプトを「美容と健康のステーキ店」と設定する。するとターゲット客は、「女性と熟年」が中心客層となるだろう。このコンセプトに、ボリュームいっぱいの〝アメリカンステーキ〟を提供しても、お客様から支持されることはないだろう。

そこで、営業コンセプトに準じた商品コンセプトが必要となる。たとえば、「美容と健康」「女性と熟年」のコンセプトを考慮すれば、「たっぷり煮込み野菜牛フィレステーキ」などの商品コンセプトが浮上してくる。これで、他のコンセプトと融合した独自性の高いメニューが生まれるのである。

商品コンセプト抽出チャート

営業コンセプト
美容と健康のステーキ店

潜在顧客	若い女性客層	主婦層	熟年層
顧客特性	肥満を嫌う	美肌を保ちたい	健康第一
潜在需要	友人仲間でグルメ満喫	井戸端会議も飲食店で	少量でも高品質
嗜好特性	欧風メニューに目がない	体験欧風グルメ	胃に軽い、柔らかグルメ
キーワード	贅沢ダイエット	欧風美容	柔らかヘルシー

商品コンセプト
たっぷり煮込み野菜牛フィレステーキ

07 売れるメニューに不可欠な〝顧客コンセプト〟

●そのメニューを求めるお客様を明確にしておく

売れるメニューを開発するポイントは、お客様が必要としている商品を探し出し、独自性とおいしさなどの商品力を高め、手ごろな値段をつけることである。

しかし、その商品を誰に売るのかを明確にしておかなければ、売れるはずはない。メニュー開発で成功するには、その商品を求めるお客様を、あらかじめ狙い定めておくことが大切である。

お客様は、年齢や性別、さらには職業や収入によって、その嗜好や需要が変化してくる。

たとえば、ビジネス街の生活者は流行を求め、グループによる外食利用が多い。一方、工業地域の労働者は消費の計画性に乏しく、金銭感覚も大雑把であることから、外食利用も衝動買い的利用が多い。また、男性と女性では消費志向も異なってくる。

たとえば、男性は外食消費において計画性がなく、情緒やその場の勢いに乗せられやすい。また、女性はシビアなようでも、食べ物の誘惑に対しては衝動的な消費志向が強い。

こうしたお客様の買い物動機を探ったうえで、どの客層を狙うのかをはっきりさせておくことが、メニュー開発を成功に導くコツなのである。

●顧客コンセプトは立地に潜在する客層を調査する

顧客コンセプトの考案は、商圏となる地域の住民の調査からはじめる。地域が異なれば、そこに生活する人々の習慣や生活様式も変わってくるからだ。

極端に言えば、大都会と山村地域では、住民の嗜好や満足感、需要傾向などはまったく異なってくる。

商圏内の客層を調査することによって顧客コンセプトが生まれてくれば、メニュー開発の方向性が必然的に決まってくる。これによって、「どんなお客様に、何を、いくらで売るのか」という商品コンセプトが生まれてくるのである。

いずれにせよ、顧客コンセプトが不明確でターゲットを絞り込まない店は、よほどの味で評判を取らない限り、存在感をアピールすることはできないだろう。

潜在顧客の抽出とコンセプト

	広域立地	中間立地	近隣立地
地域特性	**第三次商圏**	**第二次商圏**	**第一次商圏**
潜在顧客	**近郊の商・工人**	**会社帰りのサラリーマン・OL、買い物流動客**	**国道を走るドライバー、近隣家族連れと浮遊客**
需要特性	**安物買い**	**ストレス解消**	**気ままにグルメ**
来店動機	**通りいっぺんの一時来店**	**3人集まればまず飲食**	**まずは財布と相談**
購買特性	**キワモノが好き**	**見栄を張っても財布は固い**	**好きなものを好きなだけ**
プライス特性	**稀に来店 1000円**	**仲間で割り勘 3000円**	**何でも食べて 2000円**
キーワード	**止まり木**	**イベント**	**おしゃべり**

顧客コンセプト

家族や仲間とワイワイ飲食

“同床同夢”

08 看板メニュー開発と店舗コンセプトの関係

●お客様は店をイメージでとらえる

飲食店には、一貫性がなければならない。この一貫性とは、店舗、商品、サービスのすべてをバランスよく融合させることである。そのひとつでも崩れてしまうと、店の楽しさや料理のおいしさが失われてしまうことになる。

そのためには、店舗の雰囲気に準じたメニューを作らなければならない。もし、古戦場の雰囲気で創られた店舗でスパゲティーがあったら、その店のスパゲティーに対して、お客様はどう思うだろうか。少なくとも、その店をスパゲティー専門店とは思わないはずだ。

お客様は、店をイメージでとらえている。料理と店の雰囲気とサービスをまとめて〝○○の店〟としてイメージしているのだ。

したがって、その店のイメージに合わない料理に対しては、不信感さえ抱きかねない。

そのため、お客様の頭の中に店のイメージが浮かびやすいように、店のコンセプトとメニューの関係を一体化させることが大切になるのだ。

●店舗ストーリーに登場する商品が名物メニューになる

メニューは、店のテーマと合った商品群や価格群で構成されるべきであり、同時に店のテーマを演出、表現して、お客様に伝達するための最大の〝ツール〟と考えるべきである。

とくに看板メニューや、その店でなければ食べられないメニューの場合は、店舗の雰囲気と融合させなければ、その商品価値を表現することは難しい。たとえ、その商品が一時的に売れたにしても、決して長続きすることはないだろう。

逆に、たとえば店舗コンセプトを「西遊記」の一場面を雰囲気として完成させていたとすると、看板メニューとして〝天竺おにぎり〟や〝悟空の如意棒巻き寿司〟、〝魔王の激辛○○〟などのネーミングと、それを表現できるようなメニューがあれば、看板メニューとしての存在感はもちろん、店のアイデンティティーも高まるはずである。

オリジナルメニューと店舗コンセプト

商品戦略への確認

● **営業コンセプト**
大衆物語で創るラーメン店

● **経営戦略**
西遊記をテーマに

● **営業形態**
本格ラーメン店

● **社会環境**
不安社会にロマンを

●**競合状況**
屋台ラーメンの一般化

商品イメージ

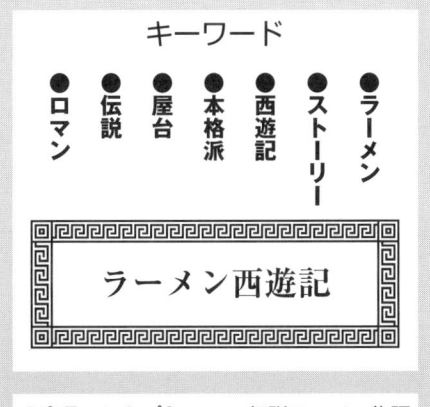

キーワード

- **ラーメン**
- **ストーリー**
- **西遊記**
- **本格派**
- **屋台**
- **伝説**
- **ロマン**

ラーメン西遊記

●**商品コンセプト** ………伝説ラーメン物語

●**メニュー解説** …中国古来の本格ラーメン

店舗コンセプトの抽出
（営業・顧客・商品コンセプトの融合

（メディア性）	（ステージ性）	（スクエア）
西遊記物語	**中国古典食堂**	**大衆ロマン**

（トータル雰囲気）
中国の屋台料理店

（店舗コンセプト）
猪八戒が潜む食いしん坊館

ツール1	ツール2	ツール3	ツール4
猪八戒 キャラクター	西遊記物語壁画	シルクロード テント	天竺風アーチ

09 儲かるメニュー開発のための市場調査

●商圏内にターゲットはいるか?

飲食店は基本的に、店の近くで生活している人を顧客として商売をする、比較的商圏が狭い業種である。高級店や特別な料理を出す店でない限り、お客様はそんなに遠くから足を運んでくれることはない。

したがってメニュー開発においても、商圏内のターゲット客がどれだけいるか、また、どのような嗜好を抱いているかなどを把握しておかなければならない。

この調査は、お客様がリピートできるエリアを三つに分けて考える。まず、店舗を中心にして3キロ範囲が一次商圏、このエリアは、日常的に利用してもらえる範囲である。次に、5キロ範囲が二次商圏、3キロを超えた5キロまでの範囲は、たまに利用してもらえる範囲だ。最後に、10キロ範囲を三次商圏とする。5キロ以上10キロまでのエリアにいる顧客は、稀にしか利用してくれない顧客ということになる。

しかし、この範囲内でも、道路や交通事情、テーマパークやショッピングセンターなどの施設、住宅街やオフィス街などの地域条件によって、お客様の流れや嗜好、需要が変わってくるため、これをとらえておくことが重要になる。

とくに一次商圏は、売上げの50%以上を確保できるエリアであるため、そこに生活している顧客のライフスタイルをもとにして、その需要特性や購買特性を掌握しておくことが重要になる。

●商圏のとらえ方は営業形態や規模によって異なる

飲食店の商圏のとらえ方にもいろいろある。営業形態や店の規模、営業コンセプトによって、範囲の広さを変えなければならない。たとえば、特別な料理を出す店や高級飲食店、大型レストランなどは、商圏を広くとらえないと商売にならない。一方、小規模店では、集客人数が少なくてすむため狭い商圏でもよい。

以上のように、その地域の生活者の消費傾向からメニューの方向性を探り、そのうえでオリジナルなおいしい料理を生み出す。これが、売れる・儲かるメニューを誕生させるための大きな要因なのである。

商圏調査によるメニュー戦略の考え方

第三次商圏
稀にしか利用しない客層商圏

商圏内状況	河川や鉄道、大通りなどで商圏が分断される場合もある
潜在顧客	買い物、お出かけ、通りすがり客
利用動機	衝動利用、交通便利、話題、目立つ
メニュー戦略	名物、オリジナルメニューで店の知名度を高める
メリット	遠距離客は、固定客になりやすい
デメリット	定期的な広告宣伝を要する

第二次商圏
たまに利用する客層商圏

商圏内状況	競合店と二分化される立地
潜在顧客	ドライバー、休日外食、買い物客
利用動機	要領よく店を選んで来店する
メニュー戦略	宴会、パーティーなどのグループ利用できるメニューで勧誘
メリット	高い客単価が望める
デメリット	競合・競争になりやすい

第一次商圏
日常的に利用する客層商圏

商圏内状況	食生活の中で日常的に利用される立地
潜在顧客	近隣住民、会社員、徒歩来店客
利用動機	日常外食とコミュニケーション
メニュー戦略	地域の競合店をにらみ、差別化されたオリジナルメニューで勝負
メリット	リピート客が多い
デメリット	メニューの飽食化

10 メニュー開発に必要な資料と分析

●メニュー開発は慎重な計画のもとに

昔から、「始めよければ終わりよし」とか「何事もスタートが肝心」などと言われているが、これはメニュー開発をする場合でも同じである。開発されたメニューが、お客様の再来店を促すか、経営に収益をもたらすかなどをチェックするために、資料の準備が必要になってくる。

その準備には、メニュー開発をするための必要資料やメニューを経営に活かすための経営分析などを揃え、そのデータに基づいてスタートさせることが大切になる。

たとえば、店の雰囲気とメニューの内容がズレていれば、お客様の喜びが半減し、メニューの値づけが不適正であればお客様は割高感を感じ、店にとってもマイナス要因が生じる。さらに、店舗規模に合わない商品構成や品揃えになると、調理場の煩雑さやサービスの劣化につながる経営リスクが生まれてくる。

以上のことから、メニュー開発は慎重な計画のもとに進めなければならない。そのためは、必要とする資料集めと現状の経営分析を怠ることはできない。

●経営分析をもとに、メニュー開発の必要性を考える

経営をうまく成長させるには、常に現状を知っておくことが大切になる。この状況を踏まえたうえで、さまざまな方策を展開していくのが経営戦略である。

そのためには、経営の現状を分析する。まず、売上分析で売上高の増減をはじめ、来客数の増減、客単価の増減とその傾向を四季別、月別、曜日別、時間別に分けてとらえる。これで、どこの売上げが増減しているのかが明確になる。

次に損益分析を行なう。これは、毎月の損益計算書に基づいて、どの月に収益が増減しているかを調べる。さらにメニュー分析を行なう。この場合、商品別売上高と売上個数をＡＢＣ分析によって、何がどれだけ売れているのかを明確にしていく。

このようにメニュー開発は、データと分析によって、経営のマイナス要因を穴埋めするために行なわれる。したがって、お客様を第一と考えながらも、常に経営をにらんでいかなければならないのである。

メニュー分析表

	商品グループ	アイテム	売上個数	平均単価	売上高	売上比	平均原価率	粗利益高
1	牛肉料理類	8	3,600	1,040	3,744,000	15.8	0.32	2,545,920
2	鶏肉料理類	7	2,100	950	1,995,000	8.4	0.28	1,436,400
3	羊肉料理類	5	900	1,100	990,000	4.2	0.39	603,900
4	豚肉料理類	2	240	820	196,800	0.8	0.25	147,600
5	野菜料理類	12	2,880	850	2,448,000	10.3	0.24	1,860,480
6	魚料理類	8	2,400	1,280	3,072,000	12.9	0.37	1,935,360
7	貝料理類	5	750	1,440	1,080,000	4.5	0.41	637,200
8	スパゲティー類	11	3,300	920	3,036,000	12.8	0.25	2,277,000
9	サラダ類	4	2,400	600	1,440,000	6.1	0.30	1,008,000
10	ピッツア類	4	1,200	1,050	1,260,000	5.3	0.28	907,200
11	ライス料理類	5	750	800	600,000	2.5	0.31	414,000
12	オードブル類	15	1,350	1,300	1,755,000	7.4	0.29	1,246,050
13	デザート類	8	1,920	600	1,152,000	4.9	0.19	933,120
14	鍋料理類	2	60	1,600	96,000	0.4	0.22	74,880
15	スープ類	3	810	550	445,500	1.9	0.18	365,310
16	パン類	4	960	450	432,000	1.8	0.37	272,160
	合計	103	25,620	927	23,742,300	100	0.30	16,664,580

メニュー分析

- このメニューの核となっているのは「牛肉料理類」で、総粗利益高、一種当たりの粗利益高、一種当たりの売上げ、そのいずれもNo.1であることから、重要なメニューと言える
- 続いて、粗利益高では「スパゲティー類」、「魚料理」、「野菜料理」と続いている。とくに魚料理類では、1種当たりの売上げ、粗利益ともNo.2に続いていることから、重要メニューと言える
- しかし、「豚肉料理類」「鍋料理類」においては、1種当たりの売上げ、粗利益高ともに極端に低いことから、メニューからはずすか、もしくは改革の必要がある

横浜で成功した“タンメン・ワールド”

「時代が変わった！」と言ってしまえば、それまでかもしれない。しかしここ数年、何代も続いてきた、老舗と言われる店が消えている。その原因として、経営の考え方や営業方針が、今の消費者に受け入れられなくなっているものと考えられる。

横浜市内に本社がある「一品香」は、タンメンや餃子をメインにして、神奈川県を中心に16店舗を経営する、創業50年の中華店である。

そのうちの1店舗は、横浜相鉄ジョイナスビル飲食街に出店していた。ところが、ビルの改装工事により店舗の移動を余儀なくされた。店舗移動には、開業と同等の資金が必要になる。これまでも、売上げが年々減少していたことから、何とかこれを回復するための方策を考えなければならない、と社長自らが立ち上がった。

しかし、これに対して身内や古参社員は、新コンセプトの導入に対して猛烈な反対をはじめた。老舗飲食店によくある、“代々からの継続”である。

仕方なく、社長と私の密談が何ヶ月も続いた。この店を、どんなコンセプトで「一品香」の看板店舗にするか、という相談である。社員に相談すれば、いっせいに反対されると考えたからだ。

そこで完成させた商品コンセプトが、「タンメン・ワールド」だった。タンメンにこだわる社員の思いと、新しい時代に向けた「一品香」の看板メニューとして、“世界のタンメン”を完成させよう、と考えたのである。

その作業は、私の研究室で極秘にすすめることにした。メニューが完成したのは、開店1ヶ月前である。これを、いきなり店長会議で披露して、幸いにも全員の賛同を得ることができた。

私が現場で鍋を振り、既存のタンメンの他に韓国風キムチ・タンメン、フランス風海老・タンメン、インド風カリー・タンメン、イタリアン風タンメン、京都タンメン、アジアの魚介タンメン、上海タンメン、田舎味噌タンメン、タイのココナッツタンメンなどのメニューを完成させた。

また、営業コンセプトも「タンメン・ストーリー・ダイニング」とした。この店は、現在でもタンメン・ワールドのオリジナルメニューを求めて、お客様が行列をつくっている。

2章

儲かるメニューは〝差別化にこだわる〟

01 飽食時代のニーズは差別化にあり

人間は、毎日同じモノやコトを続けることにより、飽和する性質がある。すばらしい景観を日常的に見ている人は、どんなに美しい風景を見ても何の感動もしなくなる。

飲食利用においても同じで、実際に口にしたことがない料理なのに、毎日、雑誌やテレビ、広告チラシなどで見ていると、日常的に食べているような錯覚に陥って飽きてしまう。これが、「飽食時代」を招く要因のひとつでもある。

飲食店が急増する中で、店舗の雰囲気はそれぞれ特徴が違っていても、メニューがそれほど変わり映えしなければ、これと同じで飽きられてしまう。

●飲食店の永遠のテーマ

しかし、お客様に飽きられたままでは、飲食店としておしまいである。もともと飲食欲求とは、その日その時の気分や精神状態によって突然変化する性格を持っている。したがって、お客様の好奇心を刺激して、その欲求をさらに膨らませるメニュー開発ができれば、この問題は解決する。

とは言え、飽きられないメニューを開発することは難しい。これは、飲食店の永遠のテーマであり、定期的なメニュー改定を行なう理由でもある。

●お客様から飽きられないために

また飽食時代では、目先を変えた程度の料理では、お客様は満足しない。お客様の目も敏感になっているからだ。そこで、お客様から飽きられないためには、目玉商品を開発しなければならない。看板商品を完成させるには時間が必要になるが、目玉商品の開発は比較的簡単である。たとえば、

・季節メニューを、より早く導入する
・競合店の商品より、極端にボリュームをアップする
・他店よりも低価格にする

など、とりあえず他店との差別化を図っておき、看板メニューをじっくり開発していくことが賢明だろう。とりわけ、飽食時代のニーズは、「差別化されたメニュー」が何よりも大きいからである。

差別化メニュー開発のポイント

ターゲット客のライフスタイルを探る → 差別化メニューの開発ポイント

顧客の欲求	開発キーワード	開発アイデア
個性化による ファッション 志向者の欲求	洋風が好き、 お洒落、 オリジナル、 心地よさ	創作料理が 好き！
簡便性、 合理性、 日常性志向者 の欲求	ディスカウント、 多品種少量 ポーション	バイキング 料理が好き！
美容・健康・ 安心・安全 志向者の欲求	ダイエット、 塩分控えめ、 有機食材、 ケミカル食排除	ご当地名産品、 ノンカロリー が好き！
余暇、レジャー、 カルチャー 志向者の欲求	キャンピング、 パーティー、 アルコール、 大皿料理	バーベーキュー、 パーティー料理 が好き！

02 お客様が求める〝差別化〟とは？

●お客様の、独自性への憧れにどう応えるか

消費者の生活が安定してくると、人は自分だけのモノやコトを求めるようになる。これが、独自性への憧れである。

この傾向は、衣・食・住のすべてに言えることであり、若者から中高年者に至るまで、それぞれが個性豊かなライフスタイルを楽しもうとしている。

これは、飲食店を利用する場合も同じである。路地裏の小さな店に人気が集中したり、創作料理店のオーナーシェフが有名になるのも、この影響によるものである。

しかし、このようなスタイルで顧客欲求を満たせるのは一握りの店であって、一般的にはカウンター寿司屋のように、それぞれの客が求める料理を提供するわけにはいかない。

そこで、本来お客様が求めている「独自性」を見極めることが大切になる。まずお客様は、他人とは異なる「モノやコト」を求めたがる。しかし、飲食利用の場合には、その「モノやコト」を持ち歩いたり身につけることはできない。

となると、商品だけでなく店全体が「独自性」に包まれていなければ、お客様は自分の欲求を満たすことはできなくなる。

つまり、お客様が求める独自性とは、店側がアピールする他店や競合店との〝差別化〟に他ならないのである。

●最大の差別化はコンセプトにあり

しかし、現在はグローバル社会であり情報過多である。商品やサービス、店舗の雰囲気などへ多少の差別化を施したとしても、お客様はそれほど興味を抱かない。お客様が興味を抱く差別化とは、その店に潜在している〝コト〟、つまり、コンセプトやストーリーにあるのだ。

たとえば、この雰囲気の中になぜこのメニューがあるのか、このメニューを提供するうえで、なぜこのサービスが必要なのかなど、そこに潜む一貫したストーリーや考え方に差別化を感じるのである。

お客様が求める差別化の本質とは、店に潜在している、この「コンセプト」にあることを忘れてはならない。

パーソナル社会のメニュー・コンセプト

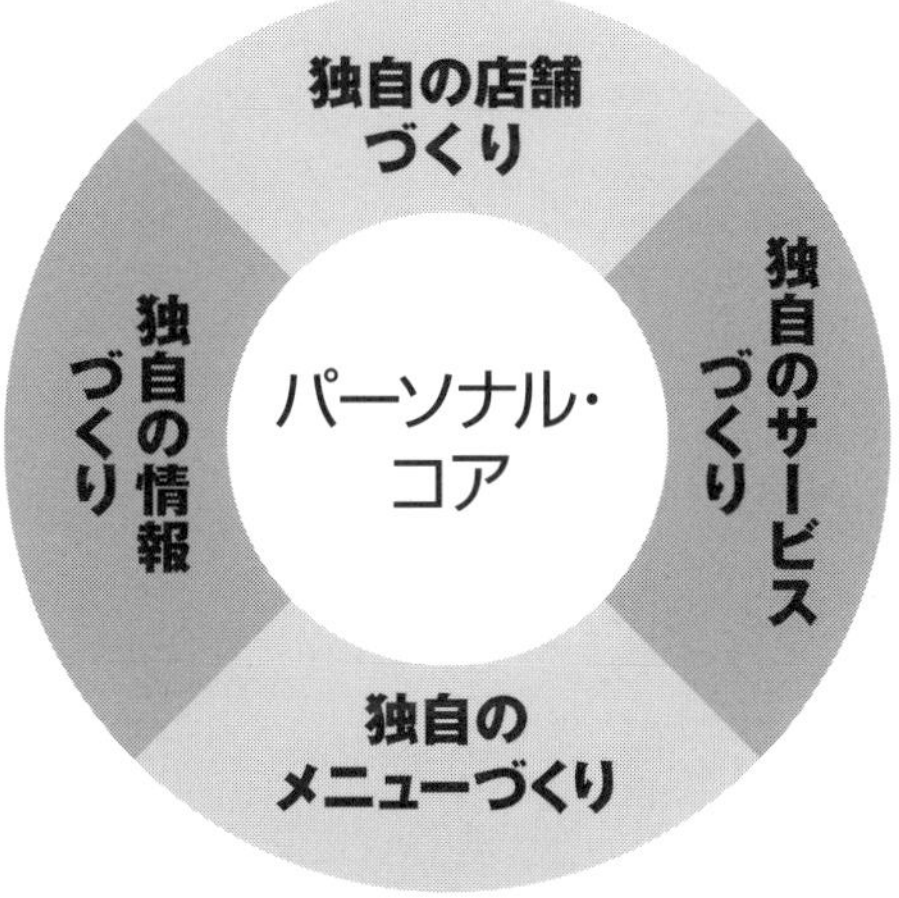

コンセプト・コア

- ターゲットは誰か？
- 何を求めているのか？
- どのようなイメージで？
- 価格はいくらくらい？
- ボリュームは？
- 調理方法はどうするか？

03 差別化を儲けの武器にする戦術

どのような商売でも〝儲け〟を得ることができなければ、経営の存続はできない。これは、まぎれもない事実である。儲けを簡単に得ることができれば、破産や倒産も少なくなるに違いない。企業や店が熾烈なビジネス戦争を展開しているのも、そのすべてが利益を求めようとする経営活動なのである。

しかし最近では、この〝儲け〟を得ることが難しくなっている。消費者が買い物にシビアになっていることもあるが、競合による売上減少が何よりも大きな要因になっている。経営者はこれを意識して、儲けを得るための〝武器〟を求めて必死なのである。

●人とは違った〝儲け〟を創造しよう

飲食店の場合、儲けを得る方法はいろいろと考えられる。原価をかけない、従業員を雇わない、売上げを膨らませる、経営管理技術を高める、などである。しかし、これらの選択は、ほとんどの経営者が考えていることであり、むしろこれらを追求しない限り、店がつぶれてしまうことになるだろう。

そこで、人とは違った〝儲け〟を創造しなければならないことになる。本来、儲けとは、商売上の付加価値を指しているわけだから、新たな付加価値を見出すことができれば、〝新たな儲け〟が見えてくるに違いない。

●メニューの差別化を「武器」にしよう

飲食店で、もっとも付加価値をアピールしやすいのは「差別化」である。商品はもちろん、店舗の雰囲気、サービス、このすべてにおいて洗練された差別化が施されていれば、繁盛店になることは間違いない。しかし、店全体を差別化することは、容易にできることではない。

そこで、メニューの差別化を「武器」にすることが、飲食店にとって何よりも効果を求めやすいものと考えられる。

とくに、お客様に直接影響を及ぼす〝メニューの差別化〟は、競合に勝つための強力な武器となる。激競時代だからこそ、メニューの差別化を武器にしてお客様を引きつけ、儲けへつなげていくのが賢明な経営戦略と言えるのである。

差別化メニューへのステップ

第8段階
差別化メニューの完成
（テスト販売,CMなど）

第7段階
試食会を開催する
（一般人の参加も呼びかけて）

第6段階
試作を繰り返す
（この段階では商品の利益を見極める）

第5段階
食材が活かせる調理アイデアを考える
（調理方法、デザイン、食器の設定）

第4段階
差別化できる素材を探す
（国内外を問わず、ニッチな食材を見出す）

第3段階
お客様の情報を入手する
（アンケートやインターネットで情報収集）

第2段階
競合店を調査する
（飲食業界のヒット商品、人気商品の売れ行きを調査）

第1段階
お客様のニーズを模索する
（ライフスタイル、トレンド、社会の動向、潜在欲求などから）

04 メニュー開発がもたらす〝儲けの構造〟

　メニュー開発を、自分の趣味や腕自慢で施してしまう人がいる。しかし、飲食店で成功するには、そのような考えは正すべきである。経営者が〝売り手発想〟（売る側から一方的に考える）になれば、お客様にソッポを向かれるからだ。儲けは、お客様によってもたらされる。そのため、お客様のニーズと満足を探り、〝買い場発想〟（お客側に立って、商売を考える）を前提に進めることが大切になる。

　とくに飲食店は、〝メニューによって経営が左右される〟と言っても過言ではない。利益も集客も、このメニューのあり方に影響されるからだ。そのため、経営をにらんだうえで、利益を得る手段（構造）を取り入れたメニュー開発が大切になる。

●時間、週間、月間、季間のメニュー開発はスポットで

　メニューに求められるのは、売上拡大、集客拡大、収益拡大、他店・競合との差別化、経営改革・改善など、いずれも経営上重要な問題である。したがって、そのメニューの役割を明確にしておかなければならない。

　年間を通して提供するグランド・メニューは、営業コンセプトに準じ、名物メニューを開発するための方策を考える。一方、差し込みメニューやポップメニュー、黒板メニューなどのスポットメニューは、商品コンセプトと整合させて、目先を変えながらタイムリーに儲かるメニューを目指すことが重要である。

●利益の不足はメニュー開発で補填する

　飲食業界も、昨今の格差社会のあおりを受けて、負け組の飲食店は売上ダウンに直面しており、昨対の売上げを大きく割り込む店が増えている。当然、利益も減少している。これでは、高騰する人件費や家賃も満足に払えない。だからと言って、売上げばかりを求めていては、経営が楽になることは望めないだろう。

　メニュー開発は、この利益をもたらすために必要になるのだ。経営においては利益を第一と考えるため、原価が低い、手間がかからない、ロスがない、さらに、多くの利益が得られる見通しに立って取り組むことが重要である。

メニューによる儲けの構造

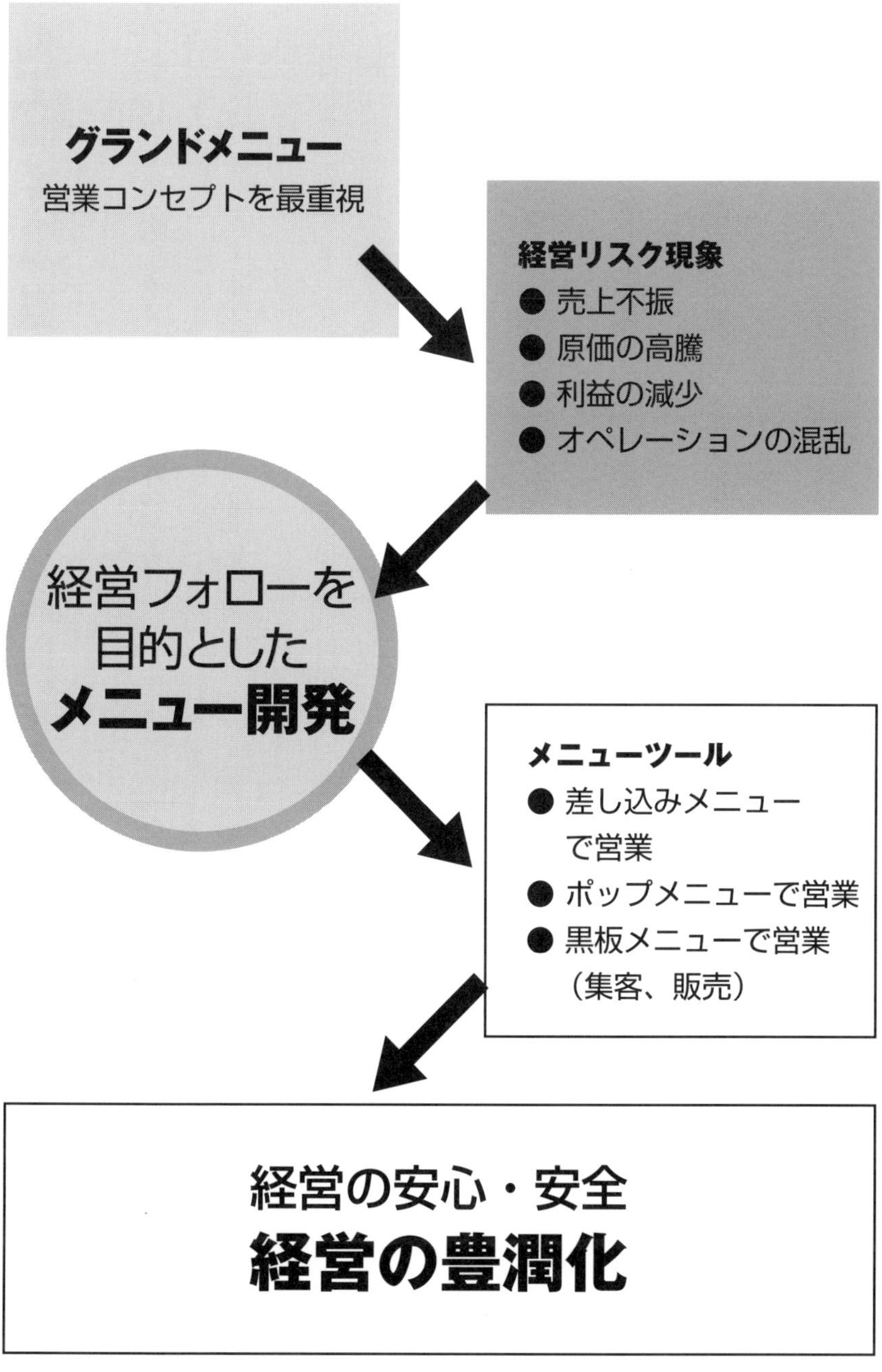
グランドメニュー
営業コンセプトを最重視
経営リスク現象
● 売上不振
● 原価の高騰
● 利益の減少
● オペレーションの混乱
経営フォローを
目的とした
メニュー開発
メニューツール
● 差し込みメニュー
で営業
● ポップメニューで営業
● 黒板メニューで営業
(集客、販売)
経営の安心・安全
経営の豊潤化

05 名物メニューには〝ストーリー〟が息づいている

●「店のストーリー」と「商品イメージ」を融合させる

名物料理がある店には、その店独特の〝物語性〟がある。その背景には、歴史や伝説、経営者のキャラクター、立地の名所や名跡、地域の名産などさまざまだ。これをコンセプトにした「店のストーリー」と「商品イメージ」が融合されれば商品価値は高まる。こうして、名物メニューが生まれやすくなるのだ。

私が、15年前にコンセプト開発で成功した繁盛店がある。この店は、とても来客を期待できるような立地条件ではなかった。店の周辺は畑と空き地で、道路は行き止まりだった。このような悪条件から繁盛店を創り上げるには、一般的なコンセプトが通用しないことは一目瞭然だった。そこで、〝21世紀の竜宮城〟というテーマで営業コンセプトを完成させた。店舗コンセプトは、竜宮城のイメージで完成させた。そこに登場するのは、当然、鯛やヒラメの舞い踊りをコンセプトにしたメニューである。名物メニューとして、「竜宮玉手箱御膳」（3、０００円）を開発した。もちろん、海の幸が満載の御膳である。メニュー表は竹ヒゴで作った巻物スタイル。こうして、営業コンセプトと融合したメニューが完成した。

開店すると、この名物メニューにお客様が集中した。ファミリーレストランの全盛期、他店では、1、０００円未満のメニューが売れ筋の中心になっているにもかかわらず、3、０００円のメニューがランチタイムでも売上げの60％を占めていた。この店は月商3、２００万円を売る繁盛店になった。

●お客様は名物に弱い

この成功事例からもわかるように、その店のコンセプト・ストーリーが商品に息づいていれば、お客様は多少高くてもその商品を買いたがる。多少の見栄を張っても、その店の名物料理を求めようという心理が働く。そこで、自店の名物料理を開発するには、まず物語を作ってしまうことだ。

たとえば、その地域の昔話や童話、歴史上の出来事などを店の物語として脚本化することは、それほど難しいことではないだろう。

コンセプト・ストーリーの実例

“21世紀の竜宮城”

顧客特性	工事関連労働者	経営管理者と工場工員	近隣住民
志向特性	日本食	集団化	好奇心
来店特性	旨い肴と旨い酒	仲間でワイワイストレス解消	食の贅沢はファッション
購買特性	酒と肴は夫婦関係	皆で払えば怖くない	少ない予算で大きな欲張り
キーワード	活食	臆病者	体験

コンセプト

怖いけど、行ってみたいな
“竜宮城”

店舗コンセプトキーワード

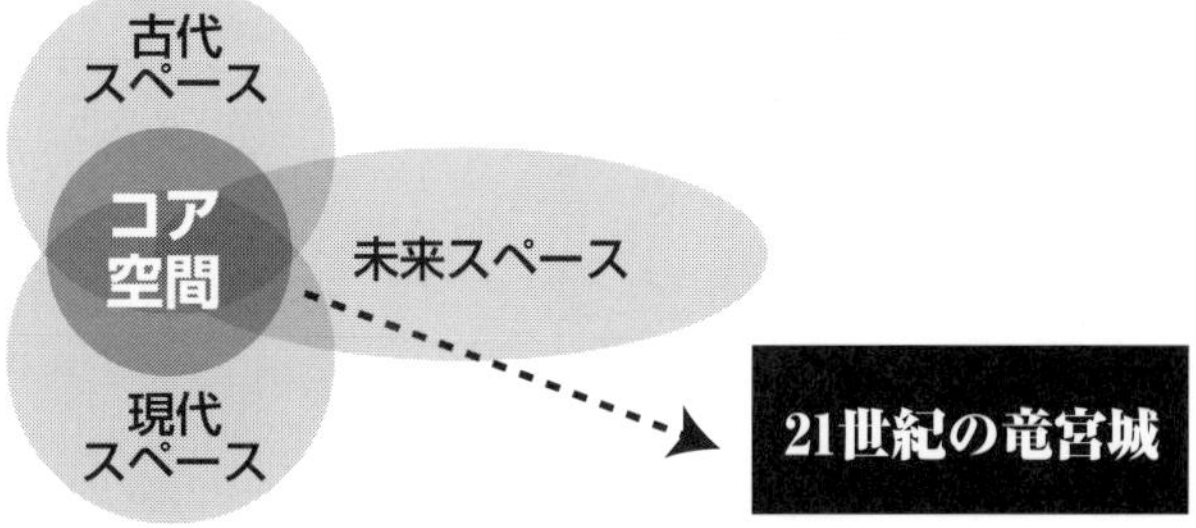

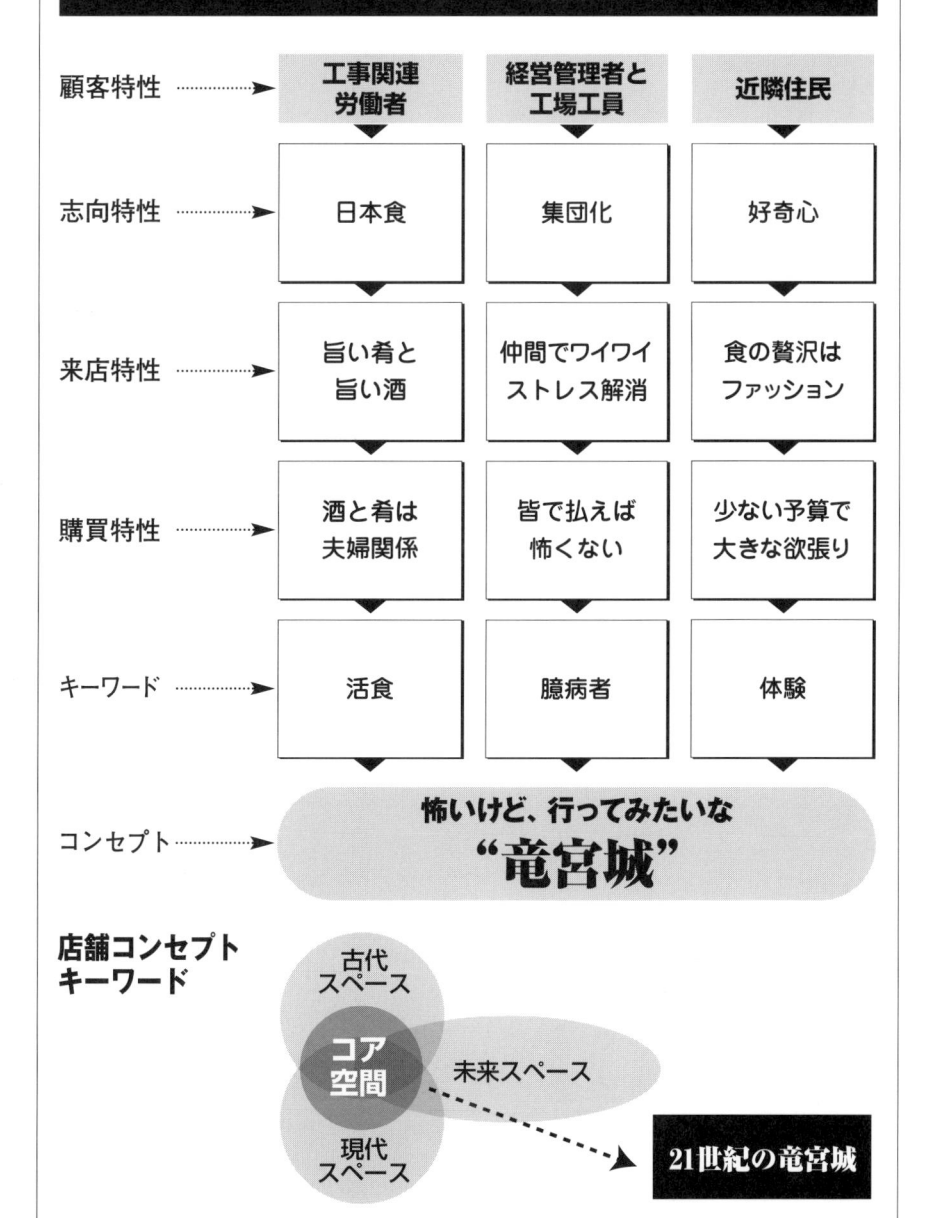

06 儲けは〝付加価値の差別化〟でとらえる

●付加価値の差別化とは

飲食業はサービス業である。しかし、価格に見合った付加価値がなければ、サービス業とは言えない。付加価値とは、飲食を通じて得られる満足感だが、同じ食べ物を扱う物販業や食料品店とは異なるのが、この〝サービス業〟という点だ。

食生活が貧しかった時代と違い、外食利用が日常化した現在では、食材を加工して「家庭では味わえない料理」として提供することは、数多くある付加価値のひとつに過ぎなくなってきている。

これからの付加価値とは、それらにプラスしてコンセプトやストーリーなどを商品と一体させたもので、お客様の感動を得ることができなければ、付加価値としての支持は得られない。つまり、〝付加価値の差別化〟が求められているのだ。

飲食店に対して、お客様は支払い代金の対価として、妥当な付加価値を求める。そのため、その期待が裏切られると期待はずれとなるし、逆に期待以上の付加価値に出会うことができれば感激する。

●コンセプトの具体的表現を差別化しよう

また、原価率が低ければ儲かるというものでもない。その付加価値が原価に妥当なものであれば、お客様はつまらない店に来てしまったと後悔するし、次回の来店は望めない。原価を低く設定している店は、その原価に対して付加価値が上回っていなければ、お客様は来店動機を抱くことはない。これでは、儲かる店にはならないということになる。

原価率30%の店は、70%以上の付加価値が必要である。そしてその付加価値は、店の儲けに直結することは間違いない。したがって、この〝付加価値の差別化〟に成功すれば、お客様の満足を満たすことと儲けの〝一石二鳥的ノウハウ〟を得たのと同じなのである。

そのためには、メニューに限らず、店舗の雰囲気や接客サービスに至るまで、コンセプトの具体的表現を差別化することが必要となる。すなわちこれが、〝付加価値の差別化〟なのである。

飲食店の付加価値創造

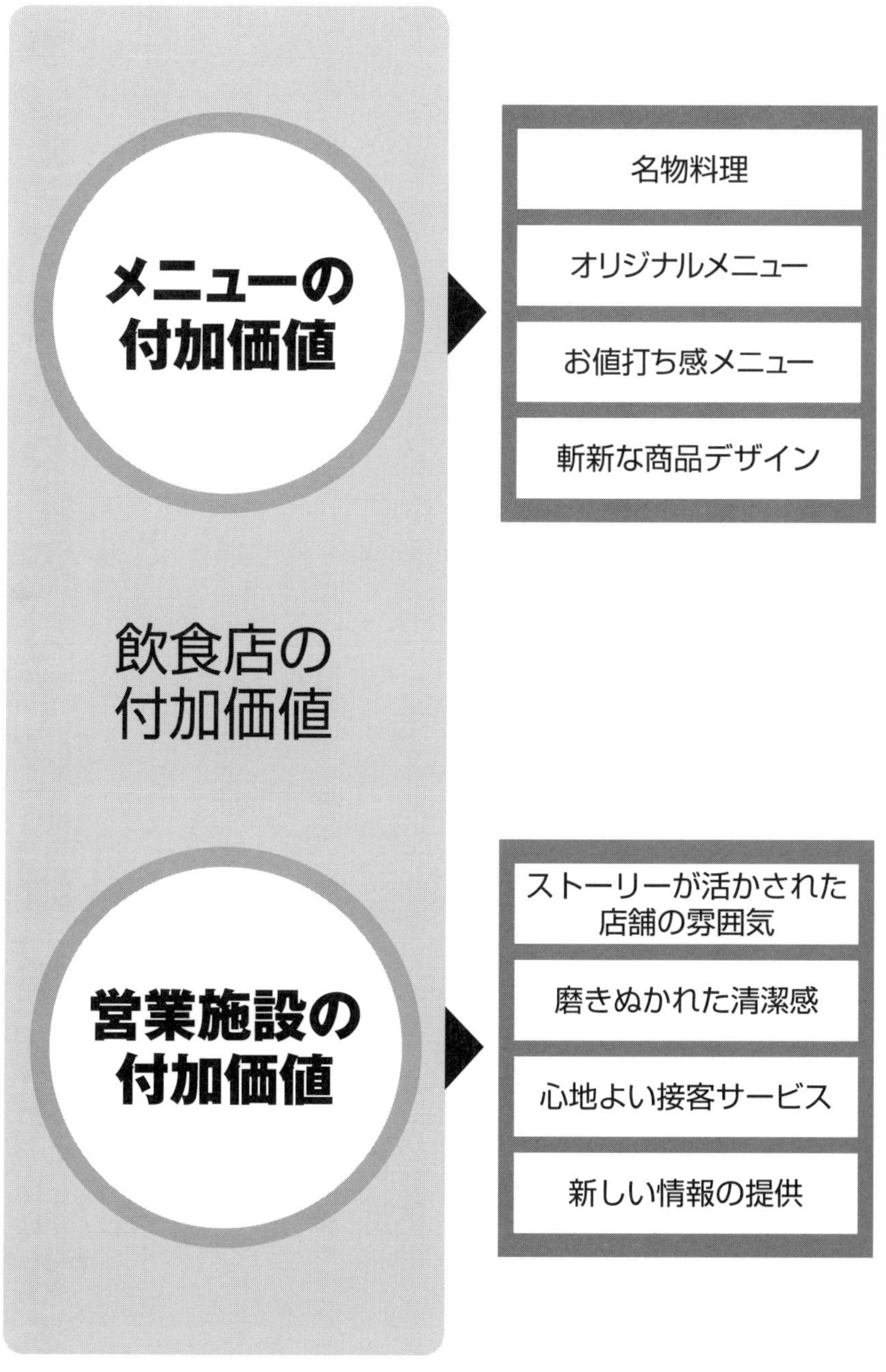
メニューの付加価値
名物料理
オリジナルメニュー
お値打ち感メニュー
斬新な商品デザイン
飲食店の付加価値
営業施設の付加価値
ストーリーが活かされた店舗の雰囲気
磨きぬかれた清潔感
心地よい接客サービス
新しい情報の提供

07 アイデアをさらに掘り下げれば〝差別化〟になる

●お客様は高付加価値を求めて来店する

他店との競合激化に対処するためにも、独自のメニュー開発による差別化は、今後さらに重要性を増してくる。ここで注意しなければならないことは、アイデアにまかせてメニュー開発を行なわないことである。オリジナリティーが求められる今日では、経営者の個性やアイデア、話題性をメニューにアピールすることも必要である。しかし、お客様が求める価値観と商品レベルにズレがあれば、お客様は購買動機を膨らませることはない。

お客様はアイデアを買い求めるのではなく、高付加価値を求めて来店するからである。しかも、バブル期にグルメ志向となったお客様が、最近では自ら調理体験を望むほど、食に対する興味が膨らんでいる。料理教室に通う主婦や男性が増えているのも、この現象によるものだろう。女性雑誌やメディアにおいても、芸能人などの調理コーナーが増えている。これらのことからも、調理への興味が増えていることが理解できる。

●アイデア料理をさらに掘り下げよう

こうした人たちは、調理に関するさまざまな情報を学んでいて、プロ顔負けの料理を作ることが多い。〝好きこそ物の上手なれ〟と言うが、最近では〝セミプロ〟とも言える人も増えていることから、プロの飲食店が単なるアイデア料理に終始していたのでは、お客様が興味を示さなくなるのも当然である。

事実、私のクライアントにも、料理の趣味がエスカレートして飲食店の経営者になった人がいるが、逆に、アイデア料理を乱発しすぎて、レストランを居酒屋業態へ変更しなければならない状況を招いた店もある。

しかし、アイデア商品とこだわり商品の区別は難しい。そこで、アイデア料理を「ひらめき」や「アイデア」を、そのまま商品として完成させたものとする。

次に、その商品に、さらに店のコンセプトやストーリーを反映させ、特別なこだわりを付加させた商品を「コンセプト商品」と呼ぶことにする。つまり、アイデア商品をさらに掘り下げれば、差別化商品へ生まれ変わるのである。

アイデア料理とコンセプト商品

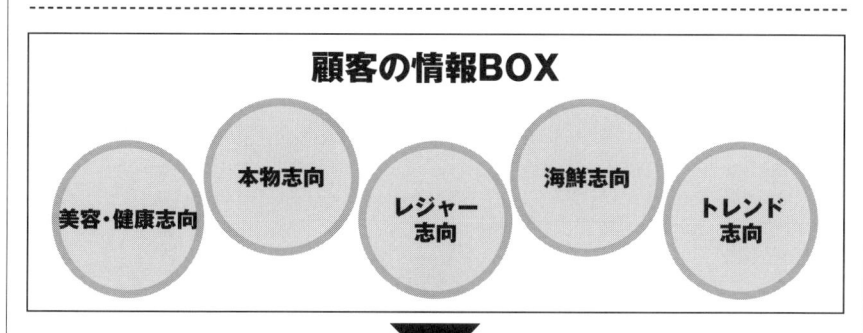

顧客の情報BOX

- 美容・健康志向
- 本物志向
- レジャー志向
- 海鮮志向
- トレンド志向

▼

商品イメージ
（楽しさいっぱい、海鮮料理）

▼

商品アイデア

- 魚介グラタン
- 魚の酢漬け和え
- 新鮮魚のバター焼き
- 魚の唐揚げあんかけ
- 大漁おでん鍋
- 海老・蟹味噌汁
- 野菜と魚介のポトフ
- 激辛魚介鍋
- 桶盛り刺身
- フィッシュ・ハンバーグ

▼

商品コンセプトの確立

船頭が造る漁港料理

（差別化商品へのステップ）

08 メニューレシピは〝儲けの原点〟

●店の信用と儲けを守るメニューレシピ

行くたびに、料理の味や盛り付けが違っている店がある。そんな店にかぎって、頑固な調理人がいたり、どんぶり勘定である場合が多い。これでは、店の信用がガタ落ちになるだけでなく、大事な利益を失ってしまうことにもなる。これらの店に共通して言えるのは、「メニューレシピ」が作成されていないことである。料理を、その日の気分や感情で作っていたら、お客様も経営者もたまったものではない。商品をはじめ、原価もメチャクチャになってしまう。それを統一し標準化するために、「メニューレシピ」というマニュアルが必要になる。

メニューレシピは、調理の基準を一品ごとに、いつも同じ味、量、盛り付けにするための基準表である。この基準を守ることによって、いつ行っても、お客様の〝安心感〟や〝料理への期待感〟を裏切らないし、店にとっても計画通りの粗利益を得ることができる、言わば〝儲けの原点〟とも言えるものである。

●アルバイト・パートにはマニュアルを徹底する

料理を標準化すれば、パート・アルバイトでも簡単に調理ができるようになる。しかも、誰が調理しても一定の品質が保てるようになれば、高い賃金を支払う職人的な従業員を雇う必要もなくなり、利益も増えてくる。メニューレシピによって、パート・アルバイトを教育トレーニングしていけば、これが可能になる。いずれにしても飲食店は、メニューレシピに忠実な仕事を求めることが重要である。

メニューレシピは、左図のように、一枚につき一品に使用食材とその分量、単価、作業手順などを詳細に記載する。しかし、重要なことは、あらかじめ食材の歩留まり率（廃棄部分を除いた総量÷総仕入れ量＝歩留まり率）を出して、正規な食材原価（総仕入れ価格÷歩留まり率＝食材原価）を計算したうえで記入しておくことである。

いずれにも、メニューレシピはお客様へ安心と信用を与え、店の利益を得るための〝原点〟とも言うべき、重要なマニュアルなのである。

メニュー基準表

店舗名	ヒノマル・ダイニング				製造管理者	harada	
商品名	ねぎ油			売価		作成　年　月　日	
NO	使用食材名	数量/kg	単価/kg	歩留率	原価/kg	合計金額	記載事項
1	ラード	3	163	1	163	489	
2	白葱	0.96	267	0.98	272	261.12	青い部分
3	たまねぎ	1.2	240	0.96	250	300	千切り
4	生姜	0.18	600	0.86	698	125.64	薄くスライス
5	にんにく	0.03	280	1	280	8.4	叩き潰す
6	粒山椒	0.0012	2,000	1	2,000	2.4	
7	唐辛子	0.001	1,400	1	1,400	1.4	
8							
9							
10							
製造総量2.85kg				原料費合計		1187.96	原価/kg 417

製法の解説

盛り付けの要点	調理注意点	ソース
(ここに料理の完成図、または写真を貼る)	**油の温度が低いうちに、生姜、たまねぎ、にんにく、その他の材料を入れて、ゆっくり温度を上げていく。急速に温度を上げると、焦げ臭くなるので、煮るような状態で揚げる。 匂いが甘く、葱の香りがしてきて、材料がこげ茶色になってきたら、火を止めて、揚げかすを取り除き、細かい網で濾す。**	(ここに、この料理に使用するソースやドレッシングを掲げておく)

09 コンセプトの差別化で〝儲け〟が見える

●激化する生き残り競争の決め手

他店では真似ができない、独自の付加価値を盛り込んだ「メニュー」を開発する——繁盛店を作るポイントは、これに尽きると言える。激化する生き残り競争を勝ち抜くうえで、「他店との差別化メニュー」は必須条件だからだ。

しかし、生き残りに必死なのはどの店も同じで、これに勝つには、〝差別化の差別化〟を図っていかなければならない。

そこで、〝コンセプトによる差別化〟がより重要になってくる。コンセプトを固めることは、飲食にかぎらずどの商売にも必要になっている。明確なコンセプトを持つことで、商品のイメージをお客様に伝えやすくなる。

●コンセプト商品は値づけも有利

たとえば、〝刺身御膳〟と〝漁師お造り御膳〟というメニューがあるとする。どちらの料理も同じ材料で同じ値段なら、お客様はどちらを選ぶだろうか。この〝漁師お造り御膳〟がコンセプト商品なのである。このメニューが〝刺身御膳〟より50円高くても、こちらのほうが売れるに違いない。

明確なコンセプトがないままメニューを売り出すと、いずれは物真似やコピー商品が出回ることになる。その商品の完成度が高ければ高いほど、こうした傾向を招きやすい。しかし、コンセプトの物真似やコピーが生まれることはない。コンセプトとは、店に潜在している経営者独自の考え方を指しているからだ。

〝コンセプトなんて、理屈に過ぎない〟などと考えている人がいるとしたら、時代に乗り遅れていると言っていいだろう。

これでは、飲食店を成功させることは難しい。現代社会では、個々の考え方が尊重され、重視されている。新しい「モノやコト」を創造するうえで、商品コンセプトは不可欠なのである。

とくにメニュー開発においては、このコンセプトの存在は重要である。商品の差別化を明らかにすれば、有利に営業を進めることが可能になるからだ。

コンセプトによる差別化が繁盛店を築く!

このように、同じ条件の下に中華料理店が並んで競合していました。交差点をそれぞれの4店舗が囲み、熾烈な競争状態です。

あなたが、入ってみたい中華料理店はどの店でしょうか？

コンセプトが輝いている店が一目瞭然です

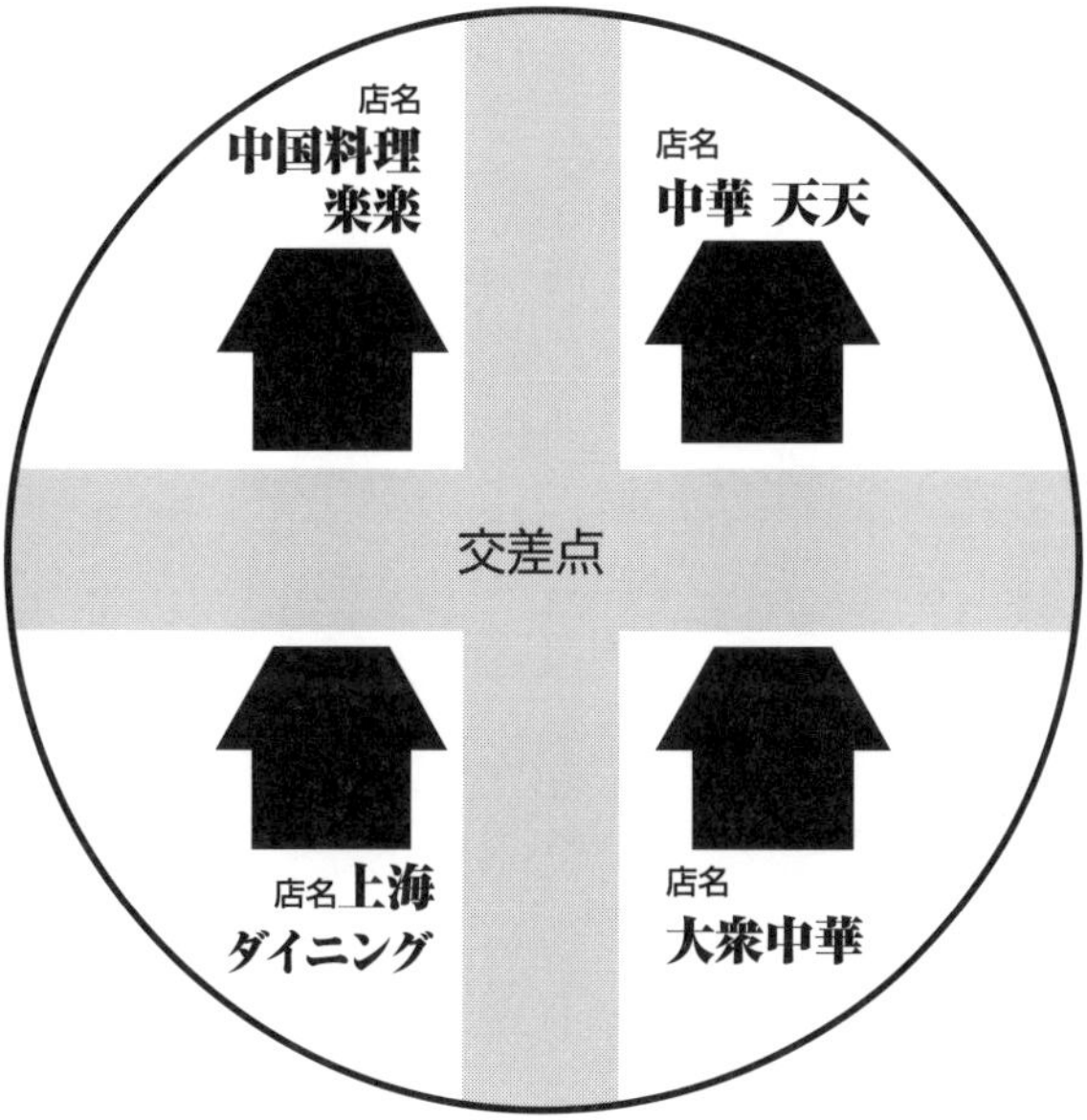

この商店街は、八百屋通りと呼ばれるほど、八百屋が並んでいます。陳列商品や価格などは、どの店もそれほど変わりはありません。店の規模も同じぐらいです。ところが、一番繁盛している店は、コンセプトが活かされているのです

10 販促にも差別化を

●儲かるメニューをアピールしよう

飲食店では、メニュー構成が適正でなければならない。儲けの多い「おすすめメニュー」やオリジナルな「名物メニュー」、お客にとってうれしい「お買い得メニュー」などが、上手に構成されていることが重要になる。このように、店の利益とお客様の喜びをバランスよくメニューに活かすのである。

利益を多く求めるには、原価率が低くて儲かるメニューをお客様に買ってもらわなければならない。経営は、売上げが重要なのではなく、利益が第一だからである。

営業を有利に展開していくには、儲かるメニューの効果的な販売方法を考えなければならない。しかし、儲かる商品をお客様にアピールすることは難しい。

そこで、「販売促進の差別化」が重要になる。これには、一般の広告媒体やポップメニューなどの作戦は入らない。自慢の料理が写真に掲載されていても、臨場感が薄いことから、効果は期待できないからだ。

●クチコミ作戦のすすめ方

メニュー販売の効果を生かす手段として、もっとも効果的なのが、従業員による「おすすめ」によるセールスとともに、お客様の「クチコミ」である。

この販売促進の差別化（クチコミ作戦）は、以下のように進めていくといい。

・ダイレクトメールやインターネットを利用して、〝アナタだけ〟などの特典で女性客を誘引する
・女性客を集めて試食会を開催する。この時点で商品コンセプトの説明を行なう
・顧客モニターを募集して、売りたいメニューの採点やアドバイスをしてもらう
・そのメニューの調理方法などを講習会で指導する

女性客をターゲットにするのは、女性客が店の〝広告宣伝部隊〟として効果が高いことと、クチコミ範囲が男性よりも広いからである。

売れない時代には、販売促進の効果も期待できないことから、このように他店にはない〝呼び込み〟（差別化）をつくって、それを強調していくのである。

販売促進のためのコンセプトチャート

収益性の高いメニューの販売

▼

・商品の情報をつくる

●他店にない味
●本格派の商品
●この商品のこだわり点
●この商品開発の由来
●お買い得価格
●美容・健康食

▼

情報発信 コンセプトづくり

商品のアイキャッチづくり、話題づくり

▼

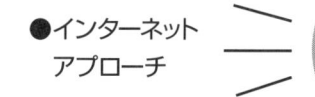

情報発信

●インターネットアプローチ

●マスコミ
●クチコミ
●ウリコミ

作戦

・ホームページ広告
・ダイレクトメール発信

・試食会
・調理講習会
・モニター募集
・店内アプローチ

▼

特別な購買動機の勧誘

無口なウエートレスの教育ツール
“おしゃべりポテト”

メニュー開発は、店それぞれの事情によって施されるものである。売上アップ、客単価アップ、マンネリ解消、メニュー構成の改善など、その理由はさまざまだ。稀なケースとしては、従業員教育のためのメニュー開発もある。

秋田県秋田市に、ある“中華居酒屋”がオープンすることになった。店づくりをはじめメニューも完成して、いよいよ従業員教育に取りかかる段階になった。

私は、教育の中で実践トレーニング（ロールプレイング）を最重視しているため、1日中実践することにしている。従業員全員が、お客様に扮したメンバーと接客メンバーに分かれてトレーニングするのである。ときには、この時点で退職する人間も出てくるほど厳しいトレーニングとなる場合もある。この店の場合もそうだった。

従業員がお客側と接客側の二班に分かれ、実践的に席への案内からオーダー取り、商品提供、お会計、お見送りをしていた。ところが、いくらトレーニングを重ねても、接客担当者がお客に声をかけることができない。人前で話すことを恥ずかしがっているためである。

これを解消するために、逆にお客様から声をかけられる仕組みとして、メニュー開発をした。つまり、担当者が商品説明をしなければならない状況を作る作戦だ。

メニューは、冷凍のパリジャンポテトとガーリックスライスをフライにして醤油で炒め、パセポン（パセリの微塵切り）を振りかける。これをタレ壺に入れて、長い竹串二本をつけて提供する、若者客向けの一品である。ポテトと醤油とガーリックの味、香りのバランスがよく、簡単な料理だが、とてもおいしい一品が完成した。

この商品名を“おしゃべりポテト”とした。狙いは、このネーミングである。楽しい名前だが、これではどのような商品かお客様にはわからない。そこで、お客様はこの商品の説明を求めることになる。こうなると接客担当者は、お客様の質問に答えざるを得ない。

このトレーニングが成功して、従業員の声が出はじめるようになった。オープン後も、この商品は大ヒットした。どのテーブルでもこの“おしゃべりポテト”が注文されるようになり、売上げに大きく貢献したのである。

3章

なぜ、メニューが〝売れない〟〝儲からない〟のか？

01 〝こだわり〟と〝思い込み〟の違い

●〝こだわり〟とはどのようなことか

飲食店が、他店との競合に勝ち残っていくためには、メニューへのこだわりを欠かすことはできない。独自のメニュー開発による店の差別化は、今後さらに重要性を増してくるに違いない。しかし、ここで注意しなければならないことは、〝こだわりメニュー〟と〝思い込みメニュー〟の違いである。

〝こだわり〟とは、経営者が自己満足的に完成されたメニューを出すことではない。お客様が求めている商品に対して、店側がどれだけ応えることができるか、つまり、お客様のニーズをつかむということが根底になければならない。

中小飲食店では、経営者や調理人の個性を活かし、メニューの独自性をアピールすることは大切である。しかし、それがお客様の欲求やライフスタイルからズレていれば、お客様の喜びにつながることはない。これは、〝こだわり〟ではなく〝思い込み〟なのである。

こだわりとは、〝頑固おやじ〟的な考えで、「この店ならではの一品」と言われるまで追求し、他店の追随を許さない根気を要する手法である。食材や調理手法にこだわるのも一法だが、何よりも、思い込みメニューと異なる点は、店のコンセプトやお客様のニーズを前提に創意工夫が施されたメニューということだ。

●こだわりへのステップ

・地域の名産や伝統食材にこだわり、地域の名物料理を開発する
・美容・健康志向にこだわり、お客様のニーズに応える
・店のストーリーやコンセプトにこだわり、店の名物メニューを開発する
・特殊な調理法にこだわり、独自性の高いメニューを完成させる
・伝統的な料理にこだわり、他店との差別化を図る
・調味料にこだわり、意外性と癖になるメニューを開発するなど、頑固にこだわればその手法はいくらでもある。〝思い込みメニュー〟は経営者の満足に止まるが、〝こだわりメニュー〟はお客様の満足を追求するのだ。

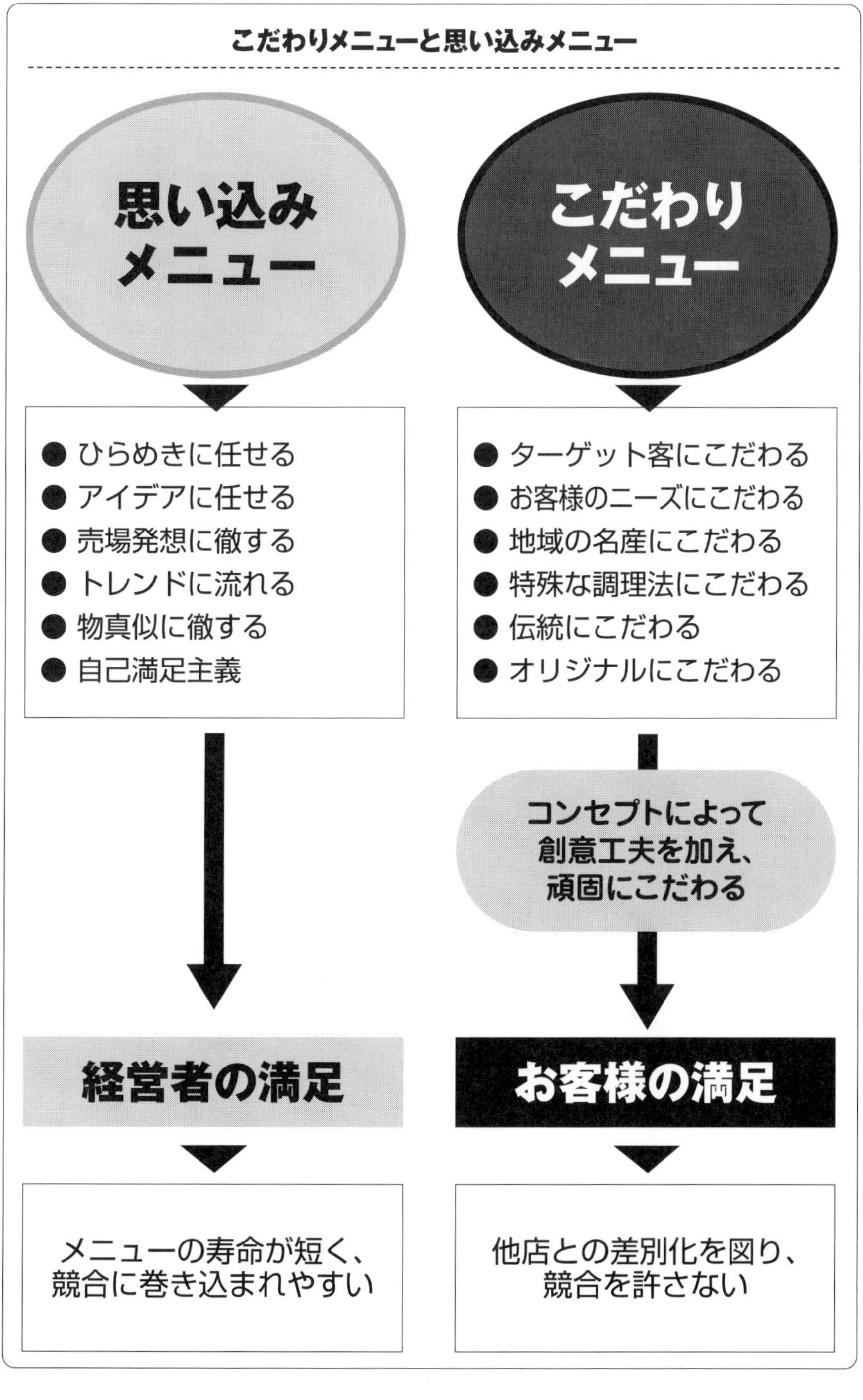
こだわりメニューと思い込みメニュー
思い込みメニュー
こだわりメニュー
ひらめきに任せる
アイデアに任せる
売場発想に徹する
トレンドに流れる
物真似に徹する
自己満足主義
ターゲット客にこだわる
お客様のニーズにこだわる
地域の名産にこだわる
特殊な調理法にこだわる
伝統にこだわる
オリジナルにこだわる
コンセプトによって創意工夫を加え、頑固にこだわる
経営者の満足
お客様の満足
メニューの寿命が短く、競合に巻き込まれやすい
他店との差別化を図り、競合を許さない

02 飽食傾向が見えたら改革信号

●お客様の飽食は特別な現象ではない

これだけ飲食店が増えて業態も複雑になってくると、飲食店で提供されるメニューの中に、同じか、あるいは似たようなメニューが限りなく見られる。

そのため、「これは自店のオリジナルメニューだ！」と、自慢していられない時代なのである。

お客様がメニューに飽きてくるのは、この競合現象が膨れあがってきたときと、一定のお客様が一定の料理へリピートしている場合である。これは、食生活の中でも見られることであり、飽食は特別な現象ではない。

したがって、お客様の飽食は、あるべきことと覚悟して、常にメニューの売れ筋動向に気を配ることを怠ってはならない。

この飽食現象を見逃してしまうと、リピーターが減ることによる来客数の減少、その影響から売上げも減少する。売上げが減少すれば当然、もっとも大切な利益を失ってしまうことになる。

飽食現象は、経営データから読み取ることができる。売れ行き商品数のＡＢＣ分析から、Ａランクの品数が増えてきたときが危険信号だ。

つまり、これまで売上げの50％以上の売上シェアがあった商品数が10品であったものが、15品や20品に増えた場合には、特定の商品が飽きられてきている証拠である。また、看板商品やオリジナル商品においても、売上個数が平均して減少してきたら、飽食現象と見られる。

●飽食現象を察知したら

とにかく、ほとんどの商品が満遍なく売れている現象は、飲食店にとっては好ましくない。特徴のないメニューは、競合に巻き込まれやすく、競争に勝てない状況を招き、さらにリピーターを減少させることになるからだ。

飽食現象を察知したら、即新メニューを開発するか、既存のメニューをリニューアルしなければならない。これが、メニュー戦略の改革信号だからである。

これまで、繁盛店と言われてきた店が、徐々に衰退していく原因の中に、このメニュー改革の見過ごしがあることは否定できないのである。

メニュー改革のための分析表

	第一次メニュー分析					第二次メニュー分析				
	商品名	単価	個数	売上高	査定	商品名	単価	個数	売上高	査定
1	とんこつラーメン	750	940	705,000		焼き餃子	300	680	204,000	
2	味噌ラーメン	780	850	663,000	A	味噌ラーメン	780	580	452,400	
3	焼き餃子	300	800	240,000		とんこつラーメン	300	550	165,000	
4	海鮮ラーメン	880	680	598,400		醤油ラーメン	580	420	243,600	A
5	醤油ラーメン	580	500	290,000		大蒜チャーハン	600	400	240,000	
6	大蒜チャーハン	600	350	210,000	B	五目ラーメン	800	350	280,000	
7	五目ラーメン	800	280	224,000		海鮮ラーメン	880	300	264,000	
8	海老チャーハン	880	190	167,200		海老チャーハン	880	250	220,000	B
9	サンマー麺	680	150	102,000	C	サンマー麺	680	250	170,000	
10	塩ラーメン	550	150	82,500		塩ラーメン	550	185	101,750	
11	海老タンメン	800	110	88,000		海老タンメン	800	170	136,000	
12	ライス	200	100	20,000		ライス	200	155	31,000	C
13	中華丼	750	80	60,000		中華丼	750	130	97,500	
14	角煮ラーメン	980	65	63,700	D	角煮ラーメン	980	110	107,800	
15	チャーシュウ麺	850	60	51,000		チャーシュウ麺	850	95	80,750	
16	サラダ付け麺	550	45	24,750		サラダ付け麺	550	85	46,750	D
17	半ライス	100	30	3,000		半ライス	100	80	8,000	
	合計		5410	3,592,550		合計		4870	2,848,550	

メニュー分析

上表は、飽食化現象を調べるための分析表です。総売上げの５０％を目安にメニューAランク、８０％までをBランク、９０％をCランクに設定しています。第二次分析結果では、Aランクゾーンが広がって、これまでの4アイテムが6アイテムにまで広がっています。したがって、A、Bランクでは、第一次分析のCランクまで広がっています。

これは、明らかに人気商品の売れ行きが落ち込んでいる証拠であり、メニュー改革をする必要があります

03 競合は〝クオリティー〟の欠落

●常に勝ち組となる店とは

飲食店にかぎらず情報化社会では、ビジネスの競争や競合を避けて通ることはできない。それよりも、なぜ競合してしまうのか、どうして競争に負けるのかを考えなければならない。

前述のとおり、飲食店はさまざまな不可抗力によってメニューの競合を招くことがある。しかし、その中でも競合に巻き込まれることなく、常に勝ち組となる店もある。

それらの店には、明らかに他店と差別化された〝ノウハウ〟がある。商品力、店舗力、サービス力のいずれも他の追随を許さないレベルを維持している。

一方では、お客様が求める飲食店のレベルが急激に高まっている。ライフスタイルの変化とともに、食生活レベルも向上しているからだ。これでは〝一般レベル〟の飲食店に興味が薄くなるのは当然である。これまで、商品、雰囲気、サービスにおいてクオリティーを自負してきた店でも、しだいに〝一般的な店〟として位置づけられるようになる。これが、競合に巻き込まれる大きな原因である。

●「勝利の三原則」を磨き続けよう

他店との競合は、言い換えれば〝クオリティーの欠落〟である。〝どこでも味わえない料理がある〟〝どこにも真似られない雰囲気がある〟〝どこにもない心温まるサービスがある〟という「勝利の三原則」を常に磨き続けることが、競合や競争を避けるヒントである。

しかし、これを維持していくことは並大抵のことではない。また、他店でもこれらの努力を欠かすことはない。競争に負ければ潰れてしまうからだ。クオリティーの欠落の原因は、経営者の油断にある。

これまでの成功が仇になっている場合もあるが、ほとんどが競合店やライバル店を意識していない場合が多い。たまには、他店のメニューやサービスを覗いて、自分の店とのレベルの差を比べることも大切になる。

以上のように、競合や競争に負ける店は、お客様が求める〝クオリティー〟に達していない、ということを自覚して、早急な見直しが必要となってくる。

飲食店の競合要因

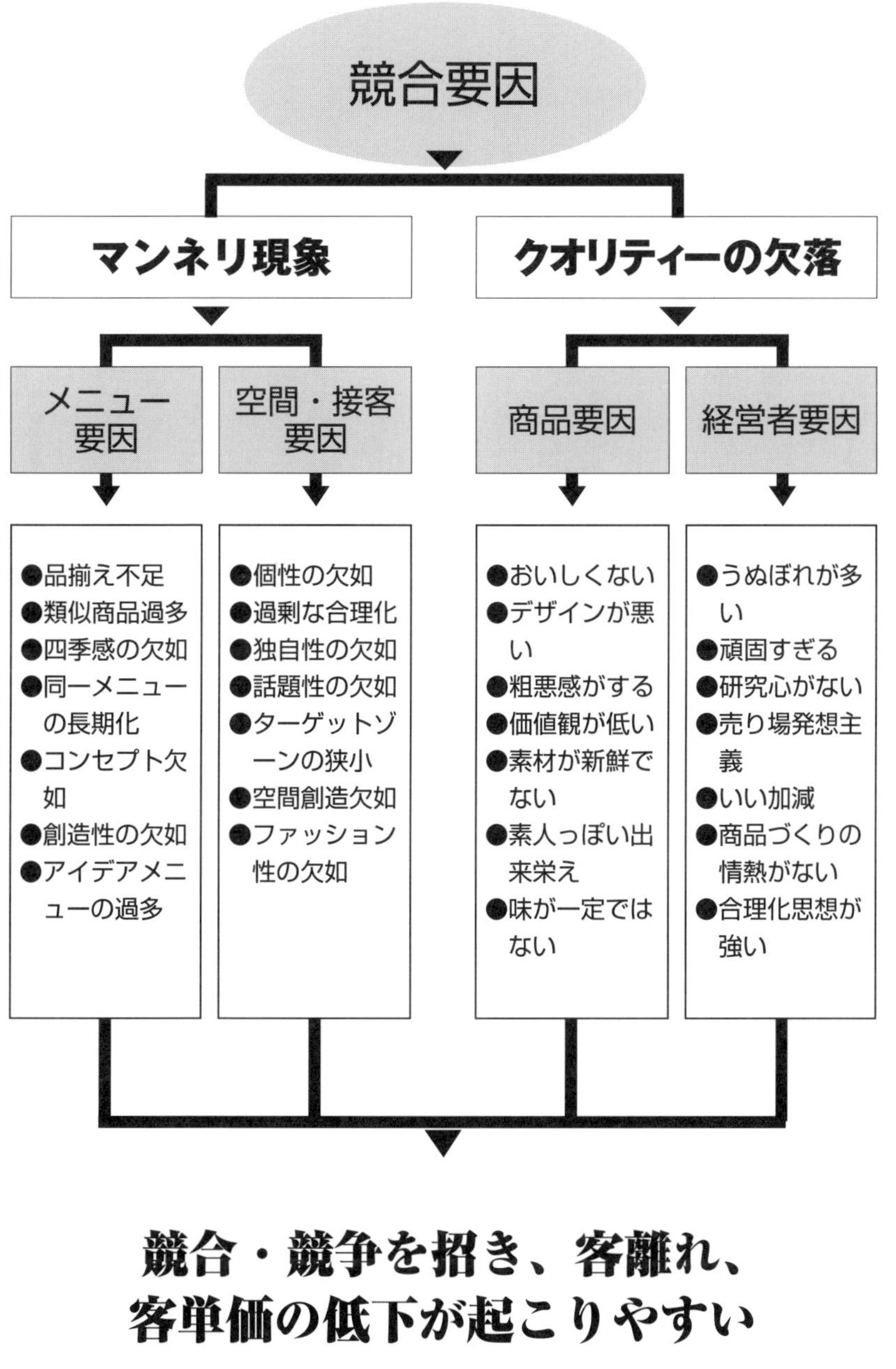
競合要因
マンネリ現象
クオリティーの欠落
メニュー要因
空間・接客要因
商品要因
経営者要因
●品揃え不足
●類似商品過多
●四季感の欠如
●同一メニューの長期化
●コンセプト欠如
●創造性の欠如
●アイデアメニューの過多
●個性の欠如
●過剰な合理化
●独自性の欠如
●話題性の欠如
●ターゲットゾーンの狭小
●空間創造欠如
●ファッション性の欠如
●おいしくない
●デザインが悪い
●粗悪感がする
●価値観が低い
●素材が新鮮でない
●素人っぽい出来栄え
●味が一定ではない
●うぬぼれが多い
●頑固すぎる
●研究心がない
●売り場発想主義
●いい加減
●商品づくりの情熱がない
●合理化思想が強い
競合・競争を招き、客離れ、
客単価の低下が起こりやすい

04 ランチメニューでテスト販売を

●新メニューをどのように導入するか

開発したメニューが継続して売れるかどうかは、店にとっては重要な問題である。そのメニューの位置づけによっては、経営が大きく左右される場合もあるからだ。

新メニューを導入して、売上アップ、利益アップを図る。これはメニュー開発の目的がそこにあるからに他ならない。

しかし、新メニューをいきなり〝グランドメニュー〟へ入れることは控えたほうがよい。開発段階で、何度となく試食をしたにもかかわらず、いざ販売してみると、お客様から支持されないケースがあるからだ。グランドメニューは、店を代表する〝店のコンセプト商品群〟だ。

したがって、お客様に受け入れられない商品がグランドメニューに存在すれば、店への影響は避けられない。

●テスト販売でお客様の反応を知ろう

また、新メニューがすぐに受け入れられるとは限らない。とくに新しい商品に対して、お客様は警戒心を抱きながら徐々にリピートする、という特性を持っている。

そのため、完全な販売体制に入るまでには時間を要する。

そこで、グランドメニューへの導入は、その商品へのお客様の反応を見たあとに実施するのがよい。これは、味への反応を見るためもあるが、価格、分量、盛り付けやネーミングなど、売れるメニューとして改善すべきことを見出すためだ。

私は、新商品のテストとしてランチタイムを勧めている。もちろん、特別ランチメニューとしてサービス価格で提供するが、２週間の販売期間を設ける。

これによって、常連客へ即時アピールができるのと同時に、お客様の反応をいち早く読み取ることができる。２週間目に売上個数が伸びていなければ、この商品の将来性は低いものと判断して、その商品の改善か廃止に踏みきることになる。

以上のように、開発されたメニューの是非をお客様に審査してもらう場として、ランチタイムは都合がよい。なぜなら、この時間帯は来店客数が多いため、数多くのお客様の反応とデータを得ることができるからだ。

新商品の導入チャート

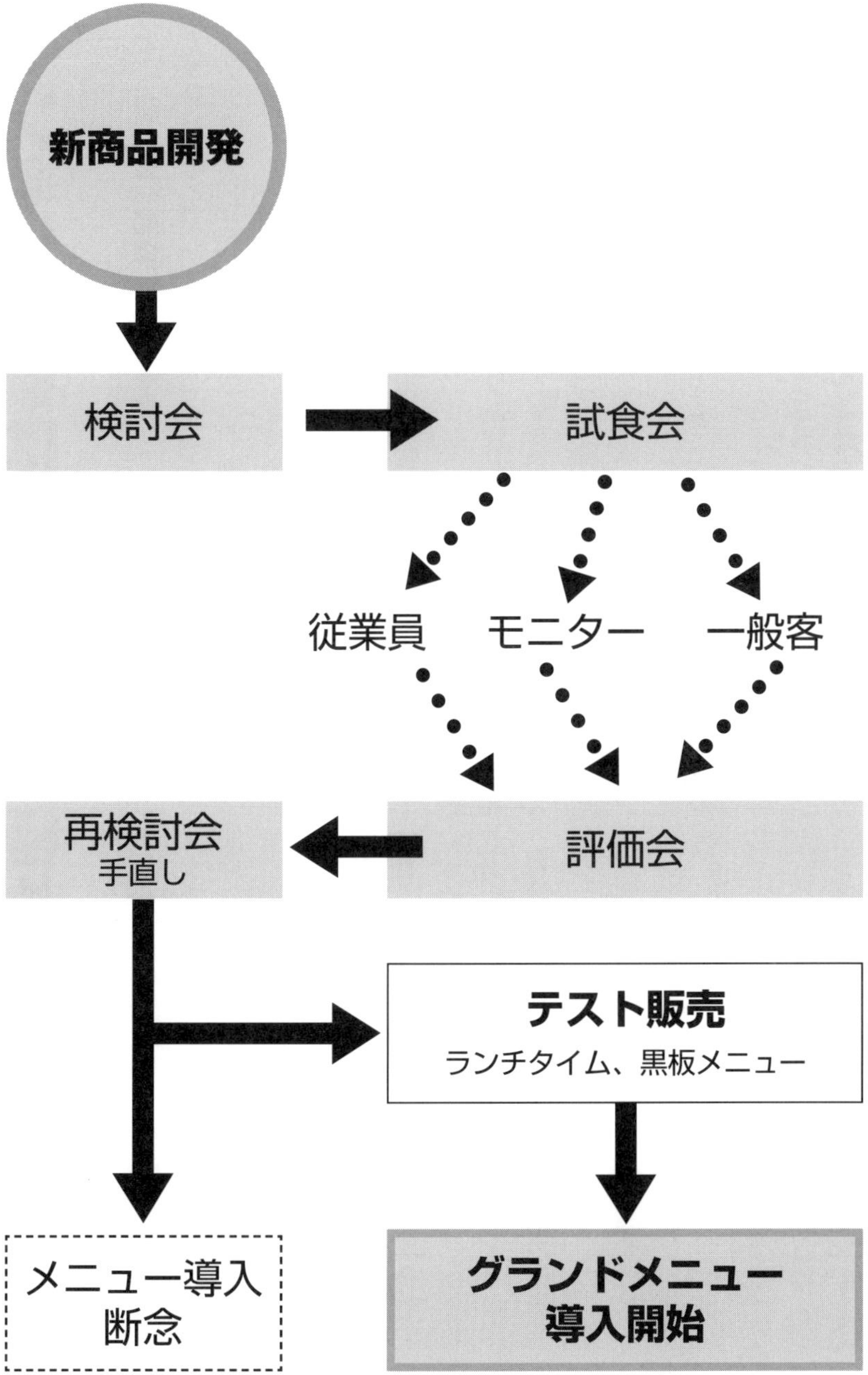
新商品開発
検討会
試食会
従業員
モニター
一般客
評価会
再検討会
手直し
テスト販売
ランチタイム、黒板メニュー
メニュー導入
断念
グランドメニュー
導入開始

05 マンネリ現象はこうして見極める

●お客様との〝馴れ合い関係〟には要注意

飲食店が新鮮味を失うと、お客様はその店を、特別な店として位置づけなくなる。特別でないイメージから常連客が増えてくるのも事実だが、常連来店が長期間続くと、やがては〝マンネリ〟現象を起こしやすくなる。

店側のサービスは、お客様としての意識よりも知人友人の扱いになり、お客様も同様に親密関係で来店するようになる。商売では、常連客を大切にすることは重要だが、お客様との〝馴れ合い関係〟には注意しなければならない。お客様は本質的に、〝お金を払う満足感に浸りたい〟と願っている。だから〝お客としての扱い〟を求めるのであり、お付き合いで散財しようなどとは考えない。したがって、お客様に対して〝親しき仲にも礼儀あり〟の精神を欠いてはならないのだ。

お客様との馴れ合い関係が長くなると、マンネリ現象を招く。と言っても、これが表面化するわけではないことから、店側は常連客を大切にしているつもりで、ついついいつもどおりに接してしまう。その後、しだいにお客様の足が店から遠のいていく。お客様の立場から見れば、知人友人であっても、お金を払う以上、お客として扱われたい気持ちが大きいからである。このように、マンネリ現象は、同じことの繰り返しから、お客様が新鮮さや期待感を感じなくなった時点で起こるものである。

●常連客の動向からマンネリを見極める

メニューにおいても、このマンネリ現象が発生する。これを見極めるのは、常連客のオーダーがなかなか決まらない場合である。つまり、〝いつものアレをくれ！〟と言っているうちは、お客様が求める商品があるため、マンネリ状態ではない。

しかし、常連客がオーダーに迷っている状況は、メニューにお客様が求める喜びや期待感が存在しなくなっているものと考えられる。

このように、メニューによるマンネリ現象を見極めるには、常連客の動向がポイントになる。〝今日は、何かおいしいものある？〟〝今日のお勧めは何？〟このような言葉が、店の料理に飽きているシグナルなのである。

マンネリ現象を見極める

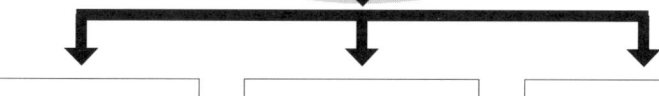

マンネリ要因

店舗要因　**メニュー要因**　**サービス要因**

マンネリ現象

- 店内の新鮮さが欠落している
- 店内に物が散乱している
- 店内が汚れている
- 長期間、店内の雰囲気が変わらない
- お客様がなれなれしすぎる
- お客様が、従業員や経営者を呼び捨てにしている
- 常連客から、メニュー以外の料理を頼まれる
- 商品が全体的に平均して売れている
- 全体的に客数が減っている
- 常にお客様から、本日のお勧め料理を問われる

マンネリ脱却戦略の策定

06 価格設定には〝限界値づけ〟がある

●お客様の予算に合わせた価格設定を

お客様が最も関心を抱くのは、〝いつどこでも味わえない料理〟とその〝価格〟にあることは言うまでもない。衝動買いや特別な利用動機がない限り、お客様はあらかじめ予算を立てて店へ入ろうとする。

前にも述べたように、飲食店には営業コンセプトに基づいた「顧客ターゲット」が設定されていて、これに基づいた「商品コンセプト」が策定されている。この条件には、おおよその利用金額（客単価）と商品価格ゾーンが設定されているものであり、これに準じてメニュー構成や価格構成が施されている。

しかし、これを無視した破格な商品をメニューに登場させる店を見かけるが、この商品が、期待するほど売れるはずはない。お客様は、前もって予算した利用価格と大幅な違いのある商品に購買動機を抱くことはないからだ。

●お客様は「習慣価格」で判断する

消費者が買い求める商品には、「習慣価格」というものがある。つまり、生活の中で習慣的に利用している商品価格だ。たとえば自動販売機の飲料は、一般的に１２０円が習慣的に利用されている。

これと同じように、喫茶店のコーヒー価格は、３５０円までなら習慣的に利用されるが、これを大きく上下すれば、業態が異なる（ファストフードやホテルのラウンジなど）ことになる。

また一般のラーメンでは、５５０円までなら習慣的に抵抗なく利用できるラーメン店と言えるだろう。お客様は、この習慣的に見ている価格ゾーンを大幅に上下した場合、〝高い商品〟〝安い商品〟として位置づけるのである。

以上のように、商品価格にはその店の「限界」があることを理解しておかなければならない。店の中心価格ゾーンから大きく上下した値づけは、お客様の目に入らない価格である。したがって、店のコンセプトによっては、無理に安売りをしなくても、その価格でお客様は喜んで利用する場合もある。〝儲け〟と〝売上げ〟のいずれにも、価格設定が大きく影響することを忘れてはならない。

メニューの価格設定

プライスゾーン	業態位置づけ	限界プライス
スーパー・プライス	その他の高級飲食店	20、000円以上
ベスト・プライス	ディナーハウス・ラウンジ・BAR・割烹料理店	10、000円～15、000円
ベター・プライス	居酒屋・すし店・テーマレストラン・大衆割烹・スナック・カフェバー・焼肉店	3、500円～8、000円
モデレート・プライス	一般レストラン・カフェレストラン・大衆居酒屋・パスタ店・ドライブイン	1、500円～3、500円
ポピュラー・プライス	ファストフード・麺・飯店・大衆食堂・ファミレス	500円～1、500円

07 経営体質をもとに〝儲け〟を計画しよう

●変動費が儲けに及ぼす影響

儲からない店は、〝儲けの構造〟が完成していない。これは、前章のメニュー戦略において解説した。しかし、売上げの大半を要する変動費が、〝儲け〟に及ぼす影響は何よりも大きいことを知っておく必要がある。

変動費とは、売上げに応じて発生する費用のことで、飲食業では「原材料費」「人件費」「諸経費」を指す。売上げに対するこの変動費比率の合計を「経営体質」と呼ぶが、飲食業はこの経営体質を低く抑えるために、日々さまざまな努力を重ねている。

経営体質の目安は、売上げに対して原材料比率33％、人件費比率27％、諸経費比率12％の合計72％が一般的と考えればいいだろう。残りの28％が、固定費と利益の許容範囲ということになる。

飲食店が、儲けをより多く得るためには、この経営体質を低く抑えなければならない。とくに、原材料費と人件費の合計で売上げの60％もの支払いを要することから、この経費管理は経営を左右するほど重要になる。

●メニュー開発で経営体質を改善する

この経営体質は、メニューの改定や新商品の開発によってもコントロールすることができる。メニュー全体における食材構成や仕入価格、売価、分量、メニューレシピなどの見直しと、原価率の低い儲かる商品開発など、あらゆる手段を駆使すれば、かなりの原価削減を図ることができる。

メニュー開発において、原価率を削減することができれば、その削減分はすべて利益へ還元される。月商３００万円の店で３％の削減が実現すれば、９万円が利益となる。

さらに、手間をかけないで原価率が低いメニューが生まれれば、より多くの利益を生むことができる。

経営は、計画にすべてが託されているといっても過言ではない。とくに、経営体質の計画を無視しては利益の構造は生まれない。経費の中で、もっとも大きい原料費をコントロールすることができるメニュー開発が重要なのはこのためだ。

経営体質を前提にしたメニュー開発

項目	実績	売上比	メニューポイント
売上高	9,500	1	売上拡大メニュー開発
原料費	3,135	0.33	低原価メニュー開発
人件費	2,565	0.27	合理化メニュー開発
諸経費	1,140	0.12	合理化メニュー開発
営業利益	2,660	0.28	
地代・家賃	850		
リース料	140		
減価償却費	300		
経常利益	1,370	0.14	
借入金返済	750		粗利益の高いメニューを開発して
納税予定	350		資金繰りを円滑に図る。
買掛金支払	280		この場合、売上拡大も必要。
その他の必要資金	300		儲かるメニューの開発が条件
キャッシュフロー	-10		

経営には、さまざまな状況が発生する。初期投資による固定費の高騰や借入金の返済、納税、その他の流動負債など、いくら利益が出ていても、資金ショートを起こす場合もある。したがって、これらの対策を早急に考えなければならない。

この対策として、メニュー開発によるリスク回避が求められる。この場合は、“売れる、儲かる”メニュー開発が必要になってくる。

単に、売上げだけを求めても解決できないことを理解しておくことが大切

08 メニューレシピは、料理の〃構造計算表〃

●メニューレシピは利益の設計図

商品を完成させるうえで、「設計図」を欠かすことはできない。これは、飲食業にかぎったことではない。この設計図なくして、安心・安全かつクオリティーの高い商品を生むことは不可能と言える。建築に置き換えると、設計図は建物の安全基準を計る〃構造計算〃とも言えるものである。

飲食店経営で言う安心・安全とは、確実な利益が得られることであり、その設計図がメニューレシピである。その店がいかに繁盛していても、利益が出ていなければいずれは潰れてしまう。もちろん、利益が出ない原因の多くに経費の無駄遣いや放漫経営など、経営者の管理能力の問題もあるが、これら以外ではメニューレシピの不備が考えられる。

●メニューレシピによる売価の設定手順

メニューレシピは料理の構造計算表であって、料理の中心になる材料とそれを生かすための副材料、そしてその食材をもっともおいしく調理するための調味料を加えて食材構成をする。次に、このそれぞれの食材の分量を決めて、全体のボリュームを決定する。このボリュームで、お客様が満足するかどうかを、この段階で見極める。さらに、この食材それぞれの原価を合計して出た材料原価をもとにして、店側が必要とする利益を前提に売価を決めるのである。

利益の求め方には、店それぞれ異なる理由がある。固定費が多くかかる店や借入金返済が多い店の場合は、一品に対する粗利益を多く求めなければならなくなる。したがって、原材料比率を低く設定しなければならない。一方、固定費が高くても、立地に恵まれた店や客席数が多い店では、薄利多売でも販売量によって粗利益額を多く求められることから、原価率が高くても、売上高によって利益を求めることができるのである。

このように、利益は店の経営事情によって求められるものであり、他店と同じ利益でも、安心・安全とはい言えない。したがってメニューレシピは、自店が必要とする利益を見極めたうえで作成されるべきなのだ。

メニューレシピ・フォーマット

<table>
<tr><td colspan="5">店舗名</td><td colspan="2">管理者</td></tr>
<tr><td colspan="4">メニュー名</td><td colspan="2">売価</td><td>作成　年　月　日</td></tr>
<tr><td>NO</td><td>食材名</td><td>使用量</td><td>単価</td><td>歩留率</td><td>食材原価</td><td>仕込み法</td></tr>
<tr><td>1</td><td></td><td></td><td></td><td></td><td></td><td></td></tr>
<tr><td>2</td><td></td><td></td><td></td><td></td><td></td><td></td></tr>
<tr><td>3</td><td></td><td></td><td></td><td></td><td></td><td></td></tr>
<tr><td>4</td><td></td><td></td><td></td><td></td><td></td><td></td></tr>
<tr><td>5</td><td></td><td></td><td></td><td></td><td></td><td></td></tr>
<tr><td>6</td><td></td><td></td><td></td><td></td><td></td><td></td></tr>
<tr><td>7</td><td></td><td></td><td></td><td></td><td></td><td></td></tr>
<tr><td>8</td><td></td><td></td><td></td><td></td><td></td><td></td></tr>
<tr><td>9</td><td></td><td></td><td></td><td></td><td></td><td></td></tr>
<tr><td>10</td><td></td><td></td><td></td><td></td><td></td><td></td></tr>
<tr><td>11</td><td></td><td></td><td></td><td></td><td></td><td></td></tr>
<tr><td>12</td><td></td><td></td><td></td><td></td><td></td><td></td></tr>
<tr><td>13</td><td></td><td></td><td></td><td></td><td></td><td></td></tr>
<tr><td>14</td><td></td><td></td><td></td><td></td><td></td><td></td></tr>
<tr><td>15</td><td></td><td></td><td></td><td></td><td></td><td></td></tr>
<tr><td colspan="3">総量</td><td colspan="3">原価合計</td><td>原価率</td></tr>
</table>

指定食器	調理マニュアル	ソース・タレ・調味料

09 コンセプトの差別化で〝儲け〟が見える

●女性客が繁盛店を作る

繁盛している飲食店は、一般的に女性客の割合が高い。これは、生活面で女性がリードしていることを意味しているが、飲食店では、とくに女性が繁盛店を生んでいると言っても過言ではない。

女性客は、〝買い物上手〟と言われている。値段は手ごろで、オリジナルなメニューがあり、おいしいメニューがなければ来店しない。しかも、食べ物には何かとうるさいし噂もクチコミで広げる。これだけシビアなお客が来店するのだから、女性客が来店する店には、それなりのレベルが備わっているはずだ。ならば、その店が繁盛するのも必然と言える。

●売れない店は客層幅が狭い

一方、〝売れない店〟は女性客も少ないが、来店する客層が狭いのが特徴である。顧客コンセプトを絞り込んでいるわけではないのに客層幅が狭いのは、営業コンセプトやメニュー構成が、一部のお客様にしか受け入れられていない仕組みになっているからだ。これでは、女性客が興味を示すことは難しい。女性には、狭い間口には入ろうとしない本能が潜在しているからである。

また女性客は、時流やトレンド、話題性に敏感、かつ外観や雰囲気には異常なほどの興味を示す。このような視点は、メニューへも注がれる。したがって、これをメニューに活かさない限り、女性客をつかむことは難しいだろう。開発されたメニューが売れないわけは、女性客が一番よく知っているのである。

さらに、女性客は価格にも敏感に反応する。買い物慣れしているせいか、飲食店を利用する場合でもそれは変わらない。価格構成の中心ゾーンが手ごろな値段であれば、安心して買い物をする。しかも、中心ゾーンを越えた高い商品でも平気で買ってしまう。中心価格ゾーンの設定が曖昧であれば、女性客にとって不安な店という位置づけになり、それが売れないメニューにつながるのである。女性客が来店すれば店は必ず繁盛するかと言うと、一概にそうとは言えないが、消費の大半に関わる女性客は、商品マーケッターそのものと言っていいのである。

売れる理由と売れない理由

客層	女性客を中心に、客層が広い	男性客を中心に、客層は狭い
商品	これらの客は、時流やトレンドへの柔軟性を求める傾向が強い	これらの客は、マニアックなこだわりの商品への欲求が強い
価格	ターゲット価格帯から高価格帯に移行する傾向が強い	ターゲット価格帯から低価格帯に移行する傾向が強い
情報	話題やクチコミ、噂に敏感で、情報発信とその収集が広い	職場と家庭の往復で行動範囲が狭く、情報発信とその収集も狭い
雰囲気	コンセプトに興味を持ち、お洒落・デザイン・ファッション性を求める	コンセプトやお洒落な空間よりも、おいしい酒や料理を優先する
	消費力大	**消費力小**

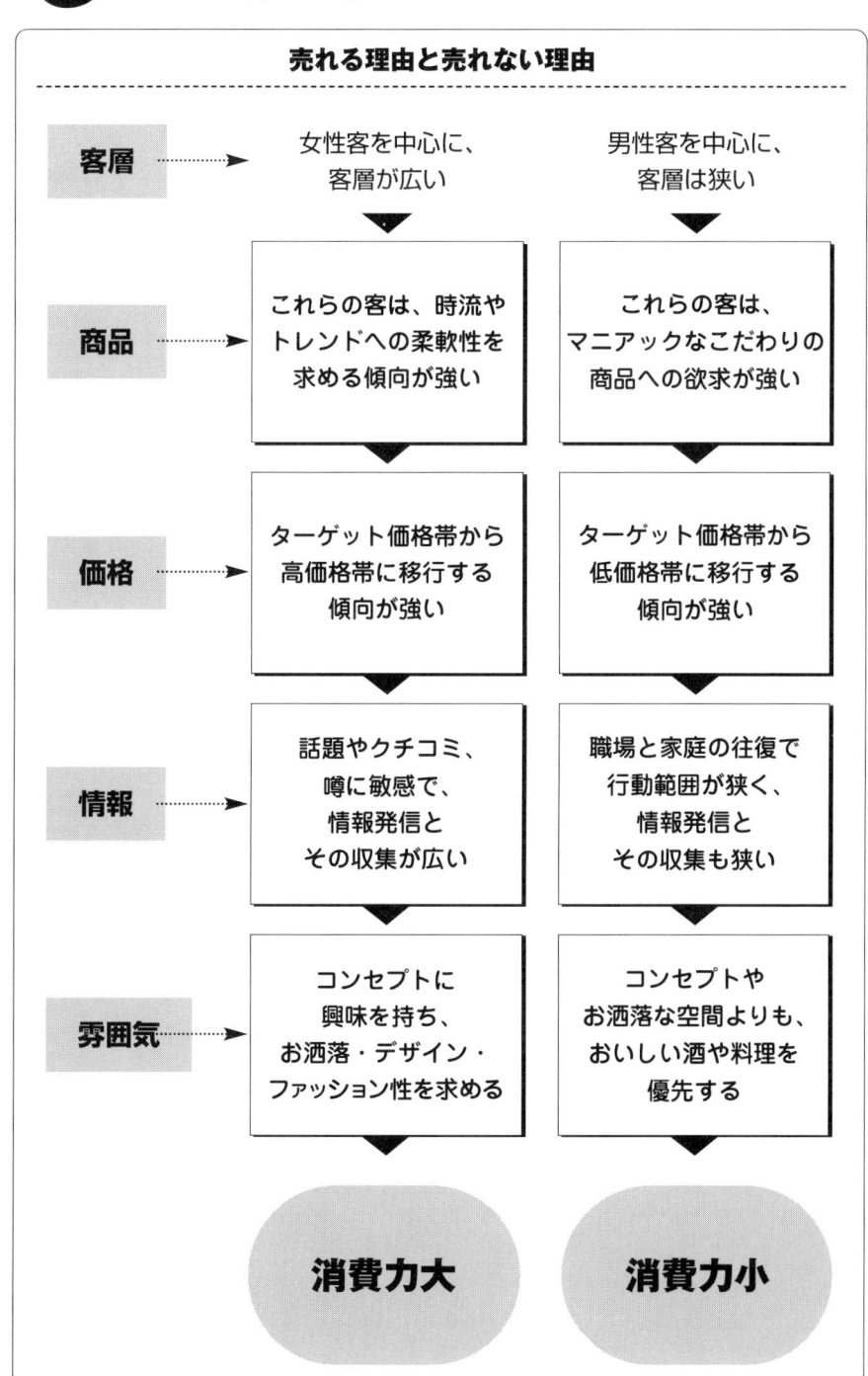

10 〝売上げ〟と〝儲け〟のどちらを優先させるか

●〝売上げ〟と〝儲け〟はバランスが大切

バブル期には消費者の購買意欲が旺盛だったために、売上げを求めれば必然的に利益を生むことができた。その後、景気の衰退とともに売上げが求めにくくなり、やがて倒産する会社や商店が続出した。後者の場合は、バブル期の経営の〝売上重視主義〟から脱皮することができず、利益を確保することができなくなってしまったためである。

それでは、〝売上げ〟と〝儲け〟のどちらを優先すればいいのか。言うまでもなく、〝儲け〟と言うに違いない。しかし、この双方は天秤のようにバランスをとらなければならない。

なぜなら、売上げが低下すればこれに応じて儲けも低下するが、逆に、儲けを求めすぎると売上げが低下する傾向があり、売上げを求めすぎると、儲けが低下する傾向にあるからだ。

開発されたメニューが爆発的に売れれば、バブル期のような売上重視でもいいのかもしれない。しかし、厳しい競合の中で大ヒットメニューを開発することは並大抵のことではない。

そこで私は、〝売上げ〟と〝儲け〟を分けて考えることにしている。メニュー基準表を作成する際、この商品が完成するまでの手間も経費として計算するのだ。

たとえば、左上表のように、ビーフステーキの食材をカットしてソテーするだけなら、そこにかかる人件費は少ない。しかも、一品当たり２、０００〜３、０００円の売価ならば、粗利益率を低くしても儲けの額は大きくなる。

ところが、完成するまでに手間のかかる餃子などは、原価率を低く抑えてもその手間の人件費を計算すると、決して高い利益が得られないことがはっきりする。

このように、メニュー開発の最終段階となる〝儲け〟の計画は、売上げを求めやすく、なおかつ儲けも確実に取れるような値付けにかかっている。

その値づけのポイントとしては、〝売上げ〟と〝儲け〟をバランスよくすることが重要なのである。

郵便はがき

料金受取人払

神田局承認

9893

差出有効期間
平成21年7月
14日まで

101-8796

511

(受取人)
東京都千代田区
神田神保町1—41

同文舘出版株式会社
愛読者係行

毎度ご愛読をいただき厚く御礼申し上げます。お客様より収集させていただいた個人情報は、出版企画の参考にさせていただきます。厳重に管理し、お客様の承諾を得た範囲を超えて使用いたしません。

図書目録希望　　有　　無

フリガナ		性　別	年　齢
お名前		男・女	才
ご住所	〒 TEL　　（　　）　　Eメール		
ご職業	1.会社員　2.団体職員　3.公務員　4.自営　5.自由業　6.教師　7.学生 8.主婦　9.その他（　　　　）		
勤務先分類	1.建設　2.製造　3.小売　4.銀行･各種金融　5.証券　6.保険　7.不動産　8.運輸･倉庫 9.情報･通信　10.サービス　11.官公庁　12.農林水産　13.その他（　　　　）		
職種	1.労務　2.人事　3.庶務　4.秘書　5.経理　6.調査　7.企画　8.技術 9.生産管理　10.製造　11.宣伝　12.営業販売　13.その他（　　　　）		

愛読者カード

書名

◆ お買上げいただいた日　　　　年　　月　　日頃

◆ お買上げいただいた書店名　（　　　　　　　　　　　）

◆ よく読まれる新聞・雑誌　（　　　　　　　　　　　）

◆ 本書をなにでお知りになりましたか。

1．新聞・雑誌の広告・書評で　（紙・誌名　　　　　　　）

2．書店で見て　3．会社・学校のテキスト　4．人のすすめで

5．図書目録を見て　6．その他（　　　　　　　　　　）

◆ 本書に対するご意見

◆ ご感想

●内容　　良い　普通　不満　その他（　　　　）

●価格　　安い　普通　高い　その他（　　　　）

●装丁　　良い　普通　悪い　その他（　　　　）

◆ どんなテーマの出版をご希望ですか

注文書

直接小社にご注文の方はこのはがきでお申し込みください。ただし、送料がかかります（冊数にかかわらず210円）。書籍代金および送料は商品到着時に宅配業者（クロネコヤマト）へお支払いください。到着までに1週間ほどかかります。

書　籍　名	冊　数

原価と儲けの構造

サーロインステーキ　　販売価格　2,500円

原料費	牛肉	kg／3,500円　×250g	875円
	ガルニ	（ジャガイモ、玉ねぎ、クレソン）	50円
	ソース	80cc	120円
	原価		1,045円
	原価率		41.8%
人件費	枝肉カット（月給25万円）15分　時給　h/1,250円		312円
	調理	5分	104円
	直接労務費		416円
	労務比率		16.6%

メニューコスト	1,461円（58.4%）
製造利益	1,039円（41.6%）

焼き餃子（　一個50円×50個）　販売価格　2,500円

原料費	豚挽き肉	kg/1,000円×500g	500円
	キャベツ	kg/47円×1kg	47円
	ニラ	一束	50円
	調味料		30円
	皮用　強力粉	kg/ 200円×500g	100円
	原価		727円
	原価率		29%
人件費	具材仕込み（月給25万円）20分時給h/1,250円		417円
	皮仕込み（手づくり）	15分	312円
	調理	5分	104円
	直接労務費		833円
	労務比率		33.3%

メニューコスト	1，560円（62.4%）
製造利益	940円（37.6%）

思い込みで失敗した“海鮮ラーメン”の開発

長期間飲食業に携わっていると、成功事例ばかりではない。とくに、調理経験が邪魔をして、自分が開発した商品への思い込みによって失敗することもある。

私が岐阜県に本部がある某ファミリーレストランチェーンの幹部社員として勤めていたころのことである。当時、その会社に帝国ホテルのシェフだった深沢邦男氏が月に1回調理指導に来ていた。彼がフレンチの担当で、私が中華の指導を担当していたのである。

そんなある日、彼がロブスターの殻を砕いていた。私が、「ムッシュ、何をしているんですか」とたずねると、彼は「もったいないからソースを作ってやろうと思ってね」と言う。海老の殻と玉葱や人参、セロリやパセリの切れ端などを一緒にいためながら、やっと海老スープができた。時間がかかったわりには、たいした量が取れていない。私は、こんな手間暇かけて・・・・と思いながら見ていた。

さらに、そこに小麦粉とバターをソテーして海老スープに入れると、トロミがついた。裏ごしをかけてピンク色のソースが完成した。彼は、そのソースを少量フライパンに入れて、生クリームを加えて、私に味見をさせてくれた。

生まれて初めて出会ったこのソースに、私は感動した。中華にはまったくない、まろやかさとコクがあった。彼は、「親方、これがアメリカンソースだよ！」教えてくれた。

それ以来、このソースの虜になった私は、このアメリカンソースづくりに毎日励んだ。彼を師と仰ぎ、ついにこのソースで「シーフードサイミン」というラーメンまで開発したのである。そして、この商品にさらに磨きをかけて完成したのが、「アシアンヌードル」だった。

スープはマグロを使用。このソースへアジアの香辛料を加えて、どこにも見られない、オリジナルなラーメンの開発に成功した。その結果、その店は長蛇の列ができるほど繁盛した。

ところが、店に私がいないと、お客様からのブーイングばかりだった。その理由は、このソースの使用には、高度な調理テクニックを用いないと生臭さが残るからだった。私の思い込みによる失敗である。この商品を完璧に作れるのは、私だけだったのである。

4章

〝売れる〟〝儲かる〟メニューを創造しよう

01 売れるメニューは、お客様の〝情緒〟をとらえる

● サービス業の原点とは

サービス業で成功するには、お客様の心を引きつける「商品」と「サービス」が必要である。この商売の原点は、お客様の心理を満たすことにあるからだ。

飲食店の場合、とくにお客様の心理をつかむことが、成功するためのポイントとなる。その店に、どんなにおいしい料理があっても、店主や従業員が、お客様の気分を損ねたら、お客様は店へ来なくなる。サービス業とは、商品に関わる付加価値として、お客様の心理を満たすことにあるからである。

メニュー開発においても、これは同様だ。おいしい料理さえあれば、店は必ず繁盛する、などと考えている人はいないだろうが、おいしい料理とは何を意味しているのかを考えなければ、メニューを開発しても売れることはない。

料理のおいしさは、お客様のそのときの気分、食事の相手、そのときの天気、お腹のすき具合などによって変化する。お客様の心理を上手に引きつけられなければ、お客様はそのときの気分で〝まずい〟〝旨い〟を決めてしまう。したがって、お客様の〝情緒〟をとらえることは、メニュー開発を成功させるうえで、何よりも大事なことであり不可欠なことなのである。

●喜怒哀楽をメニューに活かせ！

人間は、〝喜怒哀楽〟の感情の中で生きている。これによって、楽しさやうれしさ、悲しさなどの感情が記憶として残る。ならば、料理においてもこの喜怒哀楽をテーマに開発できれば、お客様の記憶に永遠に残る一品になるに違いない。あなたにも、そのような経験があるに違いない。誰かとどこかで食べた〝あの一品〟が、何年たっても忘れられないという料理が……。その料理が、あなたの情緒をとらえた一品だったのだ。

売れるメニューとは、こうした人間の弱点とも思える〝情緒〟に訴えることができれば成功する。楽しい思い出や悲しい出来事があっても、そこで食べた一品が、その思い出とともに、忘れることができない料理となって記憶されるからだ。

飲食店を利用するお客様の情緒とメニュー

“喜”（安心感）

- おいしそう
- 値段が安そう
- 店が楽しそう
- 気分が爽快
- 店に入りやすい
- 従業員が親切

“怒”（不快感）

- 従業員の態度が悪い
- 料理がまずい
- 雰囲気が悪い
- 値段が高い
- 料理が遅い
- 異物混入

MENU
忘れられない
一品

“哀”（不安感）

- 健康が気になる
- 他の客席が気になる
- 店の雰囲気が落ち着かない
- 支払いが気がかり
- 初来店に戸惑う

“楽”（高揚感）

- サービスにドキドキ
- 店の雰囲気にソワソワ
- 料理にワクワク
- 店の熱狂的ファン
- 料理に感動
- 同伴者と楽しいひととき

02 お客様は〝話題〟と〝物語〟に興味を抱く

●お客様は〝話題〟に行列を作る

より多くの集客をしたいなら、何か店の話題になるようなモノ、コトがあれば簡単だ。そのため最近では、イベントやフェア、セールなど、販促がらみの話題を中心に集客を狙う店が増えている。

また、その効果がもっとも大きいのは、マスコミをおいて他にない。事実、場末の飲食店が、テレビなどで紹介されると次の日から店は満員になる。テレビに出たことそのものが〝話題〟なのだ。

私は、東京・原宿の行列ができるラーメン店で、並んでいる人にインタビューをしたことがある。「あなたは、この店の何を求めて並んでいるのですか?」と。

すると、70%の人が「テレビで見たから!」「友達に聞いた!」「みんな並んでいるから、おいしいのかな～と思って」「雑誌で見たから」といった回答だった。

この店に並んでいたお客様は、常連が行列を作っていたのではなく、この店の〝話題〟に行列を作っていたのである。

●店のコンセプトの〝物語〟を話題にしよう

このように、お客様は店の〝話題〟に弱い。話題が噂になり、それがクチコミとなって、さらに広がっていく。だから、店は話題づくりに必死になるのである。

メニュー開発においても、話題づくりはいろいろ考えられる。これまでにも、多くの飲食店がボリュームメニュー、超激辛メニュー、超破格メニューなどで話題づくりをしてきた。

しかし、奇をてらった話題性は、一部のお客様には喜ばれても、高齢者や女性客などには敬遠されやすい面もあるので注意が必要だ。お客様は、奇抜さに対して一時的な興味を抱いても、すぐに飽きてしまうからだ。

このように、売れるメニューを完成させるための〝話題づくり〟は、安易な考えで実施すべきではない。それよりも、店のコンセプトの〝物語〟を話題にできるよう、努力することが大切である。お客様はその店の話題性に注目し、物語性に感動する。繁盛店は、この原理がメニューに活かされているのである。

メニューの組み立て方

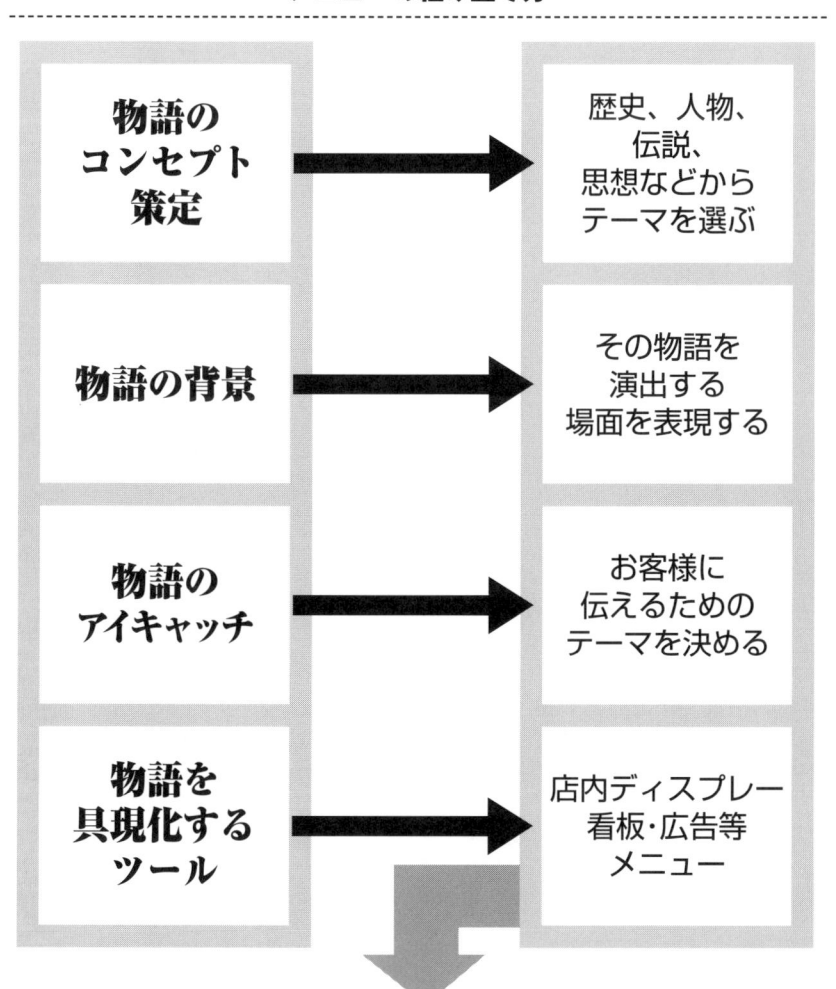

物語のコンセプト策定 →	歴史、人物、伝説、思想などからテーマを選ぶ
物語の背景 →	その物語を演出する場面を表現する
物語のアイキャッチ →	お客様に伝えるためのテーマを決める
物語を具現化するツール →	店内ディスプレー看板・広告等メニュー

↓

コンセプト・ストーリーを反映したメニュー戦略

- **ストーリーに関係した食材を選ぶ**
- **料理のネーミングをストーリーに準じて命名する**
- **ストーリーをイメージできる盛り付けを工夫する**
- **メニュー表へストーリーの解説をする**

03

お客様が衝動的欲求を膨らませる〝嗜好品〟

●衝動買いメニューを開発しよう

お客様がメニューを見たとたん、〝これが食べたい！〟というような商品があれば、その店は儲かるに違いない。そのお客様は、衝動的にその商品を欲しくなっているのだから、多少の割高感にも文句を言わないはずだ。

この衝動買いを誘う方法は、お客様の〝食欲〟を探っていけば見えてくる。生活様式が変化しても、食欲が変わることはない。どこにも見られない珍しい一品、どこにも負けないお値打ち品、トレンドメニュー、嗜好品、小皿でチョイス品、話題の一品には、お客様の財布の紐を緩ませる効果があるからだ。

メニューの中に、このような衝動買いを誘う仕組みを作ることができれば、売れるメニューが完成する。衝動買いは、その商品にしか目が行かなくなるため、有利に営業ができるはずだ。とくに、人間は好きなものには目がないと言われるように、好きな食べ物は多少の犠牲を払ってでも手に入れようとする。この心理を利用するのだ。前記の衝動買い心理をそのままメニューに導入すれば、お客様はその商品へ購買欲求を膨らませることになる。売れるメニューを創造するには、この衝動買いメニューを開発することが大切なのだ。

●メニューの衝動買いを誘うテクニック

メニューの中で衝動買いを勧誘するには、まず一般のお客様が嗜好するメニューを、メニュー表のレイアウトや表現でアピールすることだ。たとえば居酒屋などでは、〝枝豆〟や〝肉じゃが〟〝ホッケ〟〝サラダ〟などのメニューは衝動的に注文されることから、これらのメニューへお客様の目が行きやすいように、写真を入れたり文字を大きくする。また、サンプルなどで誘うことも効果的だ。

衝動買いメニューを開発する場合は、その業態におけるもっともポピュラーな商品をチョイス価格（低額）にしたうえで、さらにそのメニューの差別化を図る必要がある。

いずれにしても、衝動買いを誘うには、特別なメニューから脱皮することが成功のポイントになるのである。

衝動買いメニュー作成のテクニック

衝動買いの要因

- **価格が負担にならない**
- **どうしても欲しい**
- **珍しいものはつい衝動買い**
- **あると便利だから**
- **この商品への興味が高い**
- **あれば、より楽しい**
- **勧められて衝動的に**
- **趣味・マニアだから**
- **人の噂で衝動買い**

衝動買いメニューレイアウト

（矢印は視線動向）

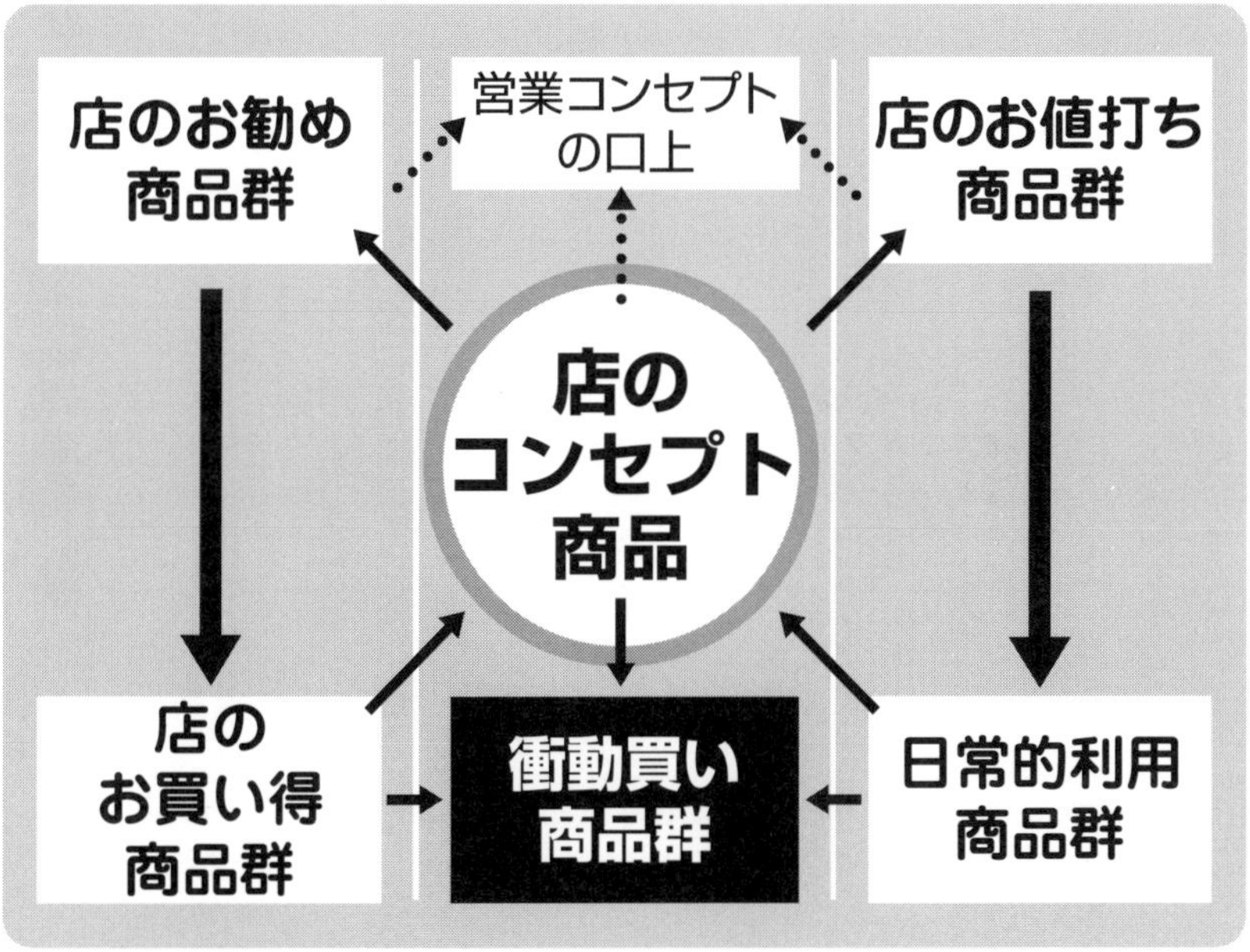

メニュー表現ツール

- ●黒板メニュー
- ●POPメニュー
- ●テーブルマット・メニュー
- ●差し込みメニュー
- ●卓上メニュー
- ●サンプル

04 お客様は〝食欲〟には勝てない

●五感に訴える、癖になるメニューを開発しよう

競争が激しい今日、他店との差別化も大切だが、より大切なことは、その店に、お客様が食べずにはいられない料理と〝癖になる料理〟があることだ。それをひと言で表現することは難しいが、強いて言えば、「五感メニュー」ということである。

五感メニューとは、視覚、嗅覚、味覚、触覚、聴覚を通じて、癖になる料理を完成させることにある。とくに人間は、おいしさを感覚でとらえた場合、我慢することができないほど食欲が高まる傾向がある。

たとえば、たこ焼き、お好み焼き、焼き鳥、ベーカリー、うなぎ、焼きせんべいなどの店の前に立つと、つい匂いに誘われて入りたくなるのが、嗅覚による食欲増進現象である。

お客様は、この食欲をくすぐられると我慢できなくなる。売れるメニューは、こうしたことへの工夫も大切になってくる。隣の人が食べている料理がおいしそうであれば、お客様は必ず従業員にたずねる。「あの料理は何ですか?」と。これが、お客様の食欲を誘うメニューになる。

そのためには、お客様の五感を誘うおいしい匂いを放つ料理があれば一番である。なぜならば、商品を見ないでも匂いでおいしさを勝手に感じてくれるからだ。しかも、その印象がいつまでも気になる存在になっていることから、今回は注文をしなくても、次回は必ず注文してもらえる。

次の五感メニューは、視覚メニューである。見た目でおいしさを感じさせられれば、これほど確実に買い物意欲を勧誘する方法はない。スーパーや食料品店売場の照明に注意してみれば、理解できる。食品がおいしそうに見えるよう、絶対に蛍光灯を使用しないのはそのためである。

このように、お客様の食欲をかき立てて、上手にメニューを開発することが、売れる、儲かるメニューづくりのポイントと言ってもいいだろう。

五感メニューの効果

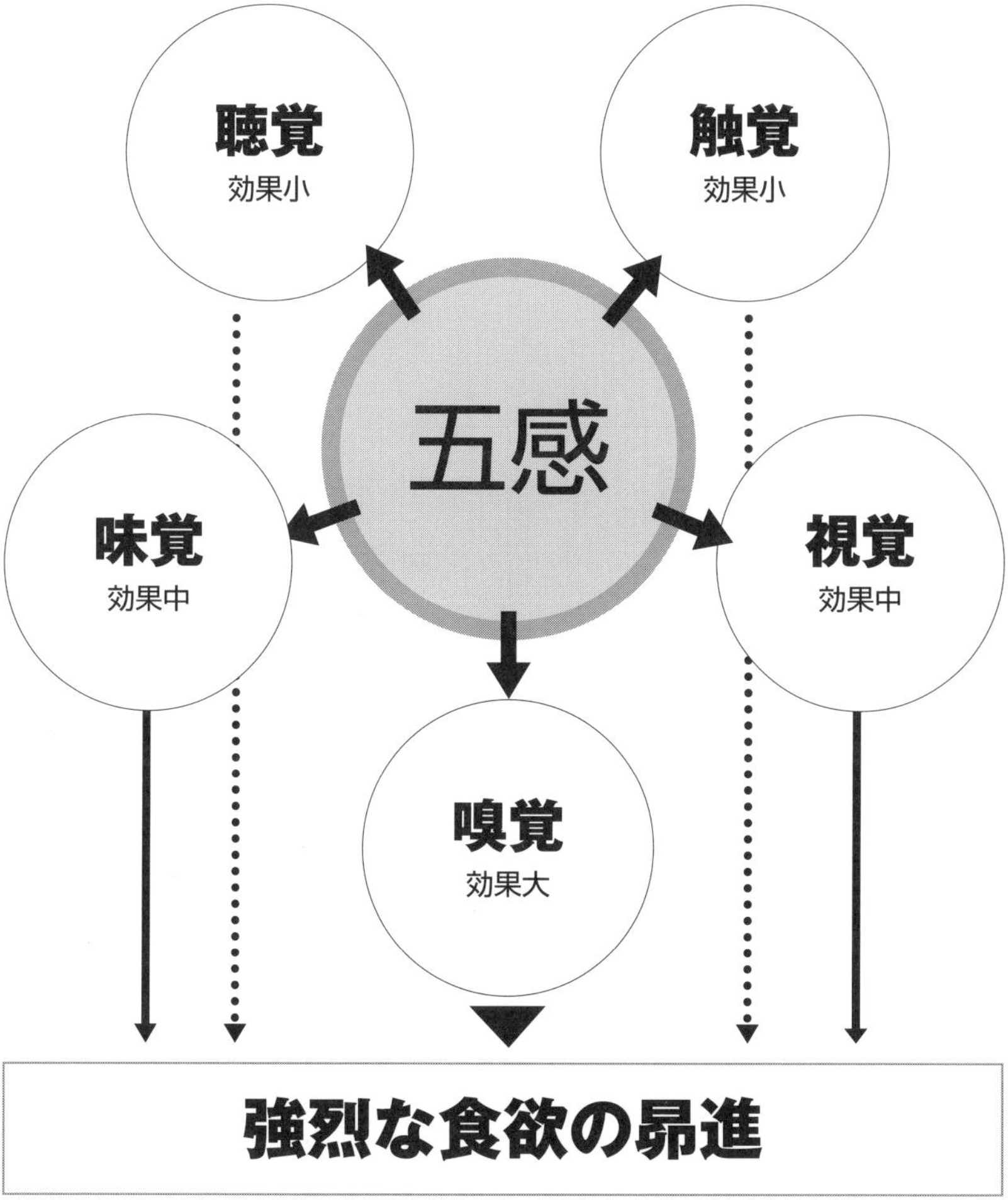

五感メニューの効果的な演出

- 芳香を放つ料理を導入する
- 癖になるような匂いを研究する
- マニアックな味を研究する
- ファッションにこだわる
- 注目されるような盛り付けデザインをする
- 鉄板などで音を演出する
- 斬新な食器の使用
- 懐かしい味の復元

05 メニュー開発では〝癖になる味〟を探せ

●〝癖〟になる味とは？

前項と重複することになるが、お客様を〝癖〟にさせる一品が開発できれば、〝売れる、儲かるメニュー〟が完成したと言っても過言ではない。癖になるということはリピート率も高く、そのお客様によってクチコミが広がる可能性も高いからだ。そこで、〝癖になる味〟とはどんな味なのかを述べていくことにしよう。

人間それぞれ好みの味は異なるが、特別な匂いや香りがする商品がなぜ売れ続けるのか。これを考えると、癖になっているからに他ならない。

アルコール類にしても、その味だけの飲み物だったら、本当においしさを感じるだろうか。アルコール依存症でもないかぎり飲まないはずだ。焼酎や吟醸酒、ビールなどの、それぞれの香りが癖にさせているのだ。つまり、味の他に癖になる匂いや香りがあるのだ。

次に、〝癖〟になる味が〝香辛料〟だ。たとえば、どんな料理でもラー油、七味、唐辛子などを用いる人がいる。辛い味が好みのお客様は、どんな料理でも辛くなければ満足しない。唐辛子の中に含まれる「カプサイシン成分」がその人に影響するからだ。とくに、辛味にはまっている女性も少なくないようである。

●メニュー戦略を成功させる近道

このように、一度癖になる味を覚えてしまうと、身体や感覚がより強烈な味を要求するようになり、それ以外では満足できなくなってしまう。〝売れる、儲かるメニュー〟を開発するうえで、この「癖になる味」にこだわり続けることは、メニュー戦略を成功させる近道なのだ。

私は、癖になる味づくりの一環として、カシューナッツやピーナッツ、松の実、胡麻などの材料を用いるようにしている。これらの食材は、一度食べはじめると止まらないほど癖になるからだ。こうした材料を上手に活用すれば、癖になる料理を開発することはそんなに難しいことではない。

繁盛店になるには、お客様がリピートする仕掛けを完成させることである。〝売れる、儲かるメニュー〟を開発するためには、この癖になる味を探すことである。

癖になるメニューづくり

"癖"になる要因を探す

▼

本能で求める	感覚で求める	習慣で求める

▼

癖になるツールを探す

▼

癖になる調理POINT

●醤油を焦がす ●味噌を焦がす ●ニンニクを炒める
●香辛料を加熱する ●バターを焼く ●葱、生姜、玉葱を焼く
●食肉の油を焼く ●砂糖を焦がす ●醤油タレ、味噌タレを焦がす
●胡麻をつぶす ●味を濃厚にする
●カプサイシン成分含有食材を使用する ●油で揚げる
●酢と辛味をミックスさせる ●唐辛子を大量に使用する
●ピーナッツやカシューナッツを使用する

▼

五感で癖になるメニュー完成

06 器で儲けるメニュー開発

●メニュー開発では、盛り付けにもこだわる

お客様は、見た目でその商品の価値を納得してしまう性格を持っている。料理においても、それは同じと考えてよい。綺麗でおしゃれな器に盛り付けられている料理を見ると、何となく食べてみたくなるのは誰しも同じである。

メニュー開発では、この盛り付けに対する考え方も重視しなければならない。とくに飲食は、雰囲気づくりが大事なことから、店舗だけでなく料理そのものの雰囲気を創造する必要がある。

見た目を重視するのは、百貨店などが商品を演出するディスプレーや包装などを大切にするのと同じだ。飲食店の場合は、器の選択にかかっている。

商品価値を高める器の使い方は〝売れる、儲かる〟メニューづくりにおいては欠かすことができない。

たとえば、一流と言われる料理人が作った一品でも、その料理を盛る器によって、一流の料理に見えない場合がある。調理品とは、一般の食品売場などで売られている商品を指して言うが、これを料理に変えるには、食材選びから調理方法、そして最後の演出となる器の選択までの〝こだわり〟を大切にしなければならない。

●料理を引き立たせる器の選択

器の選択とは、高価なものを使用することを意味するものではない。その料理を引き立たせるデザインを選ぶのがポイントとなる。

したがって、別に食器でなくてもよい。たとえば、花器や石、木の葉、ザル、桶、竹、また氷塊などを用いる場合もある。この器によって、料理の価値観が上がれば、売価を多少アップさせたとしても、お客は買ってくれるだろう。お客様は、おいしさとともに生活の中でファッションも大切にしているからだ。

ひと昔前は、洋食はソース、中華は味、和食は器を食べさせる、などと言われてきたが、器の使い方は料理をさらにグレードアップするためのツールとして見逃すことができない。この器の使い方が、〝売れる、儲かるメニュー〟を左右するほど大事な要因なのである。

食器を創造しよう

◀ガラス食器は、清涼感を表現することにより、料理の価値観をアップさせる

▶海鮮雑炊をお客様の目の前で作る。韓国石鍋を活用すればこその料理

◀民家風の食器が郷土料理の存在感をより高めている

▶グラスをお洒落に利用した料理は突き出しや口直しなど、少量料理に効果を発揮する

07 ネーミングで〝儲け〟が変わる

●ネーミングで差別化

競合や競争が激しくなると、差別化に向けて何かと試行錯誤しなければならなくなる。似たような商品が出回ると、お客様は混乱するからだ。最近では、中国のコピー商品や偽物が多数出回り騒ぎになっているが、ブランド商品は偽物でも買いたくなるのが、消費者の心理である。

ここ数年来、商品デザインや開発においては成熟期を迎えている。これといった画期的商品も見当たらないことから、徐々に商品戦略が似通ってくるのである。

そこで、日本の大手企業は〝商品ネーミング〟で差別化を図る、という戦略を展開している。自動車業界、ビールメーカー、家電業界、インスタント食品業界など、自社の商品をよりアピールするために、ネーミング合戦が続いている。

一方、テレビや新聞、雑誌広告などでは、キャッチコピーのあり方で視聴率や購買率が変わる。消費者は、まず商品のネーミングやそのタイトルに注目し、そこから購買動機を膨らませる傾向が強い。

●「食べてみたい！」というネーミングを

こうしたニーズからメニュー戦略をとらえてみると、非常に面白いものがある。これまで、まったくといっていいほど売れなかったメニューの商品名を変えたとたん、これまでとは比較にならないほど売れ出したという例は多い。他業界と同じように、飲食業でもネーミングの差別化は重要になっているのである。

そのため、メニュー開発を成功させるには、〝商品ネーミング〟が売れる・儲かるメニューづくりのポイントになる。商品名は、店のコンセプトや商品イメージによって考えられるが、これらをもとにした差別化できるネーミングの創造によって、さらなる商品の差別化が生まれるはずだ。

しかし、あまりにも奇抜な名称や、実際の商品とかけ離れたネーミングは避けたほうがよい。要は、一見して「食べてみたい！」というお客様の欲求を引き出すような料理名を創造することが大事なのである。

売れるネーミングのつくり方

	ネーミング・イメージ
店名を活用 ▶	・○○特別牛丼 ・○○特製フライドチキン ・○○仕込みラーメン ・○○ブレンドカレー
歴史・人物から活用 ▶	・ダ・ビンチ・サラダ ・戦国お狩場焼き ・ルネサンス・魚介鍋 ・大名どんぶり
地名から活用 ▶	・京都野菜サラダ ・比内地鶏焼き ・東京オムレツ ・玄海海鮮焼き
食材から活用 ▶	・海老のふわふわ揚げ ・わが家の肉じゃが ・完熟トマトスープ ・淡路のオニオン・サラダ
調理法から活用 ▶	・熱々煮込みうどん ・イタメde野菜 ・蒸し蒸し茶碗 ・フリフリ・オードブル
生活から活用 ▶	・夫婦焼き肉 ・団欒煮込み鍋 ・気まぐれ娘スパゲティー ・頑固deシチュー
造語を活用 ▶	・おしゃべりポテト ・イケメン・ピッツァ ・取れとろ刺身 ・タフマン・ステーキ

その他、縁起物、童話、異次元、宇宙、思想、哲学用語など、いろいろ考えられる。しかし、不吉な用語は避ける

08 儲けは〝金額〟で求めよ

●儲けのとらえ方をどうするか

儲けのとらえ方には二通りの方法がある。ひとつは、売上げに対して〝何パーセント〟を儲けるかであり、もうひとつは売上げに関係なく、〝いくら〟儲けるかだ。

このいずれを選択するかは、経営事情や店の規模、売上規模によって異なるが、メニューづくりのうえではこの選択が重要になる。

メニュー設計において、利益を率で求める場合には、食材費÷設定原価率＝設定売価となり、この売価１００%から原価率を差し引いたものが粗利益率となる。つまり、食材費が３００円で原価率を30%に設定した場合、３００÷０・３＝１、０００（売価）となり、７００円の粗利益（70%）になる。

また後者では、食材合計金額に対して単純に必要粗利益を加えるだけでよい。一品当たり食材費が３００円として、一品で７００円儲けたければ、これを加えた１、０００円が売価となる。

この場合には、月間のメニュー売上個数をデータにとり、必要利益÷販売個数で、一品当たりの必要利益高を出しておく。これをメニュー一品ごとに加えていけば、利益の確保は確実になる。リスクは、売上げが大きく低下したときと低額商品が割高になることだ。

メリットは、高額食材のメニューでも定額利益を加えるだけなので割安で提供できる。たとえば、ステーキのように食材費が高い場合でも、７００円加えるだけならば格安な値段で提供できる。

●儲けがはっきり見えることでやる気が生まれる

この方法は、利益が明確になることから、商品に対してシビアな見方ができるようになる。〝このメニュー一品で７００円儲かるんだ〟と考えれば、丁寧な仕事ができたり、気配りが行き届くようになることもメリットである。したがって、儲けを利益率で求めたとしても、これを利益額として見ることは大切になる。

メニュー開発において、儲けがはっきり見えていることは、従業員にとっても、やりがいや喜びが生まれてくるに違いない。

粗利益額を均一で付加する売価設定法

品名	単価	個数	売上高	原価率	一品原価	粗利率	粗利高	一品粗利	平均粗利	新売価
醤油ラーメン	580	950	551,000	0.26	150.8	0.74	407,740	429.2	465	616
焼き餃子	350	900	315,000	0.18	63	0.82	258,300	287	465	528
五目チャーハン	780	780	608,400	0.3	234	0.7	425,880	546	465	699
味噌ラーメン	680	600	408,000	0.33	224.4	0.67	273,360	455.6	465	689
チャーシュウ麺	800	480	384,000	0.35	280	0.65	249,600	520	465	745
野菜タンメン	650	400	260,000	0.28	182	0.72	187,200	468	465	647
葱ラーメン	700	380	266,000	0.25	175	0.75	199,500	525	465	640
タンタンメン	880	300	264,000	0.35	308	0.65	171,600	572	465	773
うまにラーメン	900	280	252,000	0.32	288	0.68	171,360	612	465	753
計	652.5	5070	3,308,400	0.29	189.2	0.71	2,344,540	462.4	465	651.6

上表は、メニュー分析から一品当たりの粗利高を均等に付加する計算方式である。一品の原価に、一品当たりの必要利益高を加えることによって、売価が決定する。

この場合、餃子などは無理な値づけになっているが、これらの検討をしなければならない。しかし、これまで値づけが高かった商品が「お買い得商品」として位置づけられるため、割安感のある店になる。

しかも、どの商品が売れても利益が同じなので、簡単に売上計算ができる。つまり、回転寿司と同じように、一皿当たりの販売枚数で粗利益高が計算できるようになる。

この計算方式を実施するには、店の必要粗利益高を計算しておいて、その上で必要売上個数を算出することが肝心である。

計算方式
必要粗利益高÷販売個数計画＝一品当たりの必要粗利益高
一品当たりの必要粗利益高＋一品当たりの原価＝一品当たりの売価

09 客層から〝儲け〟を創造する

●「どんな客層に売るか」を明確に

飲食店を利用するお客様は、その客層によってお金の遣い方や店の利用動機は異なる。生活する人の嗜好や満足感、消費傾向などがまったく異なっているからだ。

たとえば、ビジネス街の生活者は流行を求めながら、グループによる外食利用が多い。一方、工業地帯の労働者は消費計画が乏しく、金銭感覚も大雑把なことから、食生活でも外食利用が多い。

また、男性と女性とでは、その消費傾向も異なってくる。男性は計画的ではなく、情緒やその場の勢いにつられやすいが、女性は日常的にシビアな一面を持つ一方、魅惑的な商品に対しては衝動的な消費傾向が強い。

さらに、若者と高齢者では、その消費傾向はまったくと言っていいほど異なってくる。

メニュー開発は、「どんな客層に向けて売るのか」ということを念頭に置いて進めなければならず、この発想から、〝売れる、儲かるメニュー〟が生まれる。

●同じ客層は同じ嗜好性を求める

このように、嗜好性は客層によってそれぞれ異なる。しかもその客層は、同じ嗜好を抱いている傾向があるため、メニュー開発を成功させるうえでは、これを利用するべきである。これによって、幅広い客層に向けたメニュー開発を実現するような努力が求められるのだ。

私の経験から言うと、工業地帯の生活者は「ミート嗜好」が多い。こうした立地では、焼肉店やとんかつ店などが成功しやすい。一方、オフィス街立地の生活者は「シーフード嗜好」が強く、魚料理や寿司店などが繁盛しやすい。

これらをヒントに、メニュー開発はその地域の特性から考えることもできる。ところが、大都会では人口が多いことから、何でもヒットしやすい傾向がある。

しかし、この場合でも、ターゲット客層を絞り込んでメニュー開発をしないかぎり、〝売れる、儲かるメニュー〟にはならない。選ばれた特別な客層に向けて考えられたメニューを創造することが、差別化と固定客の創造につながるからである。

客層別メニュー開発ポイント

	客層	嗜好性	購買動機	メニュー	プライス
世代別	ヤング	トレンド食志向	質より量	大盛り料理	1、500円まで
	ブライダル	団欒食志向	話題、情報。バーゲン好き	バイキング	2、000円まで
	アダルト	グルメ志向	本格、本物。名物に弱い	コース料理	8、000円まで
	シルバー	健康食志向	少量高品質を選ぶ	手作り料理	5、000円まで
職業別	サラリーマン・OL	生活食と時流食	多品目、品揃え	小皿料理	3、000円まで
	ビジネスマン	簡便食志向	安くてうまい	大皿料理	3、500円まで
	エンジニア・工員	ミート志向	高額商品衝動買い	ステーキ、焼肉	2、500円まで
	管理職者	高級グルメ志向	貧疎と高級の使い分け	ミニ懐石料理	10、000円まで
	自由業	雑食志向	優柔不断、衝動買い	オリジナル料理	10、000円まで
	主婦	間食グルメ志向	価格に敏感	デザート料理	2、500円まで
グループ別	カップル	体験グルメ志向	雰囲気とファッションに弱い	ミニコース料理	5、000円まで
	ファミリー	会食志向	子供優先	セット料理	1、500円まで
	職場グループ	喜怒哀楽食志向	リーダーの決めるまま	酒肴料理	2、500円まで
	友人グループ	ワイガヤ食志向	割り勘で安心	宴会料理	3、500円まで
	文化・サークル	五感食志向	見た目が第一	会席料理	5、000円まで

10 看板メニューは〝儲けが小〟でも〝経営への貢献は大〟

●メニュー分析表でチェック

看板メニューとして開発した商品が、期待したほど売れずに儲からないことがある。看板メニューが〝売れない、儲からない〟では看板にならないわけで、これを外すべきか否かで迷うことになる。

そこで、開発されたメニューの売上げや利益を毎月確認することが望ましい。看板商品がメニュー全体に占める位置づけを知っておくことは、次のメニュー改定、開発に必要な条件と言えるからだ。

このチェックは、メニュー分析表を使って実施する。まず、売上個数と売上高は、メニューＡＢＣ分析表を用いる。次は粗利益のチェックだが、この場合には、メニューレシピで原価を出して商品別粗利益表を作成する。さらに、商品別月間売上数×粗利益高を計算する。これを商品別粗利益分析表を用いて粗利益順位を出しておく。看板商品の場合は、全体の5位以内であることが望ましい。

看板メニューでこの条件を満たさないものについては、改善・改革、改造・改定のいずれかを選ぶことになる。看板メニューの効果がなければ、既存商品の売上げを邪魔することになる可能性が高いからだ。メニュー分析によって、看板メニューを導入した時期から他の商品売上げをチェックしてみると、必ず売上減少している商品が見えてくる。

●店に対する〝貢献度〟にも注目

看板メニューの場合、売上個数や売上高、粗利益高よりも、店に対する〝貢献度〟に注意してみる必要がある。

しかし、経営貢献はなかなか表面化しないため、確認が難しい。したがって、商品に対する評判や来客数の変化、たとえば、このメニューを入れたことによる新しい客層の増大や客単価アップなどを毎日の営業日報などでチェックするのである。

このように、看板メニューの役割は、その一品による〝売上げ、儲け〟に限ったことではない。その商品が店のコンセプトをより明確にしている場合もあるし、客単価や客層拡大に貢献している場合もあるのである。

看板メニューの導入後のチェック

看板メニュー導入前

	商品名	単価	売上個数	売上高	原価率	粗利高	メニュー評価
1	刺し盛り	1,200	650	780,000	0.45	429,000	貢献度No.1メニュー
2	豚キムチ	680	580	394,400	0.26	291,856	貢献度No.3メニュー
3	マグロぬた和え	750	550	412,500	0.28	297,000	貢献度No.2メニュー
4	肉じゃが	480	520	249,600	0.3	174,720	
5	ホッケ開き	600	480	288,000	0.38	178,560	
6	ピリ辛ピザ	550	450	247,500	0.32	168,300	
7	和風サラダ	480	430	206,400	0.34	136,224	
8	みぞれサイコロ	850	400	340,000	0.38	210,800	売上貢献度No.5
9	キムチ鍋	880	360	316,800	0.24	240,768	利益貢献度No.4
10	イカそうめん	650	330	214,500	0.3	150,150	
	計		4,750	3,449,700	0.34	2,277,378	

看板メニュー導入後

	商品名	単価	売上個数	売上高	原価率	粗利高	メニュー評価
1	刺し盛り	1,200	620	744,000	0.45	409,200	貢献度No.1メニュー
2	豚キムチ	680	580	394,400	0.26	291,856	貢献度No.3メニュー
3	マグロぬた和え	750	500	375,000	0.28	270,000	貢献度No.4メニュー
4	**海鮮サラダ**	**800**	**510**	**408,000**	**0.25**	**306,000**	**貢献度No.2メニュー**
5	肉じゃが	480	500	240,000	0.3	168,000	
6	ホッケ開き	600	455	273,000	0.38	169,260	
7	ピリ辛ピザ	550	400	220,000	0.32	149,600	
8	みぞれサイコロ	850	380	323,000	0.38	200,260	
9	キムチ鍋	880	360	316,800	0.24	240,768	利益貢献度No.5
10	**小皿刺し盛り**	**980**	**330**	**323,400**	**0.3**	**226,380**	**売上貢献度No.6**
	計		4,635	3,294,200	0.26	2,431,324	

太字の看板メニューを導入したところ、海鮮サラダのヒットが粗利益をもたらす大きな要因となったが、刺し盛り、マグロぬた和えの販売個数、売上高を奪ってしまった。したがって、売上個数、売上高ともに低下してメニューの人気が下がっている

営業不振店を“スッポン”メニューで活性化

私はかつて、ある材料問屋の紹介で、茨城県の臨海工業地帯の中華料理店で働くことになった。地方で働くのが初めての私は、それが嫌で仕方がなかったが、その材料問屋に教え子が世話になっていたことと、赤坂で働いていたときに知り合ったN鉱業の部長から、「どうしてもお願いしたい！」と頼まれていたため断り切れなかった。

そして、その店に着くなり私は啞然とした。店の周りは、松林と水田ばかりだったからだ。厨房に立つと、外からはカエルが“ケロケロ、ケロケロ”と鳴く声が聞こえる。こちらのほうが泣きたくなった。今まで、こんなところで仕事をしたことがない。

しかし、家族で越してきたため、帰るわけにもいかない。そこで、諦めて仕事に取りかかることにした。

その店の経営者は、東京で不動産業を営んでいる女性で、赤坂のN鉱業の部長の勧めで、この地で中華料理店を出していたのである。なぜ、私がほしいのかを聞いてみると、何のことはない、食材屋が私の評判を大げさに話していたのである。

この店の問題は、売上げが多いのに、毎月資金がショートしていることだった。開店当時は、地元のお客は成金振る舞い、企業の社員は接待振る舞いだ。

ところが、この店は企業客がほとんどで、一般客はごくわずかだった。つまり、売上げのほとんどが売掛金だったのである。しかも、その売掛金はきちんと入ることなく、きわめて不安定な状況にあった。

そこで私は、現金売上げを狙ってメニュー開発をすることにした。ターゲット客は地元の“成金客”である。この町は利根川沿いにあることから、うなぎや川魚が名産だった。

そこで、“スッポン”をコース料理として開発した。売価は1人9800円。内容は、川海老の踊り食い、スッポンの中華鍋と煮物、中華雑炊、フルーツなどで、とてもお値打ちである。

スッポンの仕入れは、土浦のうなぎ問屋から台湾ものを輸入してもらった。メニューと材料が整った時点で、メニュー表と広告チラシを自分で作り、新聞配達所へ持って行って、やっとの思いでスタートした。

開発したメニューは、スタートから予約が殺到して、店の資金ショートは解消した。私がその後、この地で「中国料理・桃華園」を開業することにつながった。

5章

〝売れる〟〝儲かる〟メニュー開発の実務

01 メニュー開発は、日常的食材をより創造的に

●メニュー開発の実際

〝売れる、儲かるメニュー〟の開発では、そのプロセスを具体的に進めなければならない。この章では、メニュー開発の実務を具体的に述べていくことにする。

メニュー開発には、料理の品質を決定する食材選びが、何よりも重要になる。近頃では、消費者が食品についてシビアになっていることから、スーパーや食品売場では安心・安全をお客様に訴えるために、産地や生産者記名などを実施しているほどだ。外食の場合でも同じで、お客様は料理に使用されている食材に深い興味を示している。こうした欲求に応えるため、メニューに使用食材の産地や生産者名を記載する飲食店も増えている。飲食業は、食材の調理での工夫で、店の看板メニューを作り、他店との差別化を図っていくことになる。

●消費者になじみが深い食材を使う

〝売れるメニュー〟を開発するには、消費者になじみ深い食材の利用がポイントだ。野菜で言えば白菜やキャベツ、大根、ナス、きのこ類などで、魚介類で言えばマグロ、イカ、タコ、海老などだ。

しかし、なじみ深い食材を、どこでも食べられるような料理にしてしまったのでは、お客様は何の関心も抱くことはない。そこで、開発者の創造力が求められることになる。これらの食材を使って、〝どこにも見られない料理〟を開発しなければならない。

と言っても、日常的に慣れ親しんでいる食材を使用して、オリジナルかつ差別化が図れるメニューを開発することは、並たいていのことではない。

日常的な食材を使用した家庭料理は、その料理方法も一般的なものである。したがって、これを成功させるには、家庭では食べられない料理を開発することが重要になる。たとえば、ほうれん草のお浸しを〝フランス風のオードブル〟にしたり、〝肉じゃが〟をインド風にアレンジするなどである。

このように、生活者になじみ深い食材を用いる場合は、日常的には食べられないようなメニューとして完成させなければお客様の満足を得ることはできない。

食材別の売れるメニュー開発

収益性の高いメニューの販売	メニューの方向性	メニューの完成
日常利用食材 ・一般家庭で日常的に利用されている一般食材	目先を変えて感動させる“創作料理”として開発する	**より高い利益が求められるメニューを完成させる**
注目食材 ・時流食品 ・話題食品 ・地場名産品 ・美容・健康食品	限定販売商品として、購買動機をさらに勧誘するように開発する	**タイムリーに儲けられるメニューを完成させる**
貴重・珍重食材 ・旬の食材 ・海外輸入食材 ・限定生産品 ・高級食材	本格料理として、基本を大切に、食材の価値観をもって開発する	**店の尊厳をアピールできるようなメニューを完成させる**

02

味つけは、シンプル・イズ・ベスト

●成功のポイントは〝こく〟

料理に対して、何かと味にこだわる人がいるが、その料理が一概に〝おいしい〟と言えるわけではない。とくに最近のお客様は、インスタント食品に慣れていることもあり〝おいしさ感〟がこれまでとは変わってきていることに注目する必要がある。

メニューを開発する場合、この味覚の見極めは重要になる。〝売れるメニュー〟を開発するうえで、料理の味だけは自分の好みでつけることは許されないからだ。

これまで飲食店では、おいしさを求めるあまり、さまざまな旨味調味料や香辛料を使用してオリジナルな味を作ってきた。しかし最近では、お客様はこうした味を敬遠気味だ。旨味を求めるよりも、その素材のおいしさやあっさりした味の中の〝こく〟を求める傾向が膨らんでいるのである。

そこで、これからのメニュー開発は、味つけをシンプルに、しかもその中に〝こく〟を見出すことを考えなければならない。それによって、これまでの料理のおいしさとは異なる〝おいしさ〟を表現できるからである。

●シンプル・イズ・ベスト

たとえば、本格的な中国料理の「野菜炒め」はこれまで、炒めソース（さまざまな調味料を合わせた醤油ソース）を使用してきた。最後に少量の片栗粉で野菜の旨味を素材に封じ込めるのだが、これを塩と胡椒だけで炒めてみると、これまでの野菜炒めとはまったくと言っていいほど異なるおいしさが生まれてくる。たしかに、前者には前者のおいしさはあるものの、後者にもそれなりのおいしさがある。これが、新鮮な味である。

新しいメニューを開発するということは、このようにシンプルにすることによって生まれる〝新しい味〟を求めることにある。和食の天婦羅なども、これまで〝天つゆ〟で食べていたものが、最近ではカレー塩やレモン汁などで食べられるようになったのもこの発想である。

とにかく、これからの味つけは、〝シンプル・イズ・ベスト〟の気持ちを持ち続けることが、新しい料理を発見するうえで必要なことである。

基礎調味料の種類と特徴

	原料	種類	特徴
醤油	大豆、または脱脂醤油こうじに食塩水を加えたもの	濃い口醤油	深い旨みと甘味、酸味、苦味を持った一般的な調理用醤油。とくに煮魚に最適
		薄口醤油	濃い口醤油よりも塩分が強い。素材の風味や旨みを引き出す炊き合わせや野菜の煮物などに適している。関西地方で多く使用
		溜まり醤油	とろみと濃厚な旨みを持った醤油、刺身や寿司などの付け醤油として、卓上用でも使用する
		再仕込み醤油	色、味、香りが濃厚。別名「甘露醤油」とも呼ばれる。刺身や冷奴など付け醤油、かけ醤油に適している
		白醤油	味は淡白だが、甘味が強い。吸い物や茶碗蒸し、漬物などに適している
塩	自然海塩、再結晶塩、岩塩、食塩に分けられる	自然海塩	ミネラル成分が多い塩。旨味、甘味も溶け込んでいる塩
		再結晶塩	スーパーなどに並んでいる一般的な塩。輸入塩や天然塩に、にがりやミネラル成分を加えたもの
		岩塩	塩鉱山などの岩塩層から取り出された天然塩
		食塩	塩化ナトリウム純度99%、にがりなどのミネラル成分は、ほとんど含まれていない
味噌	蒸した大豆へ米、大麦、または大豆の麹と食塩を混合して熟成させた調味料	米味噌	有名なものとしては、西京味噌、信州味噌、津軽味噌など
		麦味噌	田舎味噌
		豆味噌	八丁味噌、名古屋味噌、溜まり味噌三州味噌など

03 盛り付けはターゲット客を見極めて

●料理は盛り付けで決まる

料理の完成は、その盛り付けにある。いくら丹精を込めた料理でも、最後の盛り付けがお粗末ならば、それまでの苦労は〝水の泡〟となる。料理の盛り付けは、お客様へ真っ先に〝おいしさ〟を届ける〝前味〟となるからである。

しかし、その盛り付けもお客様によって好みが変わってくる。若者と高齢者では感性も異なるため、盛り付けも変えなければならない。若者はボリュームを好み、大胆でワイルドな盛り付けを好むが、高齢者は、少量で上品に盛られた料理を好むという傾向がある。

このように、料理の盛り付けは、ターゲット客に合わせてデザインされるべきである。そもそも、メニュー開発はターゲット客を前提に行なわれていることから、盛り付けもその客に応じて行なえばよい。

しかし、ターゲット客を視野に入れずに安易に盛り付けてしまうと、せっかくの料理に価値を感じてもらうことができず、売価設定も有利に働くことはない。

●盛り付けは生け花と同じ感覚で

前章でも述べたとおり、盛り付けの基本は器の選択にある。これもターゲット客を見極めたうえで決定する。一般の高齢者にブルガリの器を使用しても、それほど喜ばれないかもしれないが、若者や女性客には感激されるだろう。しかし、逆に有田焼や伊万里焼、九谷焼などの器には、一般の若者は見向きもしないだろうが高齢者は感激するに違いない。このように、ターゲット客を前提に器を決めることが大切なのである。料理の盛り付けは、見た目とそれをデザインする感性が求められる。これによって、料理の価値観がアップするのである。

私は、盛り付けを〝生け花〟にたとえている。ある生け花の先生から学んだ「天・地・人」の基本を活かして、数値の3を活用する。料理を盛る高さは、お皿の3倍、盛る面積はお皿に対して3分の1、このようにバランスをとるための高さとボリューム、色使いの〝あしらい〟など、生け花と同じような感覚で盛ってみることが大切である。

盛り付けのテクニック

日本料理	特徴	日本料理は、昔から盛り付けを重んじている。絵献立といって、献立に絵を描き、器、彩り、料理と添えの組み合わせなど、盛り付けの効果を考える
	器	料理に合わせて器を選ぶこと 料理に対して、大きめの器を選ぶこと
	盛り付け	絵を描くような気持ちで盛り付ける。料理に対して、大きめの器を使用して空間を活かすことがポイント。皿に盛る場合は山と谷を作る。四季に応じて器を選び、夏は硝子など、冬には漆器なども使う
西洋料理	特徴	西洋料理は、熱いものを熱く、冷たいものを冷たくが基本。皿を温めたり、冷やしたりする心遣いが大切
	器	特別な原則はない
	盛り付け	皿の内側の線から料理がはみ出さないこと。マークがある皿はマークがお客の向こう正面にあること。魚は、頭が左で腹が手前、骨付き肉などは骨を右上に。扇型の料理はとがったほうが手前
中国料理	特徴	前菜などを除いて、あまり器に執着しない。熱い料理が多いことから、すぐに盛り付け、すぐに提供するのが中国料理の特徴。これは、取り分け料理が多いことによる
	器	陶器の本場であることから、器のデザインにはこと欠かない。皿、鉢、丼、鍋、これらの他に、銅や銀、ステンレスなどの食器を使用する。とくに、特殊な土瓶や壺を使用する場合もある
	盛り付け	前菜は、お客様への最大の心づくしであることから、美しく盛ることが基本。取り分け料理の場合は、飾り切りなどを添えて見栄えをよくすることが大切

04 器は食器だけではない

●器の選択もメニュー開発のヒントに

メニューづくりでは、器を見極めることが大切であることを述べてきた。料理人にとって、見た目でお客様を楽しませることができる器の選択は、重要なメニュー開発の手段になるからだ。

最近では、この器の使用スタイルが大きく変わってきている。紙器や家庭雑貨品を使用するケースも見受けられる。既成概念を打ち破った盛り付けが、若者相手の店では流行っているのである。

もちろん、料理に対してそれなりの器を選ばなければならないことは言うまでもない。注意しなければならないこととして、衛生的であること、安全であること、料理がよりおいしく見えること、などがある。

●新しい視点で器を考えよう

最近、上海では中華鍋に料理を盛る店が増えている。しかも、テーブルの上で料理が盛られた鍋ごと火に掛けて提供するのだ。まさに中国人ならではの発想だが、このような店が繁盛していることを見ると、このような器の使い方が他店との差別化につながるのである。

このように、新しい視点で器を考えることは、差別化をめざすメニューづくりでは大切なことだ。

料理を盛る器は、なにも食器だけに限らない。たとえば、ザル、桶、壺、花器類、また石、木の葉、流木、建築材料ではレンガや瓦、野菜などからカボチャ、瓜、メロン、スイカなど、器ごと食べられるスープや煮物にも注目する必要がある。

私は、現役の料理人時代、テーブルを器として使用したことがある。大きな宴会でオードブルを盛ったときのことだが、テーブルへ透明のビニールを敷いたところへ龍と鳳凰、五重塔、そこへ春雨で川を流して魚を作り、中国絵巻をオードブルにした。とても大皿に盛れないことから思いついたことだったが、お客様は拍手喝采だった。

以上のように、衛生には十分注意をしながら、料理が引き立つデザインができれば、売れるメニューになるに違いない。

盛り付けの効果

◀ミニフライパンを器として利用して、熱い料理をより熱く感じさせる演出をした

▶ミニ盆栽の鉢箱を利用して、玉石を敷いた上に鯛の刺し身で牡丹の花をお造りにした料理

◀テーブルにあった小物入れを利用して、山芋とイカとイクラでグラタン風にした料理

▶同じ小物入れに、塩辛を盛ってみると、まったくイメージが異なる料理に生まれ変わる

05 付け合せ（ガルニー）で付加価値の創造

●料理の付加価値を高めよう

料理の魅力をさらにアップするのが〝あしらい〟や〝付け合せ〟、つまり洋食で言う〝ガルニー〟である。これらは、料理に盛り添えて見た目を美しくすると同時に、料理を食べたときに味や栄養のバランスをとるためのものを言う。しかし最近では、料理の付加価値をさらに高めるために、付け合せ料理を見直さなければならない時期にきている。

一般的に、西洋料理に用いられる〝ガルニー〟として考えられるのは、ミート料理の場合には青、赤の野菜料理、ステーキなどにはジャガイモ料理を添えることが多い。魚介料理では、皮をむいたボイルドポテトを添える。

また、温かい料理には温かい付け合せ、冷たい料理には冷たい付け合せを添えるのが原則となっている。最近では、グラタンやフルーツ、サラダ類も多く使われている。

和食の場合には、酢の物などへワカメ類やきゅうりやウド、大根、人参などの野菜を薄塩や酢洗いにしたり、薄味で煮て使用する。揚げ物には、しし唐や小ナス、大葉などを素揚げにして添える。

中国料理では、炒め料理をジャガイモを千切りにして揚げた雀巣（鳥の巣）に入れたり、肉の煮物料理などには蒸しパンを添えたり、揚げ物料理には、トマトやきゅうり、レタス、キャベツなどを添えることが多い。

このように〝付け合せ〟は、メイン料理を食べる際の口直しやその料理と相性がよい別の料理（または食材）を付け加えることである。

したがって、メイン料理の味を損なうような素材や味付けは控えなければならない。

〝売れる、儲かる〟メニュー開発には、これまでの料理といかに差別化を図るか、を考えなければならない。

そこで、この付け合せ作戦は、新しい料理のデザインに大いに活用するべきである。

これまで、この付け合せ料理に着眼した人が少ないだけに、新しいメニュー開発で得られる効果は大きいだろう。

付け合せ料理の創造

付け合せ食材	調理アイデア例	メイン料理
ほうれん草	生のままサラダ風に盛り付けて、ドレッシングをかける	オードブルや揚げ物、冷たい魚料理
白菜	塩漬けにした後、よく絞って、酢と砂糖で漬け込んでおく	揚げ物料理
人参	ボイルしてからジュースにする。味を調えてゼリーにする	冷たい料理や魚料理
大根	器状にくり抜いてから、薄味をつけて柔らかく煮る。ここに洋芥子を添える	肉や魚の煮物料理
山芋	摩り下ろして下味をつけ、海苔に包んで油で揚げる	煮物料理
ジャガイモ	千切りにして篭揚げにする。これを器のふたとして利用	料理全般
茄子	亀甲きりにして油で揚げる。これをピリ辛冷製スープへ漬け込む	冷たい料理、魚料理
モヤシ	軽くボイルして冷やし、水を切り、カレー粉と塩味をつける	揚げ物料理
フルーツ類	フルーツゼリーを作る。これをスプーンで取って盛り付ける	料理全般

上表は、ひとつのアイデア例であり、他の食材においても多様に考えられる。ただし、メイン料理のイメージ、味覚を損なうことがないような付け合せを考える

06 お客様の食欲は〝匂い〟で誘う

●〝匂い〟で集客しよう

人間は、五感でおいしさを感じ取る。とくに食べ物の風味は、味ばかりでなく、匂いの成分が重要な役割をはたしている。これは、鼻をつまんでリンゴを食べると、ジャガイモと似た味になってしまうということからもわかる。

私は、テイクアウト焼き鳥店の経営経験がある。この焼き鳥店は、スーパーマーケットのコバンザメ商法（集客の多い施設に隣接して営業をする）で展開したものだが、この商売のコツは、匂いによってお客様を集めることである。

したがって、よい匂いを醸し出すタレを開発することが重要になる。そこで、この匂いを発する源が〝味醂〟にあることから、もっとも上等な味醂を使用したタレでの匂いづくりに徹した。これによって、お客様は我慢できなくなって衝動買いをしてしまうのだ。

このように、お客様は五感の中でもとくに嗅覚をくすぐられると食欲が湧いてくる。食品スーパーに行くと、フルーツの香りが一番先にお客様に届くよう、店内がレイアウトされている。ベーカリーコーナーがある場合には、このコーナーが入口にレイアウトされる。これも、匂いをテーマにした戦略なのである。

匂いを特長にした業種は、コーヒー店、ベーカリーショップ、フルーツショップなど数多い。その中でも、味醂と醤油を合わせたタレを直火で焦がした匂いは、うなぎの蒲焼や焼き鳥、みたらし団子、五平餅、魚の照り焼きなどのようにお客様を虜にする。メニュー開発の〝差別化戦略〟として、この匂いを〝芳香〟に変えて、料理に活用しない手はない。本能的においしさを感じてくれるのだから、料理がそれなりのレベルであれば、より成功するに違いない。

以上のことからも、魅力あるメニュー開発は、料理の匂いづくりによって完成させることがポイントとなる。油を芳香性のあるものにしたり、タレやソースとしてフルーツの絞り汁などを使うことも〝芳香〟を生み出す要因として考えられる。

嗅覚本能の効果を知る

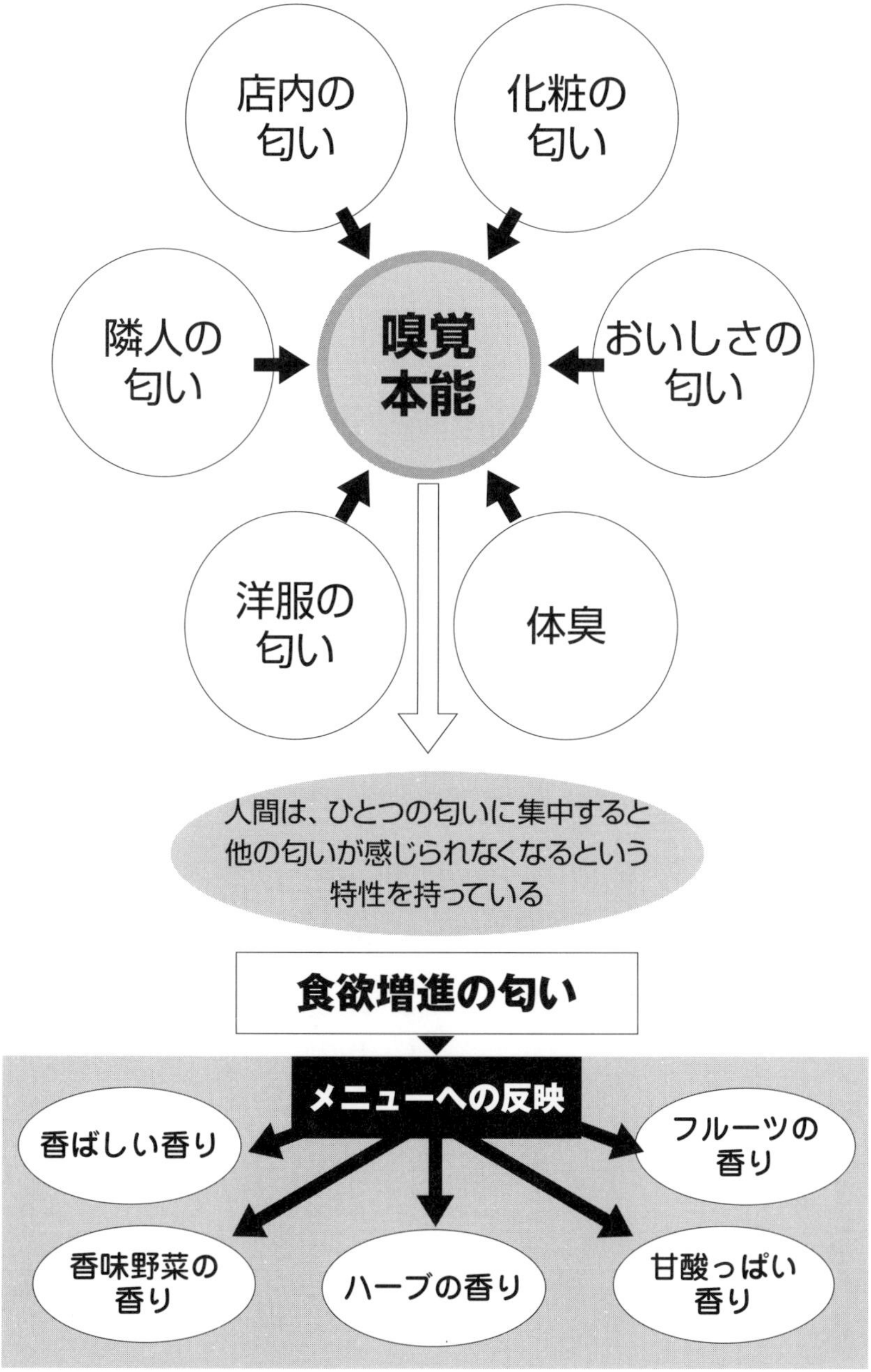
店内の
匂い
化粧の
匂い
隣人の
匂い
嗅覚
本能
おいしさの
匂い
洋服の
匂い
体臭
人間は、ひとつの匂いに集中すると
他の匂いが感じられなくなるという
特性を持っている
食欲増進の匂い
メニューへの反映
香ばしい香り
フルーツの
香り
香味野菜の
香り
ハーブの香り
甘酸っぱい
香り

07 値づけで〝売れる〟〝儲かる〟

●購買傾向を見極めた値づけを

商品は、高く売れば儲かるというものではない。売価が高くなれば、その商品の売上個数は減少する傾向があり、売価が低くなるにつれてその売上げ個数は増大するからだ。

これは、飲食店の購買傾向でも同じで、客単価が低い店ほど客数が多く、客単価が高い店ほど客数が少なくなる傾向がある。

メニューの値づけは、このような購買傾向を活用して、もっとも有利な値づけを設定することが大切になる。つまり、売上個数と売上高のバランスから、もっとも利益が生まれる値をとらえるのである。

左図は、価格と買物客数の傾向をとらえたグラフだが、これに儲かる価格帯を設ければ、お客様を儲かる価格帯に勧誘することができる。

●購買心理を突いた値づけを

また、この「購買傾向」による値づけ以外にも、お客様の「購買心理」を突いて、その価格に興味を抱かせる〝値づけ法〟もある。

たとえば、ショッピングセンターやスーパーなどに見られる「９８価格」がこれである。

つまりお客様は、１，０００円を１００円、５００円、１，０００円に分けて使おうとする。１０，０００円の場合なら、１，０００円、５，０００円、１０，０００円に分けて考える。買物をする際には、この価格帯ごとに支払いを考えるのだ。

そのため、この価格をわずかに値引きすることによって、お客様は割安感を抱く。この心理を上手に突いたのが、「９８戦略」なのである。

さらに、中間価格に購買意欲を高めるのも特徴だ。たとえば３００円、５００円、７００円の価格を並べると、５００円の価格を選ぶ確率が高い。

このように、〝売れる、儲かる〟メニュー開発は、お客様の〝買物心理〟を見抜いて、「値づけ」で儲けることができるのである。

メニューの組み立て方

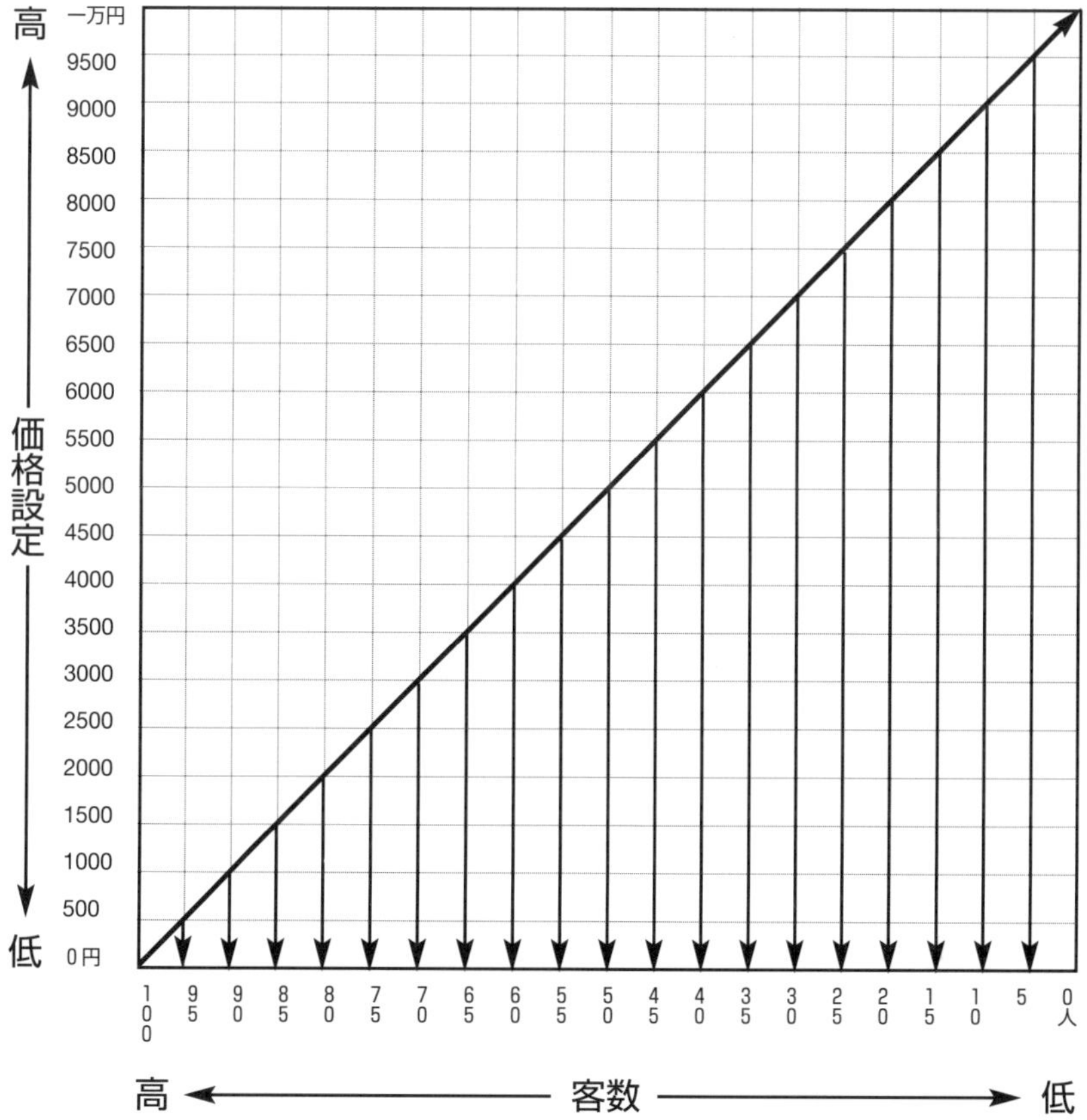

購買指数は、価格の高低に敏感に反応する。単価が高くなるにつれて客数は減少する。メニューの値づけは、この原理をつかんで実施する。もっとも収益性が高く、集客が多い価格設定が見えてくる

08 売れないメニューもネーミングで売れる

●商品のネーミングで差別化を図ろう

飲食店が増えてくると、店名を差別化の手段として考えることも必要になってくる。昨今では、アイデンティティーが重視されていることから、店名はその最たるものとして考えられている。

メニュー開発においても同じで、その商品ネーミングによって、他店との差別化を図り、それが店のオリジナルになり、お客様の購買動機を勧誘するのである。

商品のネーミングは、営業コンセプトや商品コンセプトを基に考えることが理想だが、そればかりではお客様にインパクトを与えることはできない。商品との相性がピッタリだとか、商品がイキイキ感じられる。あるいはユーモアがあり、お客様に親しみを感じさせるようなネーミングを考えることが大切だ。商品名を変えることで、それまで売れなかったメニューが売れるようになった事例も少なくない。

その中で、中国料理は調理法が幅広いため料理名も多彩である。食文化は料理名に直接反映されるため、中国では特に重視されている。したがって、これを参考にすれば、売れる商品ネーミングのアイデアが湧いてくるに違いない。

●中国料理を参考にしたネーミングの創造

ネーミングの方法としては、①使用材料から商品名をつける、②調理方法から商品名をつける、③料理の味をテーマに商品名をつける、④料理の形から商品名を考える、⑤料理の色から商品の命名をする、⑥開発した季節から商品名をつける、⑦その料理が名物の地名から命名する、⑧歴史上や伝説上の人物から命名する。自分の名前をつけても面白い、⑨典故から命名する、⑩人間の情緒から命名する、⑪伝説や歴史上の物語から商品名をつける、⑫数字を使用して商品名をつける。

などがある。

これ以外にも、アイデアはいろいろと出てくる。しかし、注意しなければならないのは、日本人は縁起をかつぐことが多いため、縁起が悪いネーミングは避けることである。

売れないネーミングを改革する

売れていない商品名例

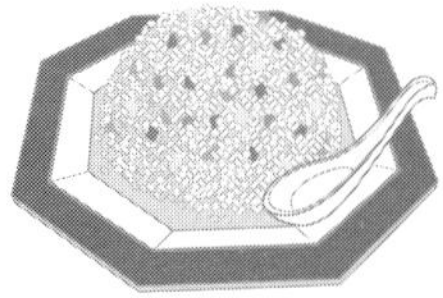

チャーハン

ネーミング改革例

地名から	**東京チャーハン**
歴史から	**チャーハン三国志**
人物から	**○○deチャーハン**
食材から	**たっぷり具材チャーハン**
店名から	**○○特製チャーハン**
調理法から	**熱々チャーハン**
生活から	**夫婦チャーハン**
造語から	**ドラゴン・チャーハン**

誇大広告になるようなネーミングは控える

09 ボリュームで原価を調整

●ボリュームも商品価値のひとつ

お客様が、飲食店に求める商品価値はそれぞれ異なるが、商品のボリュームもそのひとつとして考えられる。

とくに庶民的な商品については、「安い」「ボリュームがある」「早く食べられる」の三原則をテーマに開発を進めるべきである。学生や若い客層には、とくにボリュームが重要になる。しかしそれ以外では、ボリュームがあれば安いと感じるお客様は、むしろ少ない。現代は、「腹いっぱいが満足！」という時代ではないからだ。

そこで、〝儲かるメニュー〟を開発するうえで、このボリュームを調整することから発想することもできる。よく見かけるケースとして、必要以上にボリュームの多い料理がある。お客様が求めていないのに、店側が勝手にボリュームを多くしているのだ。これでは、お客様は喜ばないし店側も原価を上げているわけだから儲からないメニュー、ということになる。

料理のボリュームは、一品ですべてを満足させる場合（麺類やご飯類など）には、４００グラムから５５０グラムまでを基準とする。これは、一般的な店の場合であり、学生街や労働者が多い工場地帯の場合には、これを少し上回るボリュームがよい。一品料理の場合は、２５０グラムから３００グラムまでで調整する。

この量が多すぎる場合は、その他の料理をオーダーしてくれなくなるため要注意だ。チョイス商品については、２００グラム以内で設定する。

●ボリュームで儲ける法

さて、料理のボリュームで儲けるには、これ以外にも、逆にボリュームをアップさせて原価を下げる方法もある。それは、料理に使用される材料の組み合わせを変えることにある。たとえば、組み合わされる食材の中で、もっとも低価格な食材の量を増やし、高価な食材の量を減らすのである。これを、料理の価値が変わらない程度に変更すれば、ボリュームが増えて原価が低下する。

以上のように、メニューの原価調整をボリュームによってコントロールすることができるようになれば、食材のロスや無駄遣いもなくなるだろう。

ポーションコントロールによる原価調整法

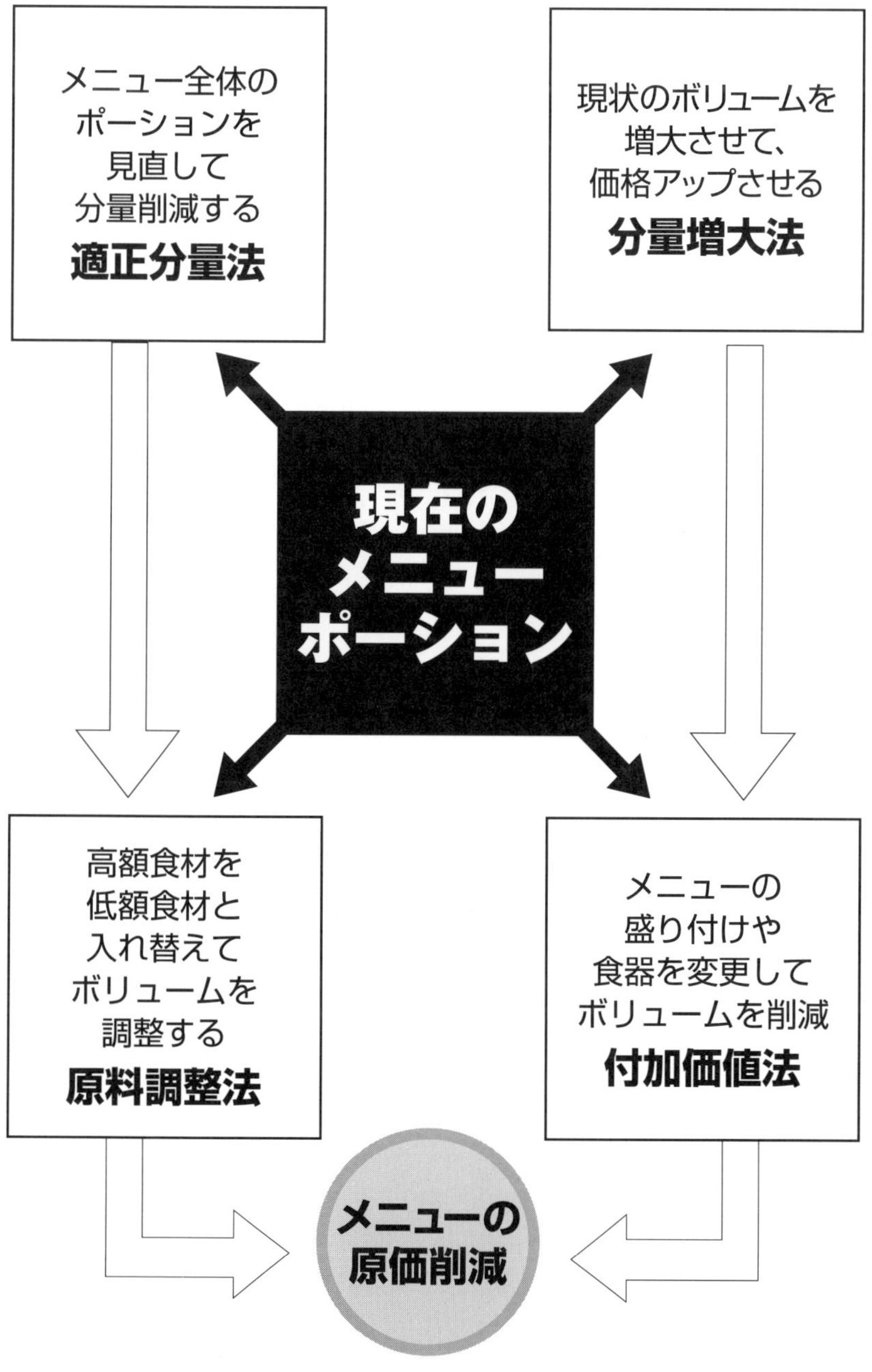

10 〝旬〟の料理が儲かる理由とは

●グランドメニューは儲けのポイント

飲食店の儲けは、メニューづくりの段階で決定すると言っても過言ではない。とくに、グランドメニュー（店の基本となるメニュー）はその大きなポイントとなる。そのため、月々の粗利益率が大きく異なることはない。

しかし、飲食店は売上げが一定しないことから、粗利益率は一定でも、純利益が毎月同じというわけにはいかない。そこで、グランドメニューに加えて、差込メニューや黒板メニューによるおすすめ料理、ＰＯＰメニューによるチョイス料理などを開発して売上げを求めることになる。

グランドメニューに次いで定番化しているのが「季節メニュー」だが、これは年に4回入れ替えるため、グランドメニューの飽和現象を和らげ、メニューの鮮度を保つ役割を担っている。この季節メニューのスタート時点に、別メニューとして登場するのが〝旬料理〟である。

旬の料理は、短期間メニューなのでお客様の注目を引きやすく、注文される割合も高い。〝売れる、儲かるメニュー〟開発では、ここに目をつけるべきだ。

●旬の料理の販売戦略

お客様は、食品売場などで〝旬の食品〟が高いことを承知している。したがって、旬の料理は値づけも有利になる。飲食店は、これを狙って高めの値づけをしているケースが多い。

そこで、こうした場合には、逆にサービス価格で販売することをおすすめする。なぜならば、お客様は他店と比較して割安感を感じれば、来店機会が増えるからだ。

もともと、高めの価格設定を割安にするわけだから、儲けは他の商品と同じである。また、旬の料理は、〝売り切りご免！〟が効果的と言える。人間は、〝売り切れです〟と言われると、さらに欲望を膨らませる性格を持っている。この心理を利用して、お客様に次回の来店を誘うのである。

旬の料理は、販売期間も短いことから、お客様側も食べるチャンスを逃したくないと考えている。そこを狙って販売戦略を考えることが重要である。

メニューの構造

グランドメニュー

●メリット　コンセプトの表現による他店との差別化や店の位置づけによって、お客様の来店動機を誘発できる

●デメリット　仕入価格の変動によって、利益の確保が一定しない。長期使用になるため飽食を招く

フォローメニュー

スポットメニュー
お客様に、常に新しい料理情報を提供してリピートを増進させる
↓
チョイス料理

コントロールメニュー
売上げ・収益を見極め、イベントやキャンペーンなどでコントロールする
↓
シーズンメニュー

タイムリーメニュー
飽食を招かないように、常に新しい料理を提供する
↓
季節料理

売れない店が“鍋料理”で復活

九州の佐賀県にファミリー焼肉店があった。この店は、コンサルタント会社の指導によって開店した店だが、あまりにも売れないことから営業活性を依頼してきた。

しかし、この店を訪問して驚いたのは、まったくと言っていいほど立地に合っていない業態だったことだ。店が立地する通りはナイトレジャー街であり、風俗営業の店がひしめいている。夜になると、いかがわしいネオンが艶やかに点滅する。店頭では客引きをする男女が頻繁に声をかけてくるのである。正直に言って、ここに“今日はおいしい焼肉を食べようね！”などと家族連れが訪れることはないだろう。

私は経営者に、業態の変更を提案した。あまりにも売れないこの店に危機感を抱いていた経営者はすぐ了承してくれた。しかし、私が提案した業態は“鍋料理専門店”だった。これには経営者も驚いた。「先生！鍋は冬しか売れないんじゃないですかね～」と。従業員も、この提案には納得しなかった。

当時、どこの居酒屋でも“一気！一気！”とビールジョッキをぶつけ合っていたころである。ところが、この雰囲気の中に、まったく似合わない客層がいたのである。

それが、中年層から熟年層と言われるグループである。若者たちは“明日さ～、来月にね～”などと未来の話に華が咲いているのに対して、この客層は“あの頃はね～、昔はね～”などと過去の思い出話に華を咲かせている。

そこで、この客層に向けて“鍋でも囲んで一杯やれば、昔話に華が咲く”をコンセプトとして、この業態を提案したのである。空調環境が完備されている今日、鍋料理は冬メニューなどと言っているのは昔の話であり、全員がこれを了承してくれた。

この店は20年前、鍋専門店として、客単価5,500円、40歳以上の客層をターゲットにオープンした。また、日本酒にもこだわった。全国の銘酒を集め、オープンには当時、ミニグラス1杯2,000円の高級酒をサービスで配った。それから3ヶ月後、店は客でいっぱいになった。この店は、現在でも繁盛を続けている。

この店のコンセプトが、後に鍋ブームや吟醸酒ブームを招くきっかけになったのである。

6章

居酒屋のメニュー開発とそのポイント

01 焼き鳥居酒屋のメニュー開発ポイント

●見直される焼き鳥居酒屋

最近の居酒屋はますます大型化していて、客席数が100席を超える店も少なくない。しかし、居酒屋の営業形態が多様化するとともにメニューの多様化も進み、〝何でも屋〟スタイルの店が増えている。店舗が大型化すれば、メニューの幅を広くとらえる必要がある。

しかし、刺身、焼き鳥、たこ焼き、ピザ、ラーメン、寿司などまで提供する、経営者のポリシーを疑いたくなるような店も増えている。

こうした店が増えてくると、居酒屋業態の成熟化が加速するに違いない。特徴のない店に、お客は来店動機を抱かなくなるからだ。

そこで、焼き鳥居酒屋が見直されることになるだろう。居酒屋の原点とも言える焼き鳥業態だからである。〝焼き鳥ダイニング〟の新業態からも、これをうかがうことができる。

と言っても、これからの焼き鳥居酒屋は、差別化されたメニューが必要になる。素材とタレの味を楽しむ単純な焼き鳥は、居酒屋愛好家には物足りなさを感じさせるからだ。そこで、〝飽きられない味づくり〟へ差別化されたタレの開発が必須条件となる。

●焼き鳥メニュー開発のポイントは、タレの品揃え

これまでの焼き鳥店は、店によって醤油タレと味噌タレを使い分けてきた。しかし、このタレへのこだわりが弊害となり、新しいタレの開発を怠った、と言っても過言ではない。

そこで、焼き鳥メニュー開発のポイントとして、新しい〝タレ〟の開発にチャレンジすることである。タイ、インド、中国、韓国、イタリアなどの調味料を基に新しいタレを開発して、そこから新しい焼き鳥を創造するのである。

しかも、鶏肉はいろいろな味に順応できる素材であり、タレの品揃えによって新しい焼き鳥が生まれることは間違いない。

〝自慢の一本を、あなた好みのタレで！〟が、新しい焼き鳥居酒屋のコンセプトとなるだろう。

焼き鳥居酒屋のメニュー開発ポイント

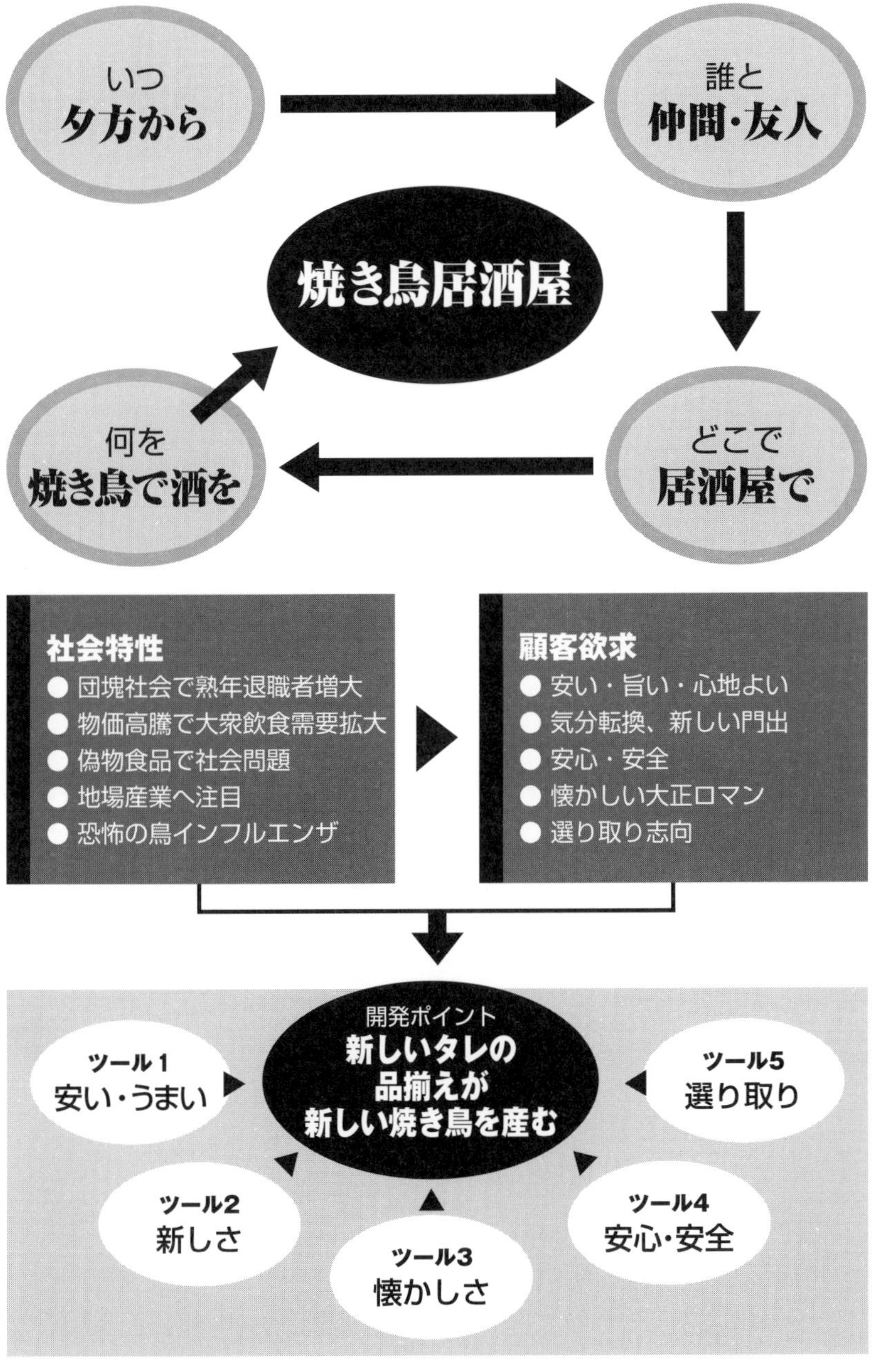
いつ
夕方から
誰と
仲間・友人
焼き鳥居酒屋
どこで
居酒屋で
何を
焼き鳥で酒を
社会特性
● 団塊社会で熟年退職者増大
● 物価高騰で大衆飲食需要拡大
● 偽物食品で社会問題
● 地場産業へ注目
● 恐怖の鳥インフルエンザ
顧客欲求
● 安い・旨い・心地よい
● 気分転換、新しい門出
● 安心・安全
● 懐かしい大正ロマン
● 選り取り志向
開発ポイント
新しいタレの
品揃えが
新しい焼き鳥を産む
ツール1
安い・うまい
ツール2
新しさ
ツール3
懐かしさ
ツール4
安心・安全
ツール5
選り取り

02 刺身居酒屋のメニュー開発ポイント

●副菜の開発がポイント

一般の居酒屋では、〝刺身メニュー〟を欠かすことは難しい。日本人は、〝酒には刺身〟が定番になっているからである。

そのため、〝活き造り〟や〝生簀料理〟で差別化を図る居酒屋も多い。だからと言って、刺身料理ばかりでは、お客様は満足しない。そこに、〝煮物があったら！〟とか〝天婦羅が欲しいな〟などの欲求が生まれてくる。

また刺身は、副菜によって引き立てられるという特徴を持っている。和食の代表的メニュー「刺身定食」「天婦羅定食」にも煮物や茶碗蒸し、小付けが定番のように付いているのも、お客様の欲求がそこにあるからに他ならない。このように刺身料理は、副菜によってその付加価値が高められることから、刺身居酒屋のメニュー開発においてもメニューづくりのポイントとなる。

そこでこれからは、この副菜となる「取り合わせ料理」をポイントに、メニュー開発を進めることが有利と考える。しかし、一般的な〝取り合わせ料理〟では、今までのメニューと変わらない。

たとえば、小付けスタイルの煮物料理を数種類用意しておき、刺身料理をオーダーしたお客様には、煮物料理10品からチョイスしてもらえるようなスタイルを考える必要が出てくる。

●刺身の視点を変えるとアジア風にも

視点を変えると、〝韓国風〟や〝中国風〟のように、刺身をその他の素材で包んで食べさせる料理法もある。

たとえば韓国では、平目や白身魚の刺身を春菊やエゴマの葉に包んで食べる。中国では、刺身へ針生姜、針にんにく、青葱、揚げワンタンの皮、松の実や針唐辛子をかけて、その上から冷たいソースをかける。これを、レタスやサラダ菜に包んで食べるのである。

さらに、刺身を大根の桂剝きに包んで盛り付けると、大根の半透明な中に刺身のうっすらとした色が浮かんで、とても刺身とは思えないほどの料理に変身する。このように、「包んで食べさせる！」をキーワードに開発ができる。

刺身居酒屋のメニュー開発ポイント

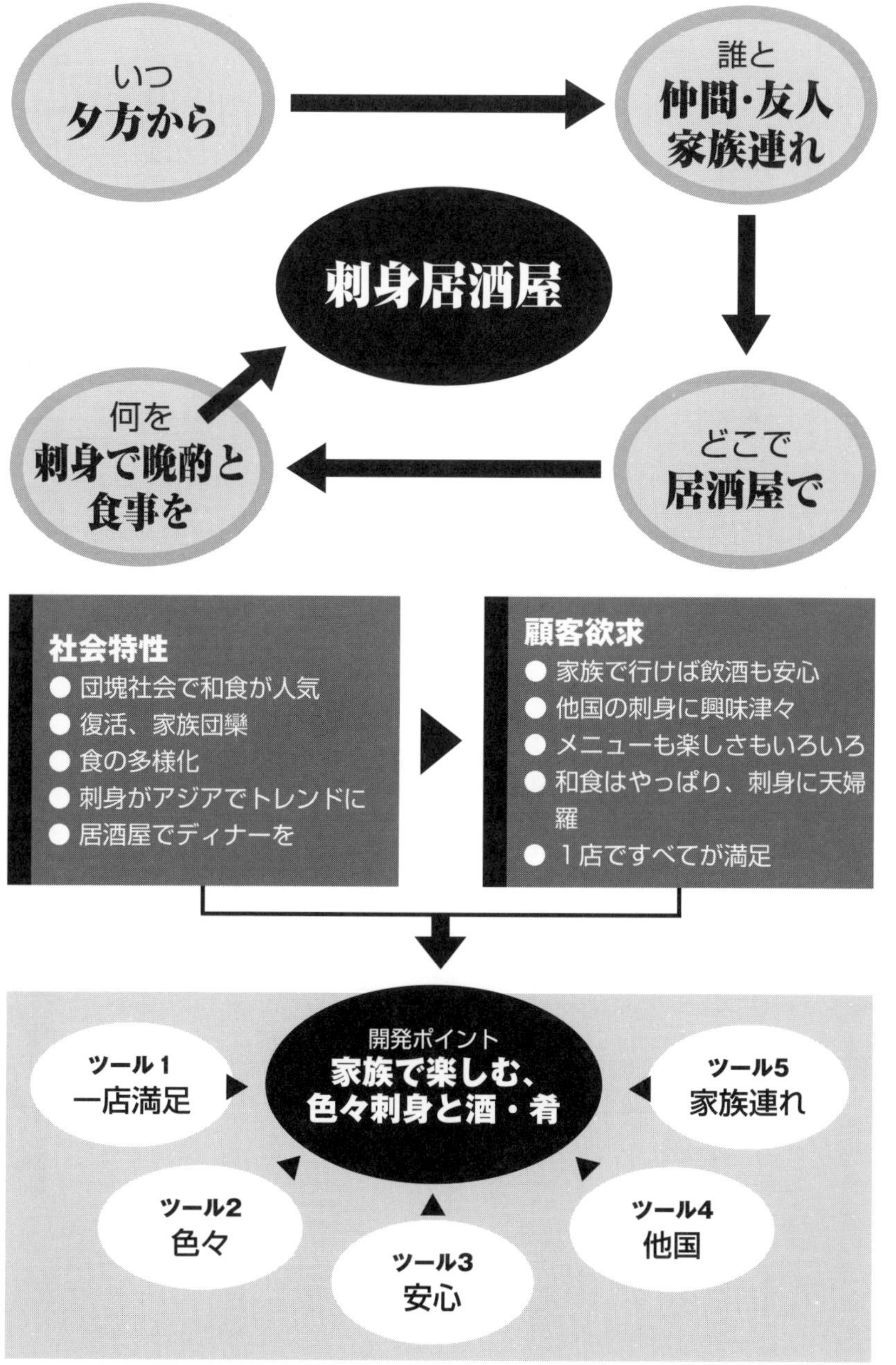
いつ
夕方から
誰と
仲間・友人
家族連れ
刺身居酒屋
何を
刺身で晩酌と
食事を
どこで
居酒屋で
社会特性
● 団塊社会で和食が人気
● 復活、家族団欒
● 食の多様化
● 刺身がアジアでトレンドに
● 居酒屋でディナーを
顧客欲求
● 家族で行けば飲酒も安心
● 他国の刺身に興味津々
● メニューも楽しさもいろいろ
● 和食はやっぱり、刺身に天婦羅
● 1店ですべてが満足
開発ポイント
家族で楽しむ、
色々刺身と酒・肴
ツール1
一店満足
ツール2
色々
ツール3
安心
ツール4
他国
ツール5
家族連れ

03 郷土料理居酒屋のメニュー開発ポイント

●郷土料理飲食店成功のポイント

中年サラリーマンや地方出身の独身者に人気の〝郷土料理居酒屋〟は、地方に残る昔ながらの料理や家庭料理を提供する業態である。この業態は、小規模店が一般的で、これまでにも個人経営や家族経営などが多かった。その中にあって、メジャーな郷土料理と言えば〝京料理〟、〝北海道料理〟などがある。

このタイプの飲食店は、その地方を代表するような特徴を「コンセプト化」することで、その価値が生まれてくる。物流システムの発達によって、地方の特産素材を簡単に手に入れることができるようになったこともあり、素材で郷土料理店の差別化を図ることは難しくなっているのである。

しかし一方では、地方の情報をインターネットなどで簡単に見ることができるようになったことで、郷土料理店を身近に感じさせているという実情もある。

そこで、郷土料理居酒屋を成功させるポイントとして、その料理の発祥地にこだわるのはもちろんだが、素材や味付けとは別に、その地域に潜んでいる物語や言い伝えなど、その土地の人でなければ知らない〝コト〟へのこだわりが必要になってくる。それでなければ、お客様は満足できなくなっているのである。

●郷土の民話や伝説を探せ

郷土料理居酒屋のメニュー開発においては、その郷土の〝民話〟や〝伝説〟をストーリーにすることが重要になる。そのうえで、地域の名産や特産食材を使用した料理を完成させるのである。そのための資料は、その土地の文化資料館などに収められているので、その中から居酒屋にふさわしいストーリーを探せばよい。

たとえば、池波正太郎の小説〝鬼平犯科帳〟には、江戸の町衆料理（江戸では一般人が食べる料理を指す）が至る所で出てくるので有名だが、これらの物語をコンセプトにすることで、差別化させた郷土料理居酒屋が生まれる。

郷土料理居酒屋のメニューは、その地域の背景をコンセプトにすることがポイントなのである。

郷土料理居酒屋のメニュー開発ポイント

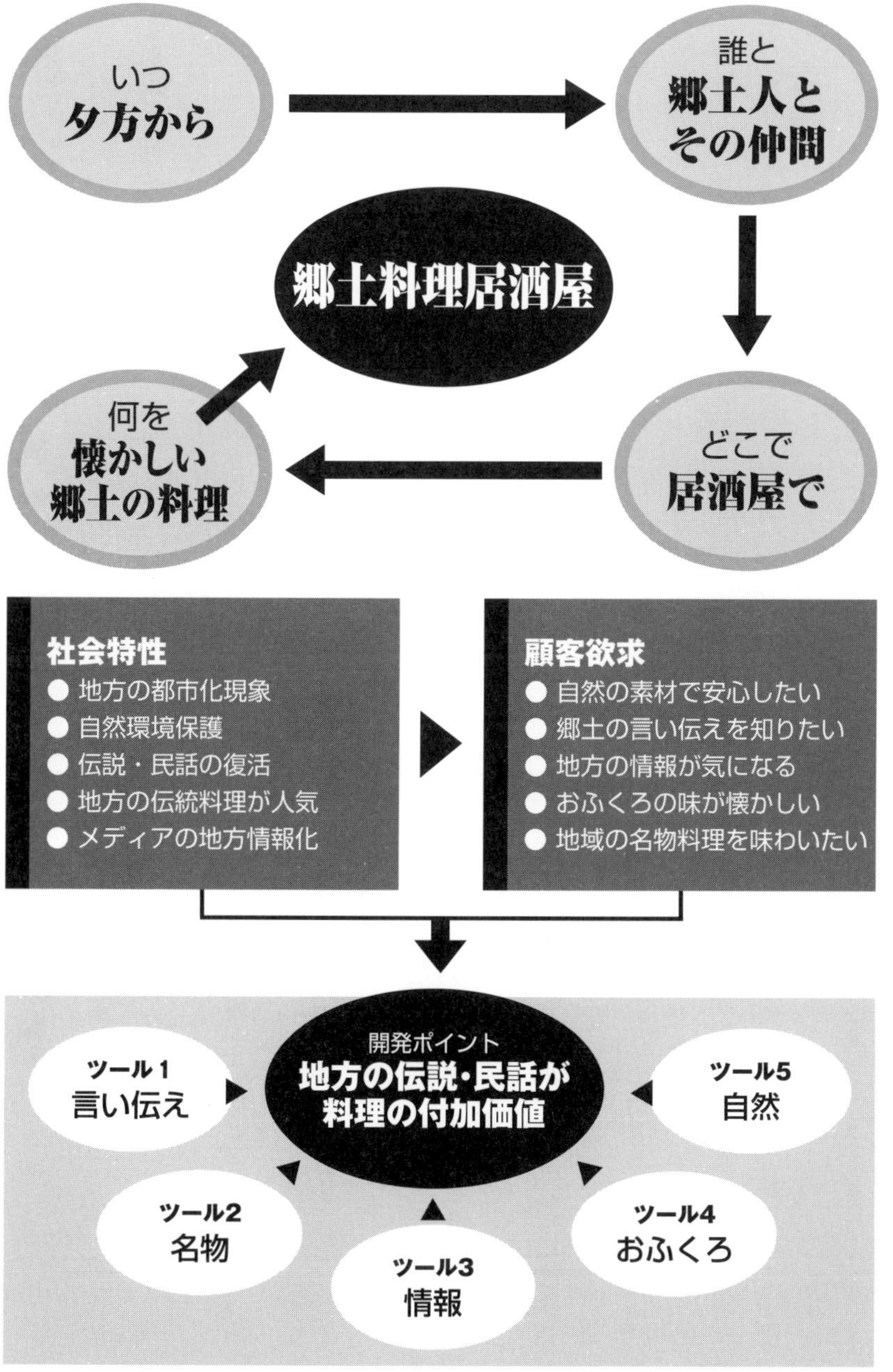
いつ
夕方から
誰と
郷土人とその仲間
郷土料理居酒屋
どこで
居酒屋で
何を
懐かしい郷土の料理
社会特性
● 地方の都市化現象
● 自然環境保護
● 伝説・民話の復活
● 地方の伝統料理が人気
● メディアの地方情報化
顧客欲求
● 自然の素材で安心したい
● 郷土の言い伝えを知りたい
● 地方の情報が気になる
● おふくろの味が懐かしい
● 地域の名物料理を味わいたい
開発ポイント
地方の伝説・民話が料理の付加価値
ツール1
言い伝え
ツール2
名物
ツール3
情報
ツール4
おふくろ
ツール5
自然

04 割烹居酒屋のメニュー開発ポイント

●噂になる店づくりをめざそう

割烹居酒屋は、他の居酒屋と比べて、若干高級店に見られるという特徴がある。店づくりとメニューが〝割烹〟をテーマにしているところから、そのように見られるのだろうが、そもそも、割烹とは料理を意味しているのだから、割烹居酒屋は、料理がおいしい居酒屋ということになる。

割烹居酒屋には、熟練調理人がいる場合が多いことから、メニュー開発にも長けているものと考えられるが、実はこうした店ほどメニュー開発が苦手なのだ。

それは、季節や素材吟味にこだわりすぎて、オリジナル商品を開発する意識が低いことにある。これによって、割烹居酒屋は創作料理などは得意だが、〝名物料理〟や〝看板料理〟を開発することは苦手なのである。

しかし、競合や競争に勝つためには、〝噂になる店づくり〟をめざすためのオリジナルメニューの開発を無視することはできない。

そこで、年間を通じて売れる〝看板メニュー〟の開発が、割烹居酒屋のポイントになってくる。たとえば、食材にこだわったコースメニューや一品づくり、さらに、〝幻の一品〟を意識した古代料理などもインパクトがあるだろう。

●食材にこだわり、その調理法を見出す

「食材を制する者が料理を極める」と言われるが、割烹居酒屋のメニュー開発は、食材の見極めが大切になる。しかし、名物メニューを開発するには、年間を通じて安定して入手できる食材を求めなければならない。

こうした問題を解決するために、最近では〝手造り豆腐〟や〝おでんネタ〟などによって、メニュー開発を成功させている店が増えている。つまり、食材を二次加工してメニューに活かすのである。

これらのメニュー開発によって繁盛している居酒屋は全国に数多い。割烹居酒屋がここまで料理に手を加えれば、お客様はその付加価値をますます感じることになる。それこそ、真の割烹居酒屋のメニューと言える。

割烹居酒屋のメニュー開発ポイント

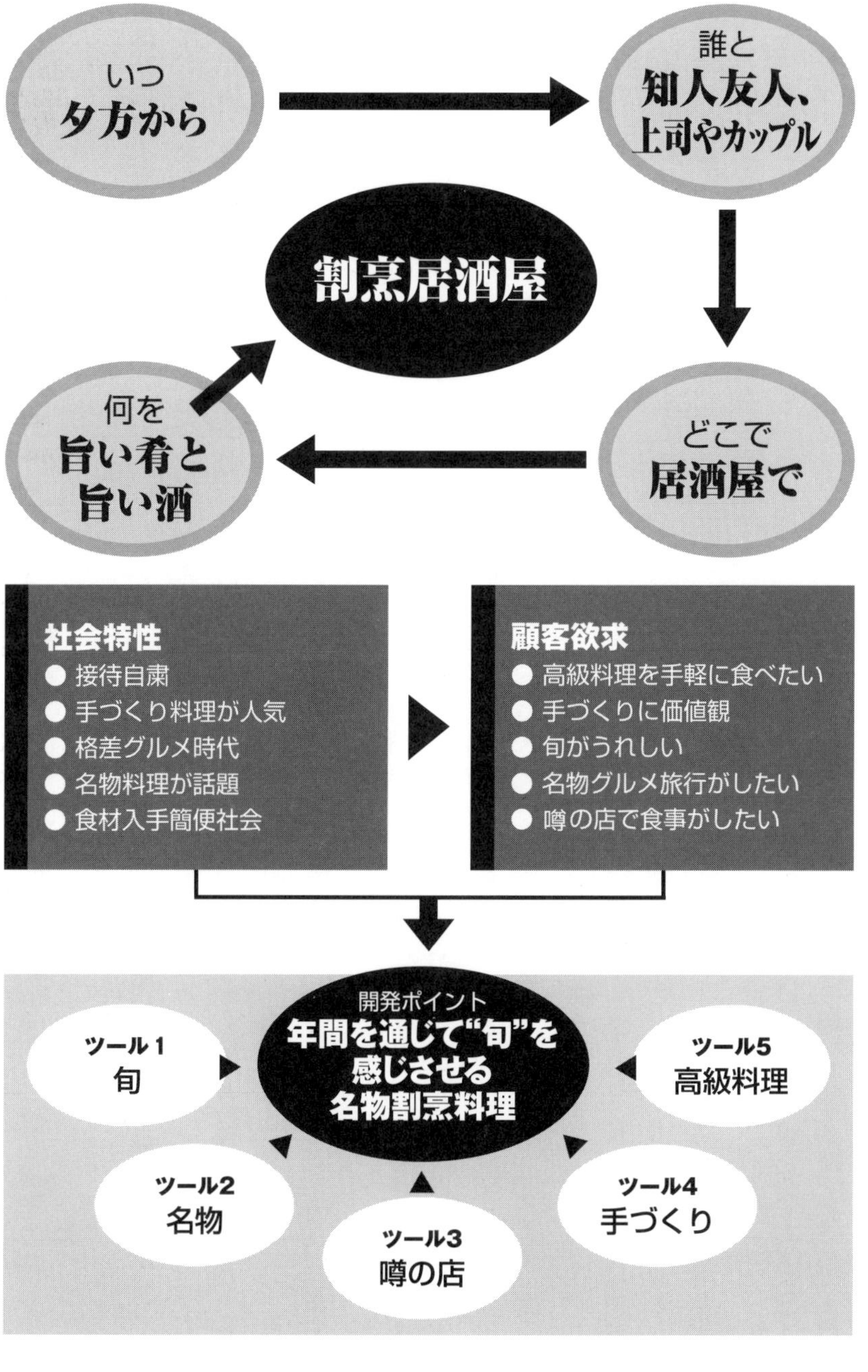
いつ
夕方から
誰と
知人友人、
上司やカップル
割烹居酒屋
何を
旨い肴と
旨い酒
どこで
居酒屋で
社会特性
● 接待自粛
● 手づくり料理が人気
● 格差グルメ時代
● 名物料理が話題
● 食材入手簡便社会
顧客欲求
● 高級料理を手軽に食べたい
● 手づくりに価値観
● 旬がうれしい
● 名物グルメ旅行がしたい
● 噂の店で食事がしたい
開発ポイント
年間を通じて“旬”を
感じさせる
名物割烹料理
ツール1
旬
ツール2
名物
ツール3
噂の店
ツール4
手づくり
ツール5
高級料理

05 鍋居酒屋のメニュー開発ポイント

●鍋料理はメニュー開発が容易

一般的に、鍋料理を冬メニューと決めつけている人は多い。たしかに、冷暖房設備が整っていなかった時代には、そうだったかもしれないが、今日では、しゃぶしゃぶ専門店やちゃんこ鍋専門店など、鍋料理を年中メニューとした業態が生まれるほど、その人気が高まっている。

そこで、鍋料理専門の居酒屋が生まれてもおかしくない。どちらかと言うと、鍋料理のほうが、他の料理よりもアルコールとの相性がいいのである。とくに、居酒屋は客層のほとんどがカップルやグループ客であることから、みんなで囲んで食べる鍋のほうが、楽しさが増すに違いない。また、さまざまなスタイルでメニューを開発することが容易であることも鍋料理の特長であり、話題性を生みやすいこともメリットである。

これを裏づけるように、中国では鍋料理店が多く、どの店も満席で座れないほど繁盛している。そのメニュー内容は店によってさまざまだが、地方の鍋の特色で差別化を図っている。

●これからの〝鍋〟居酒屋は、各国の鍋料理がポイント

鍋料理は、中国はもちろん、フランス、イタリア、インド、タイ、韓国などにもある。素材とスープとタレの組み合わせなので、メニュー開発も比較的簡単にできる。したがって、開発ポイントと言えば、その3点に絞られることになる。

居酒屋の場合には、一品よりもにぎやかにメニューが取り揃えてあったほうが、お客様が購買意欲を膨らませる傾向が強い。そこで、〝世界の鍋〟をテーマに、イタリアのズッパ・ディ・ベシェやフランスのブイヤベース、日本のしゃぶしゃぶ、すき焼き、おでん鍋、地方の田舎鍋、中国の火鍋、韓国のチゲなど、世界各国の鍋料理を開発する。鍋料理と言うと、中高年者が中心客層となりやすいが、世界の鍋をテーマにすることで、若者や女性客も集客できる。

居酒屋は、料理とともにアルコールを楽しむ業態である。したがって、これらの鍋に合わせたアルコール類を取り揃えることもメニュー開発の条件となる。

鍋居酒屋のメニュー開発ポイント

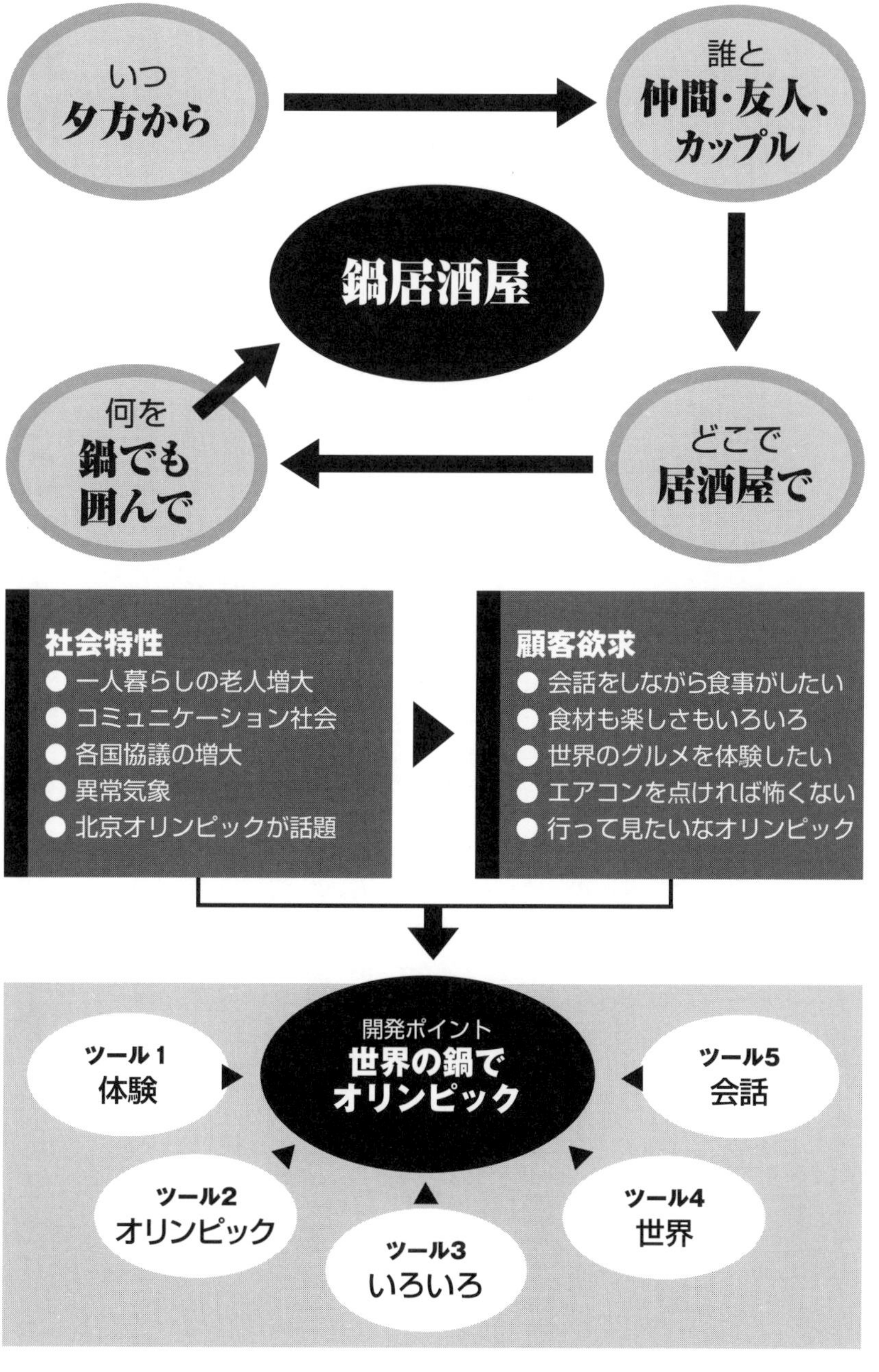
いつ
夕方から
誰と
仲間・友人、カップル
鍋居酒屋
何を
鍋でも囲んで
どこで
居酒屋で
社会特性
● 一人暮らしの老人増大
● コミュニケーション社会
● 各国協議の増大
● 異常気象
● 北京オリンピックが話題
顧客欲求
● 会話をしながら食事がしたい
● 食材も楽しさもいろいろ
● 世界のグルメを体験したい
● エアコンを点ければ怖くない
● 行って見たいなオリンピック
開発ポイント
世界の鍋でオリンピック
ツール1
体験
ツール2
オリンピック
ツール3
いろいろ
ツール4
世界
ツール5
会話

06 焼肉居酒屋のメニュー開発ポイント

●若者や女性客をターゲットとした焼肉居酒屋

焼肉を焼きながらアルコールを飲む若者・女性客が増えている。このため昨今では、メニュー戦略よりも店舗構えや雰囲気づくりを強調して、若者や女性客をターゲットとした焼肉居酒屋が流行っている。

焼肉居酒屋が焼肉店と異なるのは、キムチやナムル、チヂミをはじめ、韓国刺身やチゲなどの韓国家庭料理を多く取り入れていることにある。したがって、焼肉専門店よりもメニューを豊富に取り揃えている点が特徴である。

しかし、焼肉店のメニュー開発ほど難しいものはない。なぜならば、素材を焼いて食べるだけのシンプルさがお客様に受けているからだ。調理を施すことによって、お客様は焼肉本来のよさを味わうことができなくなる。

したがって焼肉店は、肉の銘柄や部位などにこだわり、その食べ方やタレの工夫で差別化を図っている。この意味においては、焼肉居酒屋も素材を焼くメニューを避けて通ることはできない。

しかし、これからの焼肉居酒屋は、単に新鮮な素材やおいしい肉を食べさせるだけでは焼肉店との差別化を図ることはできなくなってきている。焼肉店も、メニューの幅を広げてくる可能性が高いからである。

●デザートメニューの開発を

このことからも、焼肉が店の中心メニューになることは否定できない。そこで考えなければならないのが、その他のメニュー開発と言える。

焼肉居酒屋のメニュー戦略において不足しているのがデザートである。若者や女性客に人気がある業態にもかかわらず、一般の居酒屋と比較しても、デザートメニューが少ないのは明らかである。

昨今の居酒屋では、食事を中心に楽しむお客様が少なくない。したがって、デザートメニューの要求も当然増えてくる。

これを考えれば、デザートメニューの開発は、店の差別化を図るだけでなく、お客様のニーズに応えるためにも必要と言えるだろう。

焼肉居酒屋のメニュー開発ポイント

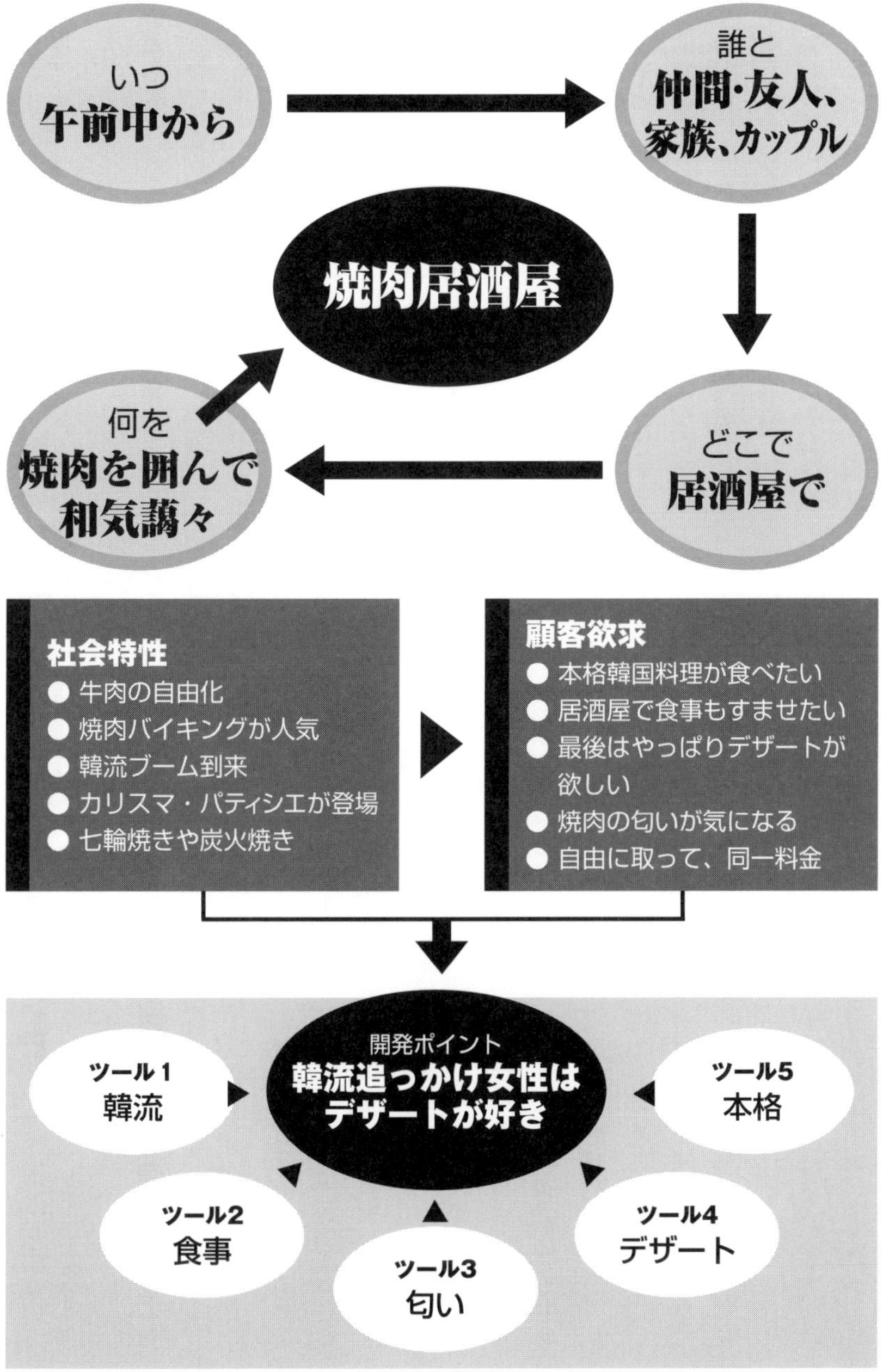
いつ
午前中から
誰と
仲間・友人、
家族、カップル
焼肉居酒屋
どこで
居酒屋で
何を
焼肉を囲んで
和気藹々
社会特性
● 牛肉の自由化
● 焼肉バイキングが人気
● 韓流ブーム到来
● カリスマ・パティシエが登場
● 七輪焼きや炭火焼き
顧客欲求
● 本格韓国料理が食べたい
● 居酒屋で食事もすませたい
● 最後はやっぱりデザートが
欲しい
● 焼肉の匂いが気になる
● 自由に取って、同一料金
開発ポイント
韓流追っかけ女性は
デザートが好き
ツール1
韓流
ツール2
食事
ツール3
匂い
ツール4
デザート
ツール5
本格

07 中華居酒屋のメニュー開発ポイント

●居酒屋としてのメニュー構成が重要

四千年の歴史を持つと言われる中国料理だが、最近では業態開発も進み、新しい営業形態でもその料理の特徴が活かされている。中華居酒屋もその中のひとつだが、これまで居酒屋業態としての知名度は低く、中華居酒屋のコンセプトを明確にした店舗も少ない。

その要因としては、中国料理そのものがアルコールと相性がよく、前菜や酒肴料理が多いことから、業態明記をしなくてもさまざまな形でお客様が利用できることにある。

しかし、これだけ業態が多様化してくると明確な業態確立をしないと、経営は難しくなる。中国料理店は、ほとんどの飲食業態と競合してしまうからだ。

そこで差別化を図るために、居酒屋としての〝メニュー開発〟が必須条件となる。中国料理は、調理工夫によって限りないメニューを生むことができるため、商品開発よりも、むしろ居酒屋としてのメニュー構成と商品デザインをすることが重要となる。

●食材をテーマにした中国料理を居酒屋メニューへ

料理品種が豊富な中国料理は、メニューアイテム数を揃えるだけでは、単なるレストランと変わらなくなる。そこで、ひとつの食材にこだわり、その食材をテーマにメニュー構成をすることによって、差別化が図れる。

たとえば、野菜類や魚介類、肉類のいずれかに絞り込んだ「中国四千年の野菜酒肴」などでメニュー構成をするのである。

これによって、一般の中国料理店との明確な差別化ができることになる。これを、さらに居酒屋スタイルの料理へデザインする。すべてを小皿料理にしたり、ミニ蒸籠に盛るなどのデザインと工夫である。

これにアルコール類（チャイニーズカクテルなど）やデザートの開発を加えることで居酒屋メニューが完成する。

いずれも、中国料理の醍醐味を損ねないよう、いろいろな料理をチョイスできるようなメニュー構成と料理の分量がポイントとなる。

中華居酒屋のメニュー開発ポイント

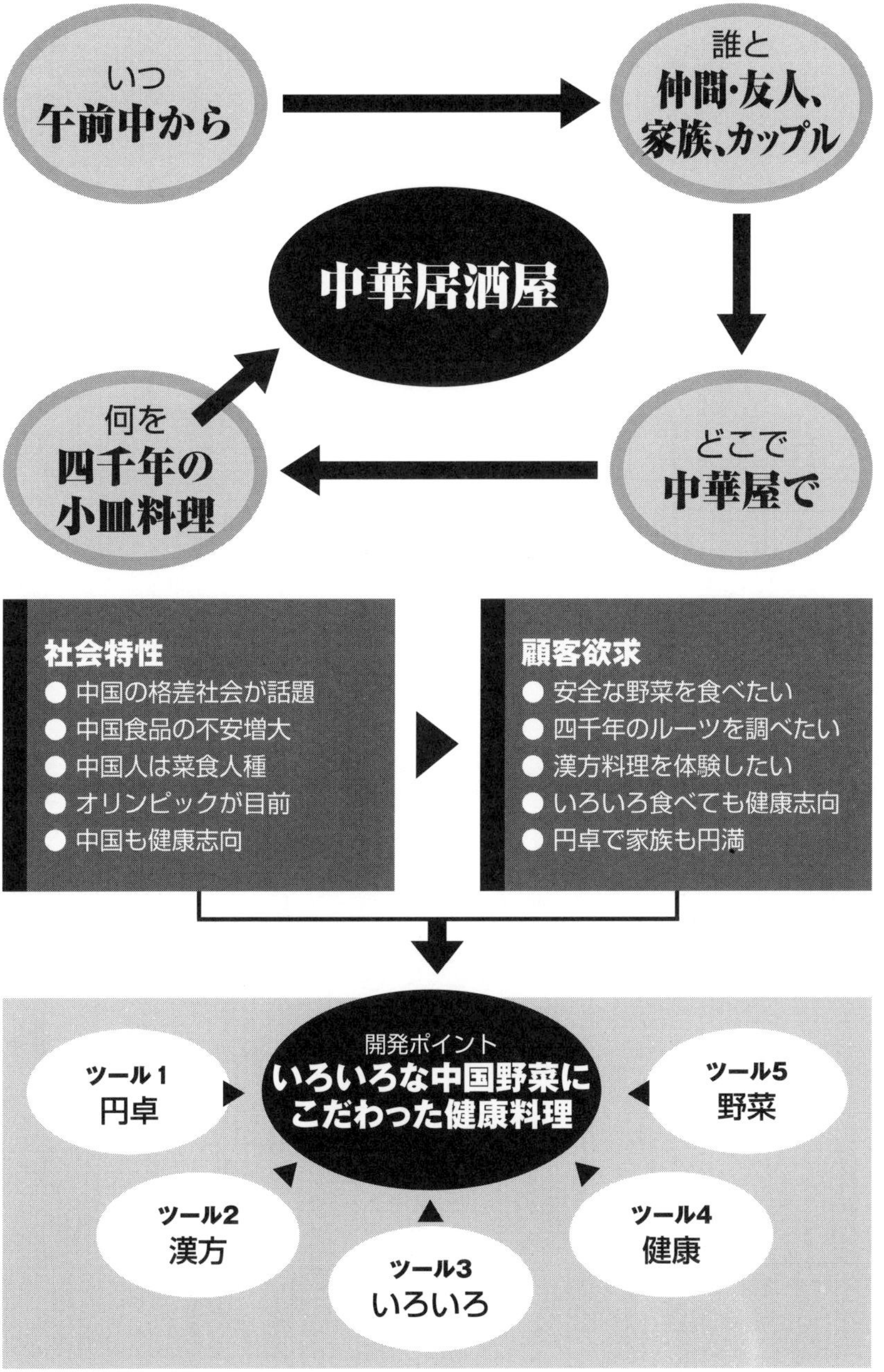
いつ
午前中から
誰と
仲間・友人、
家族、カップル
中華居酒屋
どこで
中華屋で
何を
四千年の
小皿料理
社会特性
● 中国の格差社会が話題
● 中国食品の不安増大
● 中国人は菜食人種
● オリンピックが目前
● 中国も健康志向
顧客欲求
● 安全な野菜を食べたい
● 四千年のルーツを調べたい
● 漢方料理を体験したい
● いろいろ食べても健康志向
● 円卓で家族も円満
開発ポイント
いろいろな中国野菜に
こだわった健康料理
ツール1
円卓
ツール2
漢方
ツール3
いろいろ
ツール4
健康
ツール5
野菜

08 洋風居酒屋のメニュー開発ポイント

●フレンチやイタリアンを意識したメニューを

最近では、商品テーマを明確に打ち出した居酒屋が少なくなっている。そして、店のコンセプトをテーマにCIを図っているケースが多い。その原因はメニュー構成にある。

これらの店は、幅広い客層を求めるためにメニュー構成を幅広くとらえていることから、メニューのジャンルも必然的に広くなっている。たとえば、和食もあれば洋食も中華もイタリアンも、といったスタイルである。

しかしこれでは、居酒屋業態の成熟を加速させることに他ならない。成熟の最大要因は、オリジナリティーの欠如にあるからだ。そこで、洋風居酒屋をメニュー開発によって、業態の差別化を図ることにしよう。

昨今では、ワイン愛好家が増えていることからも、成功率は高いと考えられる。洋風メニューを開発するには、フレンチやイタリアンといった料理がなじみ深いことから、これらを意識したメニューを完成させることである。

●洋風居酒屋は、欧米の家庭料理をテーマに

居酒屋メニューの特徴は、アルコールとの相性がポイントとなる。洋風居酒屋で考えられるのは、家庭料理をメニュー構成の中心にすることである。

これまで、洋風居酒屋の人気が低下してきた要因は、アイデア料理や創作料理に偏りすぎたことによる。こうした料理は、話題やにぎわいを一時的に広めることができるため、店も一時的な人気を得ることができる。しかし、料理の醍醐味を味わうことができないお客様が離れていったのである。

そこで洋風居酒屋は、欧米の家庭料理をテーマにメニュー開発を進めるべきである。たとえば、イタリア料理などは家庭料理の延長にあることから、ほとんどのメニューを取り入れることができるし、現在では欧風家庭料理店の人気も高まっていることから、これらのメニュー構成で洋風居酒屋を完成させるのである。

今後、家庭料理の人気はさらに上昇するものと思われるため、洋風居酒屋メニューは、若者や女性客に注目されるに違いない。

洋風居酒屋のメニュー開発ポイント

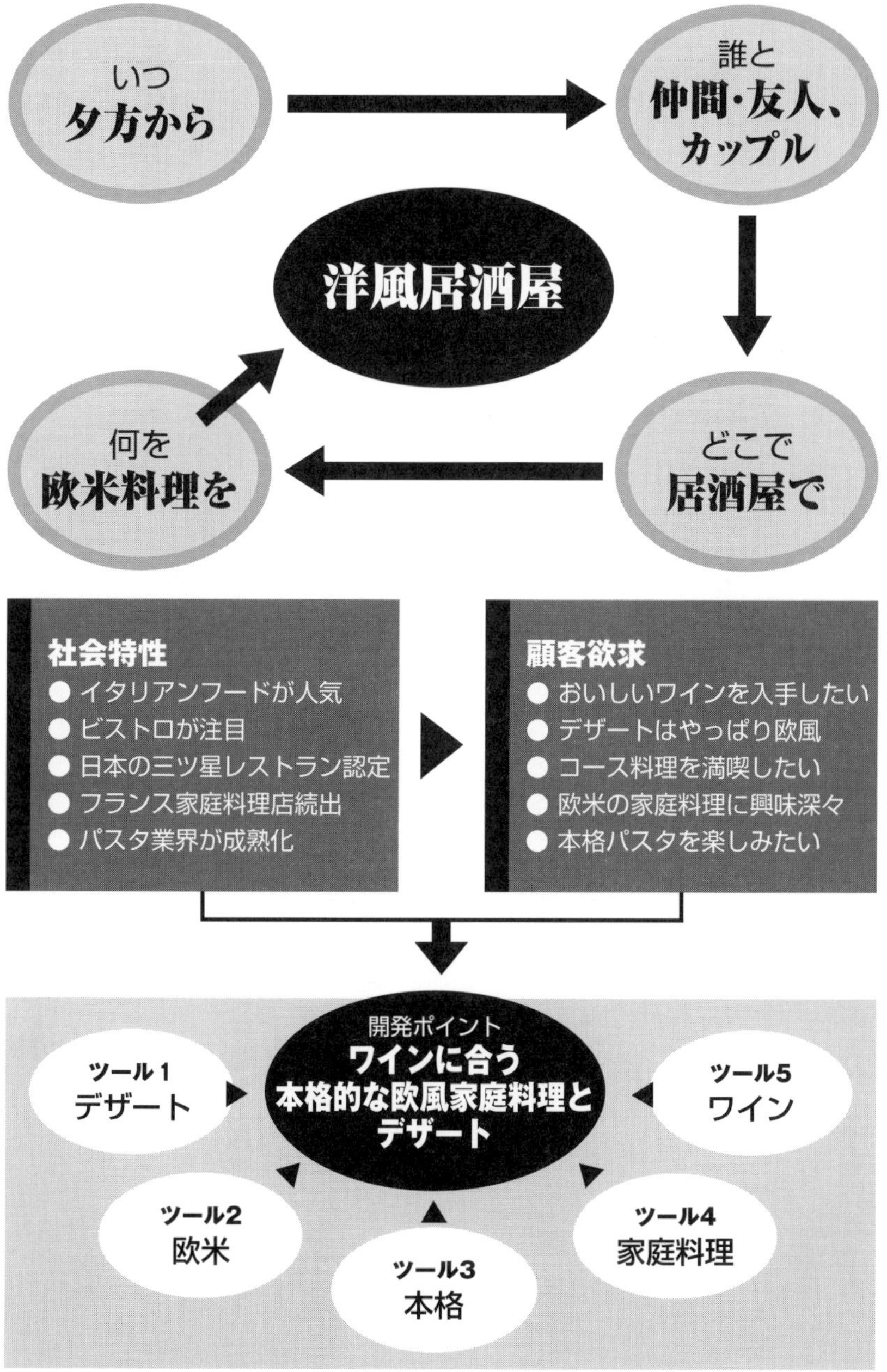
いつ
夕方から
誰と
仲間・友人、カップル
洋風居酒屋
どこで
居酒屋で
何を
欧米料理を
社会特性
● イタリアンフードが人気
● ビストロが注目
● 日本の三ツ星レストラン認定
● フランス家庭料理店続出
● パスタ業界が成熟化
顧客欲求
● おいしいワインを入手したい
● デザートはやっぱり欧風
● コース料理を満喫したい
● 欧米の家庭料理に興味深々
● 本格パスタを楽しみたい
開発ポイント
ワインに合う本格的な欧風家庭料理とデザート
ツール1
デザート
ツール2
欧米
ツール3
本格
ツール4
家庭料理
ツール5
ワイン

09 韓国居酒屋のメニュー開発ポイント

●健康志向時代にふさわしい韓国家庭料理

ここで、焼肉居酒屋と韓国居酒屋の違いを明確にしておこう。焼肉居酒屋は、素材をダイナミックに焼きながら、その他の料理とアルコールを楽しむ形態だが、韓国居酒屋では、客席でロースターを使う焼きメニューを一切取り除き、〝韓国家庭料理〟にこだわるスタイルで区別する。

焼肉店で宴会が嫌われるのは、焼肉を焼くという行為が、お客様の会話に水をさすためである。とくに、新入社員や同伴の女性など、特定の人間が「焼肉担当」を引き受けることになるからだ。これをなくすことによって、お客様は、公平に居酒屋本来の楽しさを味わうことができるようになる。しかも、店内の雰囲気づくりには、ロースターを使用しないことで店内の匂いなどの心配もなく、思うようなデザインが施しやすくなる。

韓国家庭料理は、煮物、鍋物、揚げ物、漬物、和え物など、そのメニューは豊富だ。そもそも、韓国料理は〝薬食同源〟という食生活の思想があることから、健康志向時代の今日にふさわしいコンセプトになるに違いない。

●〝韓定食〟を一品売りにすると、居酒屋メニューになる

韓国を代表する料理に〝韓定食〟がある。この料理の特徴は、宮廷料理をベースに貴族階級の家庭料理を組み込んだもので、数種の料理が一人分ずつお膳に盛られている。韓国では、これらの料理を宴会料理として提供している店もある。

そこで、この〝韓定食〟を一品ずつ分解したメニューにすると、まさに居酒屋メニューになる。そして、これをまとめると〝コース料理〟にもなる。

その他にも、チャンジャ（タラの内臓の塩辛）やユッケ（牛肉の刺身）、キムチ類、ケジャン（渡り蟹の辛味噌和え）、チヂミ（韓国お好み焼き）など、日本人になじみの料理が豊富にある。さらに、韓国にはマンドウと呼ばれる水餃子や蒸し餃子もあるため、居酒屋メニューとしてもふさわしい。韓国家庭料理を居酒屋メニューに置き換えただけで、差別化になるのである。

韓国居酒屋のメニュー開発ポイント

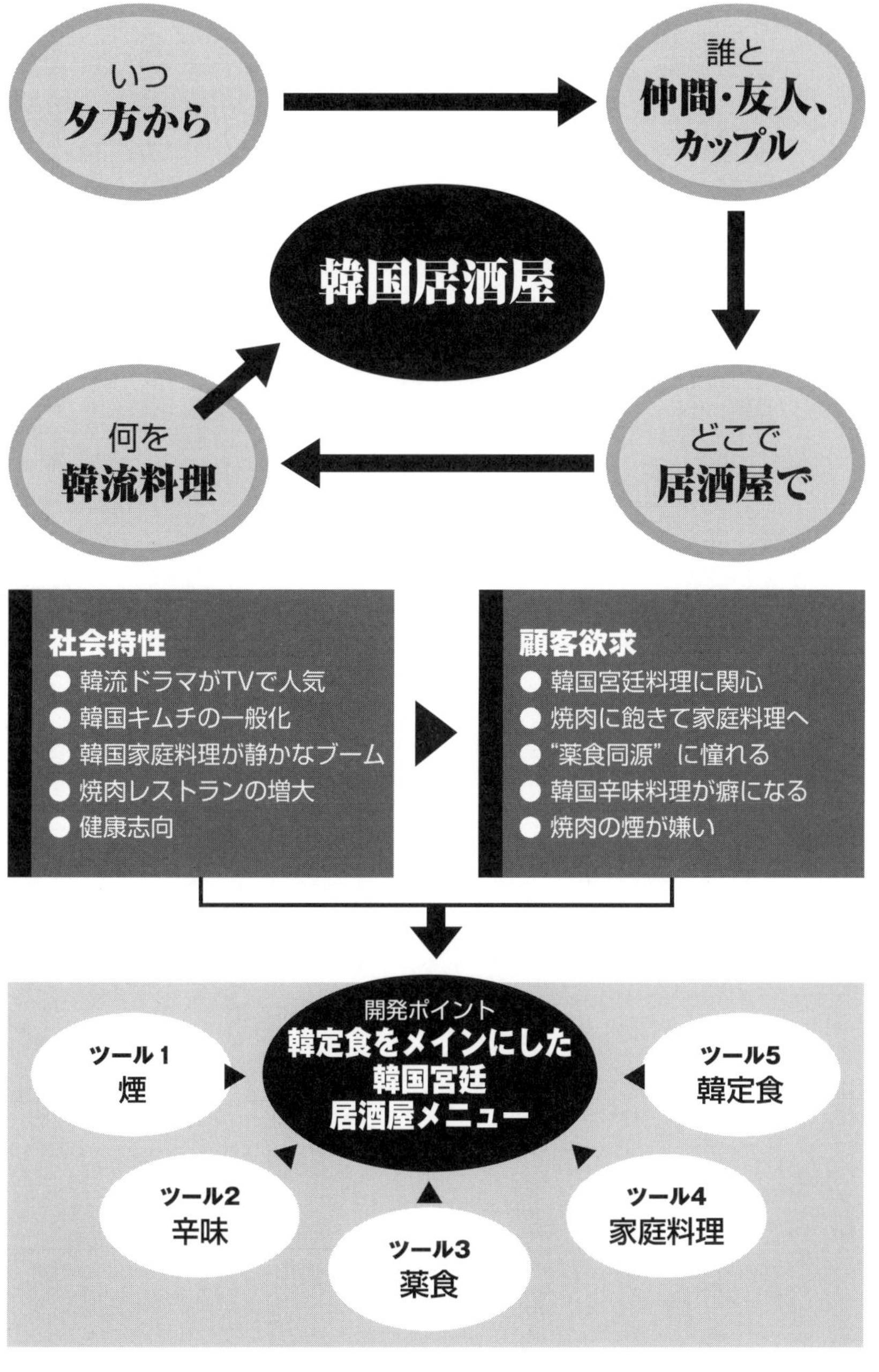
いつ
夕方から
誰と
仲間・友人、カップル
韓国居酒屋
どこで
居酒屋で
何を
韓流料理
社会特性
● 韓流ドラマがTVで人気
● 韓国キムチの一般化
● 韓国家庭料理が静かなブーム
● 焼肉レストランの増大
● 健康志向
顧客欲求
● 韓国宮廷料理に関心
● 焼肉に飽きて家庭料理へ
● “薬食同源”に憧れる
● 韓国辛味料理が癖になる
● 焼肉の煙が嫌い
開発ポイント
韓定食をメインにした韓国宮廷居酒屋メニュー
ツール1
煙
ツール2
辛味
ツール3
薬食
ツール4
家庭料理
ツール5
韓定食

10 串揚げ居酒屋のメニュー開発ポイント

●創作能力が求められる串刺し作業

串揚げ料理店は、関西地方を中心に根強い人気を得ているが、その魅力は、旬の素材を揚げ立てで一本ずつ食べられるところにある。最近では、メニューの幅が広くなり、若い女性客も増えている。

串揚げ料理のポイントは、素材選び、揚げ油の選定、オリジナルソースづくり、パン粉の選定にある。さらに、串刺し作業にも創作能力が求められる。たとえば、旬の食材を吟味しながら、素揚げにするものや巻き上げ、詰め物などの創意工夫などである。

このメニュー開発を成功させるポイントは、この串刺し開発が何よりも優先されるが、そればかりではない。一般の居酒屋メニュー、たとえば、突き出し料理なども重要になる。一般的な串揚げ料理店は、自分の好みでオーダーする場合とお任せの二通りあるが、この突き出しと言えば、キャベツのぶつ切りや大根、人参、きゅうりといった生野菜がお決まりである。

これでは、アルコールよりも食事を中心にしたメニュー構成と言わざるを得ない。とくに、揚げ物ずくめでは、それほど多くのオーダーもできなくなる。

●サブメニューを開発しよう

そこで、サブメニューとして、〝酢の物〟の開発をおすすめする。この酢の物をメニューに加えたことで、売上不振に苦悩していた串揚げ専門店が、大幅に売上げをアップさせた事例もある。酢を使用した料理を中間に入れたことによって胃がもたれなくなることから、注文本数が増えたのである。

さらに、メニュー開発の方向性として、串類を野菜に限定することも差別化になる。現在でも〝アスパラガスの棒揚げ〟は人気メニューの一つだが、ジャガイモや人参、ほうれん草など、なじみ深い野菜にベーコンやハム、チーズ湯葉、春巻きの皮などで工夫を凝らしてパン粉をつけるのである。

このような工夫によって、ヘルシー感覚の串揚げ居酒屋が生まれる。いずれにしても串揚げ居酒屋は、串の創意工夫で差別化を図らなければならない。

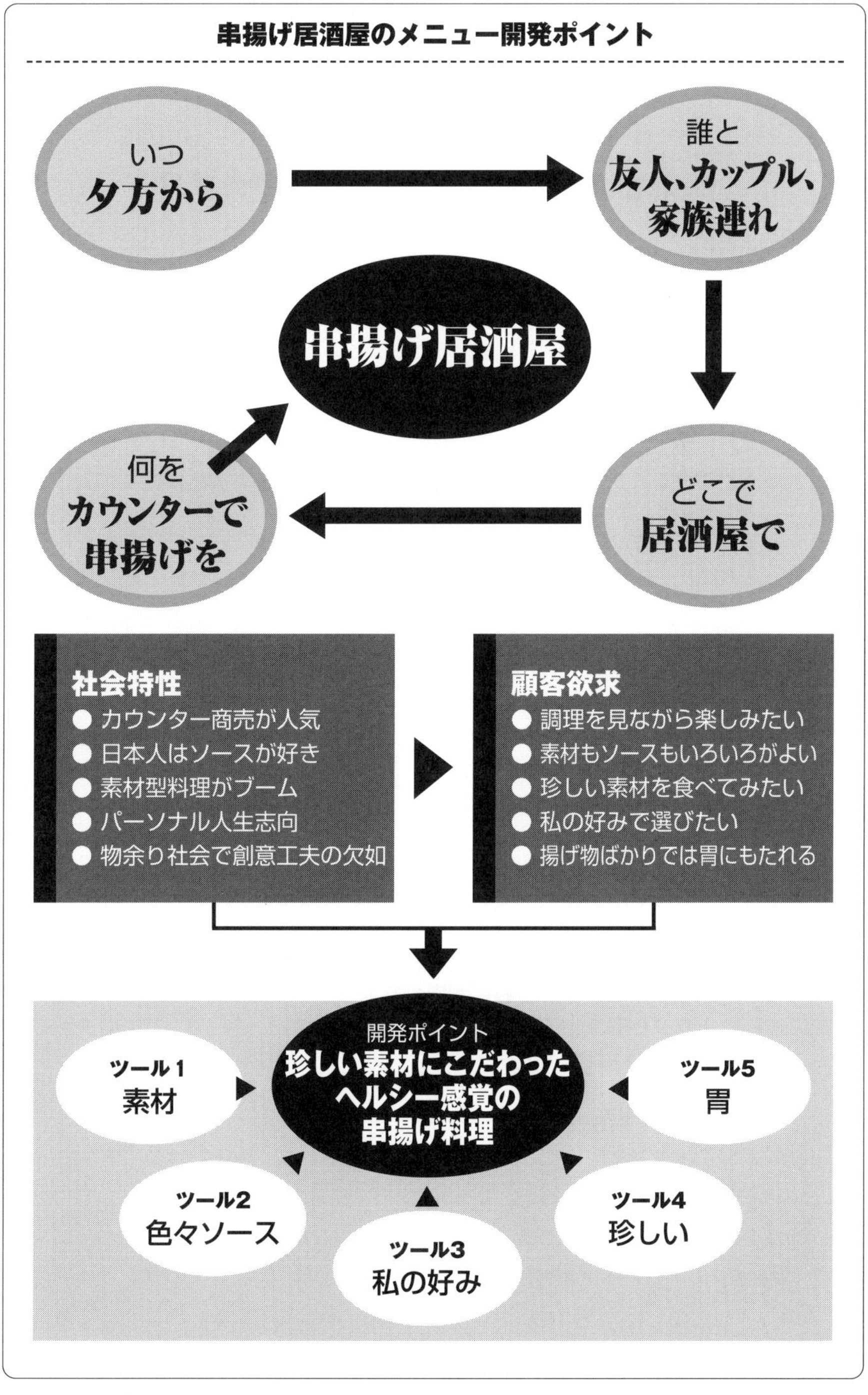
串揚げ居酒屋のメニュー開発ポイント
いつ
夕方から
誰と
友人、カップル、家族連れ
串揚げ居酒屋
何を
カウンターで串揚げを
どこで
居酒屋で
社会特性
● カウンター商売が人気
● 日本人はソースが好き
● 素材型料理がブーム
● パーソナル人生志向
● 物余り社会で創意工夫の欠如
顧客欲求
● 調理を見ながら楽しみたい
● 素材もソースもいろいろがよい
● 珍しい素材を食べてみたい
● 私の好みで選びたい
● 揚げ物ばかりでは胃にもたれる
開発ポイント
珍しい素材にこだわったヘルシー感覚の串揚げ料理
ツール1
素材
ツール2
色々ソース
ツール3
私の好み
ツール4
珍しい
ツール5
胃

海老をメインにしたメニューで大成功

最近では、居酒屋とレストラン、食堂の区別がつかなくなっている。この要因として、レストランや食堂では、居酒屋ブームに便乗してアルコールを売りはじめ、一方、居酒屋はグルメ時代に便乗して料理を中心に売るようになったため、と考えられる。この両者が競合するようになり、業態の分別さえ難しくなっているのである。

私は、今から20年前、静岡県浜松市に「海老料理専門店」をコンセプトとした店を成功させた経験がある。当時は、蟹料理専門店は全国いたるところにあったが、海老料理専門店は見当たらなかった。

そこで私は、日本人は“蟹よりも海老の消費のほうが多いのに、なぜ海老の専門店ができないのだろう”という疑問を抱いた。そこで気づいたのは、一般的に海老料理は高級料理として見られているが、その他の料理と一緒でなければ、何となく物足りない料理である、ということだった。

早速、このコンセプトで経営者を説得し、店舗づくりに入った。店内には、伊勢海老、オマール海老、赤海老、大正海老、蒔き海老などが、お客様からひと目で見えるように、水槽型生簀を作ってインパクトをつけた。店の雰囲気は、モノクロトーンで豪華に仕上げることにした。テーマは、「潮騒に踊る酔っ払い海老」。

店舗は完成したのだが、経営者がレストランを意識しているあまり、メニュー構成がすべて高級海老料理になってしまった。高級な海老料理なんて、庶民が毎日食べられるものではない。これでは、繁盛することはできない。

そこで、この店の業態を明確に“居酒屋”としたのである。経営者は面白くなさそうだった。高級飲食店を経営しているという、“見栄”が欲しかったのだろう。

それでも、私は譲らなかった。メニューには、和･洋･中の惣菜海老メニューから高級海老メニューまで取り揃えた。開店して驚いたのは、ランチタイムは家族連れで賑わい、ディナータイムはアルコールを求めるお客様で賑わったことだ。この中に、私が得意とする中華の一品“酔っ払い海老”が入っていたことは言うまでもない。

7章

麺店のメニュー開発とそのポイント

01 ロードサイド型ラーメン店のメニュー開発ポイント

●ロードサイド店をどう活性化するか

ラーメン店は、一時のブームが収まったとはいえ、その人気は今も変わることがない。しかし、このブームに乗れないまま停滞している店もある。それが、ロードサイド型ラーメン店である。

ファミリーレストランの人気絶頂期には、ラーメン店やちゃんぽん店などがロードサイド立地に競って出店をした。ところが、その後のラーメンブームによって絶頂時代を迎えることになったのは〝家系ラーメン〟や〝ご当地系ラーメン〟などであって、ラーメンレストランではなかった。

これによって、これまでの一般ラーメン店は、そのブームに逆行して衰退していくことになったのである。

このブームによって、消費者がラーメンに高い関心を持ちはじめたのは確かだが、ラーメン愛好者はそれぞれの好みがあることから、こだわれば売れるという商品ではない。

さらに、ロードサイド店を利用する客層は、ラーメン自体に特別なこだわりを持っているわけではない。そのため、メニュー開発もこれを視野に入れて考える必要がある。

●客層や利用動機から、ボリュームにこだわる

ロードサイドのラーメン店には、昼はドライバーや近隣の会社員、ＯＬ、主婦、夜は、家族連れや独身サラリーマン、学生などが来店する。

この客層の共通点は〝食事〟である。ラーメンは、腹ごしらえの一品として位置づけられているため、メニュー開発においても、食事性をより追求した〝ボリューム〟をコンセプトにして完成させることが大切である。

たとえば、永遠のヒットメニュー〝半ちゃんラーメン〟をさらにグレードアップさせた〝ジャンボおむすびラーメン〟や〝大鉢ラーメン〟、〝二玉ラーメン〟などだ。また、ラーメン二種セット（少な目の二種類のラーメンのセット）など、インパクトの強いボリュームメニューである。ボリュームの追求は、時代に逆行していると考えられるが、ボリュームにこだわるファンも少なくないのである。

ロードサイド型ラーメン店のメニュー開発ポイント

社会特性
- ラーメンブームが沈静
- 麺好き日本人
- 車社会
- ファミレスの停滞
- 大食いタレント出現

▶

顧客欲求
- 腹いっぱい食べたい
- ご当地ラーメン、家系ラーメン
- マイカーで家族連れ
- 一日 3 食腹ごしらえ
- こだわりの一品を食べたい

▼

いつ ▶ 24時間利用できる飲食店

誰と ▶ 友達、仲間、家族連れ、1人でも

どこで ▶ ロードサイドのラーメン店

何を ▶ こだわりのラーメンを腹いっぱい！

▼

開発ポイント
独自性豊なボリュームいっぱいのラーメンメニュー

02 裏路地立地ラーメン店のメニュー開発ポイント

●裏路地ラーメン店が人気に

小規模飲食店がひしめいていた裏路地飲食店街が、都市開発や大型ビル建設などで片隅に追いやられ、最近では見かけることも少なくなっている。しかし、それでも歓楽街の裏路地には〝裏路地ラーメン店〟がある。

このラーメン店が、最近秘かに注目されている。消費者のニーズとは面白いもので、華やかに脚光を浴びた「モノ・コト」を敬遠すると、逆に隠れた存在や希少なモノ・コトへ興味を抱く特性がある。メジャーからマイナーへ、ナンバーワンからオンリーワンへなど、まさに今日の消費者ニーズである。

しかし、こうしたラーメン店は〝パパママ経営〟や〝高齢者経営〟が多いことから、頑固なところが長所でもあるが、逆に開発力に乏しいのが短所でもある。

●スープの差別化にこだわれば人気店

このタイプのラーメン店は、人真似やアイデアで成功させることは難しい。しかも、いったんお客様が離れてしまうと、それを取り戻すのは難しい立地だ。

そこでメニュー開発は、〝頑固なこだわり〟をもって実行することが大切になる。そもそも、頑固な経営者が多いラーメン業界だが、それに増してこだわらなければ、この立地条件でクチコミを広げることは難しいし、他店との差別化も図ることはできない。それでもこのタイプの店は、思い切りこだわっても固定費が低いため、経営リスクも大きく膨れることがないため安心である。

そこで、まずスープにこだわることだ。現在でもスープにこだわる店は多いが、ここではキジガラスープ、軍鶏スープ、鴨スープなど、鳥類を使用した極上スープに特化する。また、「もち豚」や「無菌豚」などの特別な豚ガラにこだわることも必要になる。希少原料だが、小規模店なら継続した仕入れが可能になるだろう。

とにかく、一点でいいからこだわることが大切になる。このタイプのラーメン店は、クチコミで有名になっていくことから、本当においしい〝麺〟や〝スープ〟にこだわることが〝売れる、儲かる〟メニューづくりのポイントなのである。

裏路地立地ラーメン店のメニュー開発ポイント

社会特性
- 歓楽街の衰退
- ニッチ産業に注目
- メジャーからマイナー時代へ
- 頑固人間のクローズアップ
- パパママストアーの経営不振

▶

顧客欲求
- 他店にないラーメンが食べたい
- 隠れた存在をさらに知りたい
- 飲酒の後はやっぱりラーメン
- 特別スープでラーメンを食べたい
- 自分だけが知っている店

▼

いつ ▶ 夕方から明朝まで

誰と ▶ 友達、仲間、カップル、1人でも

どこで ▶ 裏路地にあるラーメン店

何を ▶ 他店では食べられないラーメン

▼

開発ポイント
特別スープにこだわった頑固ラーメン

03 商業ビルイン型ラーメン店のメニュー開発ポイント

●商業施設に出店する場合のポイント

商業施設の大型化が進むことで、車の往来だけでなく、人通りや町の構造も大きく変化している。こうした地域の中小規模商店は、極端な売上減を余儀なくされているが、その一方で飲食店は、コバンザメ商法によって経営が潤っているケースもある。

こうした商業施設に飲食店を出店する場合には、経営方針は一般と同じというわけにはいかない。とくに、営業時間やメニューの規制などもあることから、出店をする場合は、その施設の規模やターゲット客、営業方針、取扱商品などをしっかりと調査したうえで出店することが大切である。

その中にあるラーメン店は、営業時間が短いことや、立地によってはマイカー客がほとんどであることから、アルコールの需要はほとんど望めない。

したがって、フードメニューを中心にした、より高い客単価が求められるメニュー開発が必須となる。

●ヘルシーな魚介スープラーメンに話題性が集まる

ターゲット客は、買い物客とウィンドウショッピング客に限られるが、施設内従業員の食事需要も見込める。施設の規模によっては、千人近い人間が働いている場合もあるからだ。しかし、メニュー開発のターゲット客としては、買い物の主役となる「女性」客に絞り込むことがポイントとなる。

女性が興味を抱く〝食〟と言えば、「ダイエット・メニュー」だが、ダイエット・ラーメンではイメージ的においしさが損なわれる。ラーメンとダイエットの組み合わせが、相反するイメージだからだ。

そこで、女性に好まれる魚介スープ仕立てのクリーミーなラーメンが生まれればヒットするに違いない。たとえば、海老や蟹から取ったスープにホワイトソースを加えた「フレンチ風ラーメン」。これには、ボイルホタテや海老、蟹蒲鉾、青野菜などのトッピングがよく合う。

商業ビルという限られた条件の中で、〝話題性〟、〝目新しさ〟をテーマにすることが、女性に注目されるポイントなのである。

商業ビルイン型ラーメン店のメニュー開発ポイント

社会特性
- 大型商業施設の増大
- スモールビジネスの流行
- ウィンドウショッピングが人気
- フードコートの飲食店が注目
- ファストフードの一般化

▶

顧客欲求
- 買い物ついでに食事がしたい
- 簡単便利で簡単食事
- たくさん食べてもダイエット
- 話題になればどこへでも
- 欧風メニューに興味津々

▼

いつ ▶ 商業施設の営業時間内

誰と ▶ 友達、仲間、家族連れ、1人でも

どこで ▶ ショッピングセンターで

何を ▶ ヘルシーラーメン

▼

開発ポイント
クリームやトマトを使用した欧風ラーメン

04 深夜型ラーメン店のメニュー開発ポイント

●深夜型ラーメン店ではスープにこだわる

凍えるような寒さの深夜は、ラーメン店に駆け込んで熱々のラーメンを一気に流し込みたい心境に駆られるが、最近ではこうした店も屋台以外では繁華街でしか見られなくなっている。

夕方から暖簾を出して、深夜四時、五時まで営業するこのタイプのラーメン店は、居酒屋帰りや残業帰りなどの客層に限られることから、そのお客様の嗜好をつかんだうえでメニュー開発をする必要がある。

また、この時間帯のお客様は、濃厚な味の食事を避ける傾向があることから、ラーメンにしても、あっさり型でありながら〝こく〟を重視した味づくりが成功のポイントとなる。九州で人気の博多屋台ラーメンにしても、スープは濃厚だが、麺を極細にしてスープの濃厚さをカバーしていることからも理解できるだろう。

そこで、深夜型ラーメン店のメニュー開発はスープにこだわってみたい。まず、鳥ガラスープをメインに、そこに豚バラのひき肉を丸めて入れる。さらに、かつお節、さば節、煮干、昆布をまとめてネットに入れ、さらに野菜類として長ネギ、にんにく、たまねぎ、生姜、りんご、人参などを入れて、濁らないように注意しながら時間をかけて出汁を取る。これによって、こってり鳥スープが完成する。

●昔ながらの味にこだわろう

タレは、味醂と酒のアルコール分を飛ばし、そこに先ほどのスープを加え、塩3対醤油7の割合で味をつけ、さらにブラックペッパー、唐辛子少々、本かつお節、昆布を加えて火にかけ、沸騰寸前で火を止める。沸騰させると香りを失うため要注意。これを、二日間寝かせておいてから裏ごしして冷蔵庫に保管して使用する。

これに合う麺は、グルテンが強すぎない腰のある麺で、しかも、のど越しのよい麺を選ぶことが大切である。

以上のように、深夜型のラーメン店は、〝日本の昔ながらのラーメンの味〟に徹底的にこだわることを忘れてはならない。この時間帯にラーメンを求める顧客の欲求は、昼に求めるラーメンの味とはまったく異なるからだ。

深夜型ラーメン店のメニュー開発ポイント

社会特性
- 深夜族が増える
- カリスマラーメン屋台に注目
- 懐かしいラーメンが人気
- こってりラーメン離れ
- 庶民が求める深夜営業

▶

顧客欲求
- 深夜でも安心できるラーメン店
- 飲酒後のさっぱりラーメン
- 小規模でも名がある店で食べたい
- 昔の味は新しい味
- 帰宅前、腹が空いたらラーメン店

▼

いつ ▶ 夕方から明朝まで

誰と ▶ 友達、仲間、1人でも

どこで ▶ 深夜型のラーメン店

何を ▶ 昔ながらのラーメンを！

▼

開発ポイント
醤油味にこだわった
昭和時代の懐かしい味

05 繁華街立地ラーメン店のメニュー開発ポイント

●二次来店からの脱却を図ろう

繁華街や歓楽街など人の集まるところには、必ずと言っていいほどラーメン店が存在する。深夜の食事、飲酒後の腹ごしらえにラーメンを愛好する人が多いことを見込んでいるからだろう。

これらのラーメン店は専門店タイプの店が多く、二次来店（一次目的利用店ではなく、ついでに寄る店）利用がほとんどと言っても過言ではない。したがって、深夜型ラーメン店同様に客足が遅く、深夜営業になりやすくなる。

しかし、商売をする以上、二次来店をコンセプトに満足している経営者はいない。あくまでも、自店の料理を第一目的に来店してもらいたい、という願望を抱くのが経営者だからだ。

そこで、繁華街立地にあるラーメン店は、メニュー戦略で二次来店からの脱却を図る必要がある。なぜならば、メニュー内容によって、お客様は来店動機を変化させる特性を持っているからである。

●居酒屋メニューに近づくことがポイント

この地域を回遊するお客様は、飲酒ばかりが目的ではない。カラオケやゲーム、漫画喫茶など、飲酒を伴わない店を利用するお客様も多い。さらに、居酒屋などで宴会やパーティー後、ラーメン店に来るカップルやグループ客もある。

繁華街立地のラーメン店が二次来店から脱却するには、これらのお客様がラーメン店を利用する動機を見出すことが大切になる。

そこで、このメニュー開発は、簡単なおつまみや飲茶などを取り揃え、食事客とともに飲酒客も狙えるような営業戦略によって幅広い客層をとらえることだ。

言わば、ラーメン居酒屋に近いメニューが必要になる。しかし、本格的な居酒屋メニューは不要だ。あくまでも、ラーメン店のコンセプトを強調しながら、簡単な冷菜や餃子、から揚げ、炒め物など、オリジナルな単品料理を開発することが、繁華街型ラーメン店を成功させるポイントとなるのである。

繁華街立地ラーメン店のメニュー開発ポイント

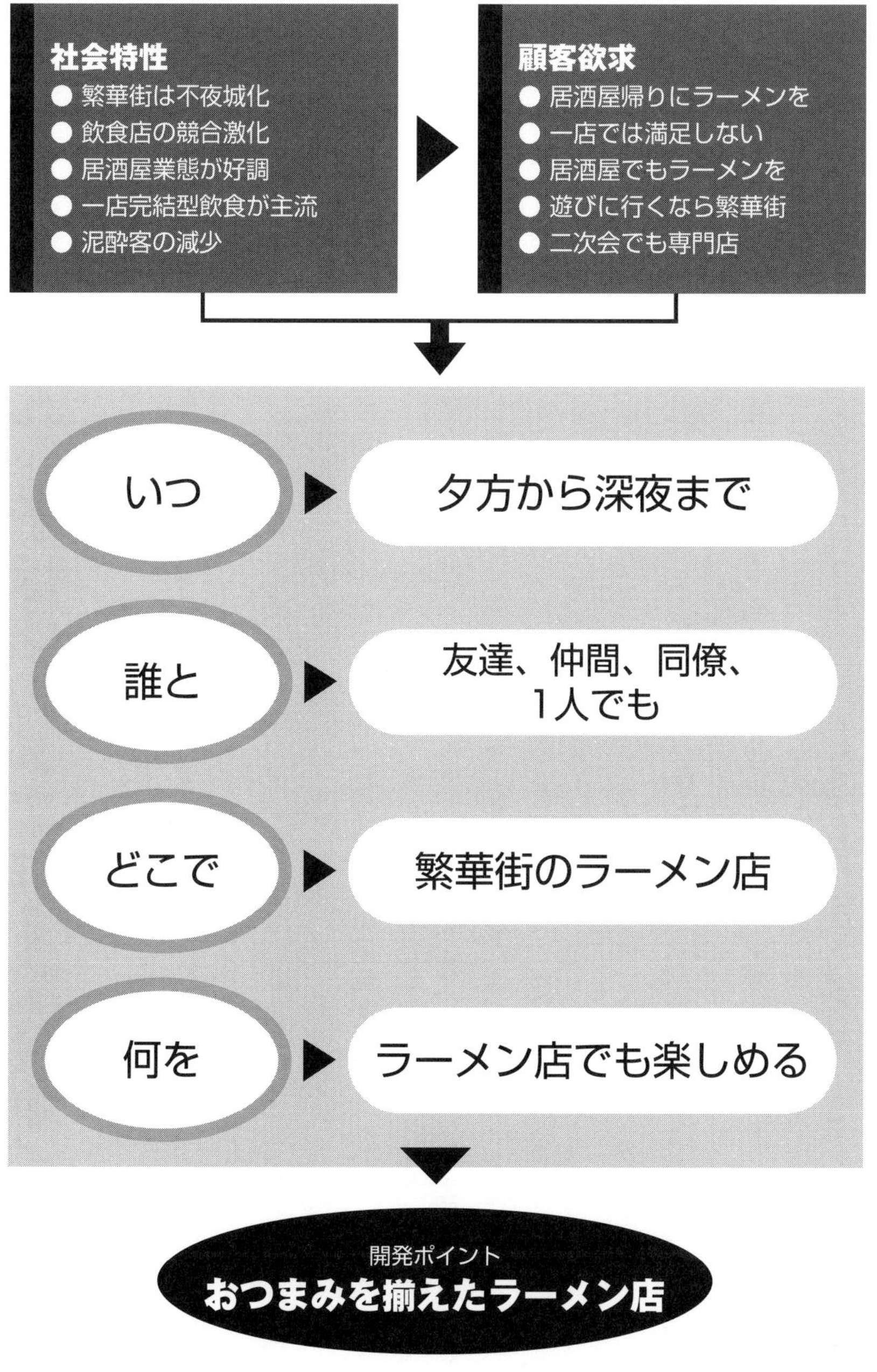

06 立ち食いうどん・そば店のメニュー開発ポイント

●立ち食いうどん・そば店が人気に

最近では、繁華街や駅ビルなどの立ち食いうどん・そば店にお客様が群がっている。

これまでは、サラリーマンや独身者、学生などが主に利用する飲食店だったが、簡便食の一般化によって、若者からファミリー客までが気軽に利用できる飲食店として人気が高まっている。

こうした店のメニューは、天そば、ザルそば、天うどん、カレーうどんなどの単品メニューが中心だった。

しかし、一般客が入るようになってからは、ご飯メニューなども多く取り入れられるようになってきている。

このタイプの麺店で繁盛しているのは、商品へのこだわりがお客様に浸透している店だ。たとえば、千葉県のJR柏駅構内にある立ち食いそば店のように、揚げ立ての天婦羅を数種揃えている店や、冷凍麺を使用しないそば店、新幹線名古屋駅ホームにある〝きしめん〟店など、特徴を明確にしている店が繁盛している。

讃岐うどんがブームになって、讃岐地方のうどん店が各地に出店した。その営業形態もさまざまで、ファストフード店を意識しているものと考えられるが、いろいろなトッピング食材からチョイスしてもらうやり方は、バイキングが流行っている今日にピッタリの営業方法である。

●トッピング商品の開発が必須

立ち食い麺店は客単価が低いことから、集客が経営成功へのポイントになる。しかし、人ごみができるほどの立地ならそれも可能だが、そうでない場合は、メニューの楽しさを演出して、わざわざ来てもらえる店にしなければならない。

たとえば、魚介や肉、または季節の天婦羅などをいろいろと取り揃え、どんぶりメニューを開発する。これを自由にチョイスできるようなスタイルで提供したり、ちょっとしたお惣菜や家庭料理の開発も、これからの立ち食いうどん・そば店には欠かすことはできない。これは、ファストフード店が今日の食生活へ大きな影響を与えているからに他ならないからだ。

立ち食いうどん・そば店のメニュー開発ポイント

社会特性
- 讃岐うどんが全国展開
- ファストフードブーム
- バイキングが人気
- 食の簡便化
- 冷凍麺も本格派

▶

顧客欲求
- 麺類は手打ちに限る
- 簡便食でも本物が欲しい
- いろいろとってトッピング
- 全国名物うどん・そばが食べたい
- 麺は冷凍でも本格出汁を

▼

いつ ▶ 朝から深夜まで

誰と ▶ 友達、仲間、同僚、1人でも

どこで ▶ 立ち食いうどん・そば店

何を ▶ 惣菜やごはんも一緒に

▼

開発ポイント
チョイスできるサブメニューやトッピング

07 出前型うどん・そば店のメニュー開発ポイント

●伸びにくい麺の開発がポイント

簡便化が進んでいる消費者のライフスタイルは、食生活においてもそれが一般化している。インスタント食品にはじまり、ファストフードやコンビニの持ち帰り弁当、デリバリー寿司やピザなど、その簡便化スタイルもさまざまである。

飲食店の出前もそのひとつと考えられるが、この場合は商品そのものを指しているのではなく、出前というシステムが簡便化に当てはまっている。こうしたスタイルの飲食は、今後ますます需要が増えてくるだろう。

そこで、出前型うどん・そば店は、需要に備えてメニューの差別化を図っておく必要が出てきている。

麺店の出前の弱点は、麺が伸びることにある。したがって、メニュー開発以前に、腰が強くて伸びない麺の開発が必要になる。

最近のうどんは、関西風が主流で腰が強いことから出前にも向いていると考えられるが、そばは繋ぎの原料を工夫して、長時間伸びにくいそばを開発することが求められる。

●提供方法の開発がポイント

出前メニューを開発すると言っても、うどん・そばの場合は、お客様の注文もだいたいお決まりの商品になりやすい。お得意先にメニュー表を配布していても、やはり注文はオーソドックスな商品が圧倒的に多い。

そこで、ここではメニューそのものよりも、商品の提供方法を開発することをお勧めする。たとえば、温かいうどん・そばなどは、ザルやセイロのように汁を別に持っていくやり方である。これによって、麺の伸びも防げるし、魔法瓶などの容器に汁を入れていけば、あつあつの汁麺が食べられることになる。

この方法を取り入れることで、さらなるメニュー開発が可能になる。具だくさんのあんかけ麺や釜揚げうどん等もあつあつ出前商品として考えられるからだ。

これまで〝汁がぬるくて麺が伸びているのは仕方がない〟と諦められていた〝うどん・そば〟だが、この方法によって、店内食と近いものになるだろう。

出前型うどん・そば店のメニュー開発ポイント

社会特性

- デリバリー産業絶好調
- 食事を作らない人間の増大
- 食事時間の節約時流
- レストランが配達業務開始
- 電話で買い物

▶

顧客欲求

- 多忙なときは出前に限る
- 伸びない麺を出前でも
- 突然の来客でも簡単便利に飲食を
- お店と変わらぬ料理を家庭まで
- 出前でも熱々で作り立て

▼

いつ ▶ 昼から20：00時頃まで

誰と ▶ 友達、仲間、家族、1人でも

どこで ▶ 家庭や職場で

何を ▶ 出前のうどん・そば

▼

開発ポイント

熱々で店と同じのうどん・そば

08 郊外型うどん・そば店のメニュー開発ポイント

●差別化のために〝うどん・そば〟にこだわる

郊外型のうどん・そば店と言えば、ファミリータイプの店がほとんどであり、しかも大型店が多い。メニュー戦略においても、セットメニューやコンビネーションメニュー（寿司、うな重、麦とろ、刺身などを併用）などを特徴にしている。

現在では、このメニュー構成が一般的になっていることから、お客様は違和感なく、うどん・そば店を和食ファミリーレストランとして利用している。つまり、郊外型うどん・そば店は、麺専門店からレストランへと変貌しているのである。

郊外型飲食店を利用するお客様は、家族連れやドライバーなどが多いことから、食事性を求める傾向が強くなる。

そこでメニュー戦略においても、ボリュームはもちろん、食事性の高いメニューを完成させる必要がある。うどん・そば店のコンビネーションメニューやセットメニューは、こうして生まれたのである。そこで、これらの店との差別化を図るには、本来あるべき姿の〝うどん・そば店〟にこだわることが必要となる。

●地方の名物うどん・そばを品揃えする

日本人は麺好きということもあって、全国各地に名物うどん・そばがあり、その地方独特の食べ方がある。そこで、各地のうどん・そば情報をメニュー戦略として打ち出すことで、麺専門店でも十分に集客できる。

そこで、郊外型うどん・そば店のメニュー開発として、この〝全国うどん・そば巡り〟をメニューとして開発することがポイントとなる。北海道から九州までの名物うどん・そばを揃えるのだ。

たとえば北海道のにしんそば、秋田の稲庭うどん、新潟のへぎそば、山梨のほうとう、茨城のけんちんそば、名古屋の味噌煮込みうどん、福井のおろしそば、大阪のうどんすき、九州の丸天うどん、などである。

この名物うどん・そばと、その地方の名物料理や名産を使用した料理やご飯ものを開発することができれば、明らかな差別化となる。

郊外型うどん・そば店のメニュー開発ポイント

社会特性
- 幹線道路は外食街
- 郊外の商業施設が人気
- 家族でドライブついでに飲食
- ファミリーの外食は郊外利用
- 全国チェーンは品質保証

▶

顧客欲求
- うどん・そばでも贅沢に
- 全国名物食べ歩き
- 専門店で本物を
- 家族全員が食べられる
- チェーン店でも話題の店へ

▼

いつ ▶ 昼から23：00頃まで

誰と ▶ 家族、友達、仲間、同僚、1人でも

どこで ▶ 郊外型うどん・そば店

何を ▶ 話題の麺料理

▼

開発ポイント
全国名物うどん・そば

09 手打ちうどん・そば店のメニュー開発ポイント

●「麺打ち実演」でおいしさをアピールしよう

手打ちうどん・そば店は、小規模店経営がほとんどと言っていいだろう。したがって、競争に勝つためには商品へのこだわりが重要であることは言うまでもない。

そのこだわりの表現として、「麺打ち実演」は欠かすことができない。店頭に、麺台を設けてピーク時間にかぎって麺打ちをするパフォーマンスに、お客様は手打ち麺のおいしさを、より深く感じるからだ。

そこで、手打ちうどん・そば店は、店頭のパフォーマンスを活用することで、店頭販売にもっと力を入れるべきである。これまでの手打ち生麺やツユの販売に限らず、テイクアウト・メニューの開発を考えることがポイントとなる。

しかし、このスタイルの店は、麺にこだわるあまり、これまでこうした開発にはまったくと言っていいほど手をつけていない。もちろん、麺と出汁が店の生命線であることに変わりはないが、すべてのお客様が麺通というわけではない。

そこで、より〝売れる、儲かるメニュー〟を開発するためには、その発想を変えることが必要なのである。

●天婦羅にこだわり、テイクアウトで〝一石二鳥〟

生麺の店頭販売に人気がある〝手打ち麺店〟は、店頭販売商品の付加価値をさらに高めるための商品開発が他店との差別化になる。

これには、うどん・そばと相性のよい〝天婦羅〟のテイクアウトが何よりも効果的と言える。天婦羅は、店内メニューにも活かすことができることから、〝一石二鳥〟的効果も生まれる。

だからと言って、一般的にどこにでもあるような天婦羅では、お客様に注目されることはないことから、その差別化がポイントとなる。

この差別化を図るには、その素材の吟味や産地にこだわることが重要になる。

たとえば、丹波の山菜天婦羅や瀬戸内海の鰯の天婦羅など、名産食材としてアピールすることがポイントとなるのである。

手打ちうどん・そば店のメニュー開発ポイント

社会特性
- 手づくり志向時代
- 職人技に注目
- テイクアウトも本格時代
- パフォーマンスが人気
- 各地の名産品がスーパーで陳列

▶

顧客欲求
- 麺はやっぱり手打ちに限る
- テイクアウトも本物が欲しい
- 麺にはやっぱり天婦羅が合う
- 手づくり実演が安心できる
- テイクアウトは衝動買い

▼

いつ ▶ 昼から20:00時頃まで

誰と ▶ 友達、仲間、家族、
1人でも

どこで ▶ 手打ちうどん・そば店

何を ▶ テイクアウトの
差別化商品

▼

開発ポイント
厳選された地場食材の天婦羅

10 観光立地のうどん・そば店のメニュー開発ポイント

●一般客の利用がポイント

うどん・そば店を全国的に見ると、西日本側ではうどん店が多く、東日本側ではそば店が多いという特徴がある。これは、地域の食文化や気候に影響されているものと考えられるが、うどん文化とそば文化が地域に浸透していることは間違いない。また観光には、その地域の食文化が必然的に求められることから、地域食文化を代表する、うどん・そば店を欠かすことはできない。

しかし観光立地は、シーズンとシーズンオフの営業繁閑差が大きいことから、経営が安定しないことが課題となる。

そこで、この業態のメニュー開発のポイントは、一般客の勧誘にある。シーズン以外でも一般のお客様が来店したくなるような商品があればいいわけで、その商品が年間を通して食べたくなるようなメニュー戦略が必要になるのである。

●リピート客を狙えるメニューは、ご当地名物

観光立地は、地域外のお客様をターゲットにしていることから、一般客には稀にしか利用してもらえない店が多い。とくに、メニューのほとんどが単品構成になっているケースだ。しかしその中には、地域をテーマにした商品が必ず存在している。

そこで、一般客向けの名物うどん・そばを開発することが、これからのメニュー戦略として重要になる。私が、観光ドライブイン協会のコンサルティングをしていた当時、静岡県引佐郡のそば店が、一般客を勧誘するメニュー開発で売上拡大に成功したが、これは、ご当地名物そばの開発に成功したからだった。

お客様に魅力を感じてもらうには、他店が真似のできない〝ご当地名物うどん・そば〟を開発することがポイントとなる。とくに、これまでの観光地で見られるようなありがちなメニューではなく、クチコミで広がるようなご当地名物商品が必要になる。観光地には、何らかの伝説や寺社仏閣、景観が整っている。そのテーマを元にして、ご当地名物のうどん・そばを開発することは、それほど難しいことではないだろう。

観光立地のうどん・そば店のメニュー開発ポイント

社会特性

- 国内観光が人気上昇
- 温泉ブームに若い女性客が殺到
- ドライブインの営業不振
- ご当地名物が注目
- 精神情緒安定社会

▶

顧客欲求

- 観光地の名物料理を味わいたい
- 自然に囲まれて自然食を
- ご当地の名物を自慢したい
- いろいろ観光、空腹もいろいろ
- 観光と食事で心を癒す

▼

いつ ▶ 昼から20:00時頃まで

誰と ▶ 友達、仲間、同僚、家族でも

どこで ▶ 観光地のうどん・そば店

何を ▶ 観光地に潜む伝説料理

▼

開発ポイント

一般客も利用できるご当地名物

京都の伊根町で“幻の鯛そば”を開発

私は、地域経営研究所を主宰して、町おこし事業に参画してきた。当時、京都の町おこしを手がけていた頃のことだが、日本海に面した伊根町というすばらしい景観の漁港がある。この町は、“舟屋の里”として、日本でも有名な観光地だが、町おこしの一環として、この町の名物料理を開発することになった。

しかし、景観はすばらしいが、産物は海産物や山菜程度で、これといった名産がない。地域活性事業として、私は地域産物産業を信念としていたため、この伊根町においても、「そば生産」を手がけることにした。もともと、高齢者グループが「そば打ち組合」を結成していたことから、これを活かそうと考えたのである。

そこで早速、そば生産を拡大してもらうことにした。町民の努力で、一年目でこれまでの十二倍の生産が実現して、行政からはたいへん喜ばれる結果となった。

そこで、このそば粉を活用した商品開発を考えていた私は、この町が力を入れている「鯛」とそのそば粉で商品ができないか、と考えたのである。

毎日毎日、試行錯誤で、そば粉のつなぎとして鯛のすり身をテストしてきた。まわりの人たちは、不思議そうにこれを見ているが、誰も手伝おうとしてくれない。彼らは、十割そばがもっとも高級な地そばであることを自負しているからに他ならなかった。

しかし、私の狙いはこの町の「名物そば」である。十割そばでは、どこにでもあるような商品で終わってしまう。だから、苦労しているのである。

こうして、3ヶ月の研究からやっとそばが完成した。ところが、いざ茹でてみると、湯の中でとろけるように柔らかいではないか。これでは、そばの食感を味わうことはできない。「またしても失敗か！」と気を落として、そのそばを冷水で洗いはじめると、そばがピーンと張って硬くなってきたのである。みんなが驚いたことは言うまでもない。しかも、このそばがかつおだしにピッタリ相性が合い、これまでにないおいしさだった。

その後、町民たちを集めて試食会を開いたが、大好評だった。こうして、町の名物「伊根の鯛そば」が完成したのである。

8章

日本料理店と郷土料理店のメニュー開発ポイント

01 カウンター割烹店のメニュー開発ポイント

●〝和風ビストロ〟として女性に人気

〝カウンター割烹〟とは、大衆割烹や一般の割烹店と差別化されたカウンタースタイルの高級和食店を指して言う。したがって、本格的な日本料理をお値打ちで食べさせてくれる和風ビストロということになる。

カウンター割烹店の特長は、単に料理を提供するだけでなく、カウンター営業独特のきめ細かな気配りがあり、接客応対が洗練されていることにある。これらの店は、板前のお任せコースを6、000〜7、000円から揃えていることもあって、最近では若い女性客が増えている業態でもある。

しかし、繁盛店になれる店はひと握りであって、予約客がいなければ、お客様はゼロという店も少なくない。この繁閑差は、一般の飲食店よりも利用金額が若干高いことと、常連客でない限り、紹介者や同行者がいなければカウンター席に座りにくいという点にある。

●和風ビストロを意識したメニュー開発

これまでのカウンター割烹店は、季節の食材を活かしたコース料理を中心にお客様を満足させてきたが、これからはコースにこだわらず、アラカルトメニューの開発も必要になってくる。

とくに、これまでの魚介料理や野菜料理に加えて、肉料理メニューを増やすことがポイントになる。カウンター割烹を利用する客層が、若返っていることを重視したメニュー戦略である。

鮮魚割烹を重視してきた割烹店が、牛肉や豚肉を用いたメニュー開発ができれば、若者や女性客の人気はますます高まるだろう。

もちろん、割烹店としての素材へのこだわりが必要になることは言うまでもないが、注意すべきことは、客単価を維持できるようなメニュー構成にすることだ。カウンター割烹店は、客席数に限界があることから、客単価を低下させると売上げの減少につながるからである。

これらは、ビストロのコースメニューやセットメニューなども参考にしながら、和食にこだわったメニュー開発に挑戦していただきたい。

カウンター割烹店のメニュー開発ポイント

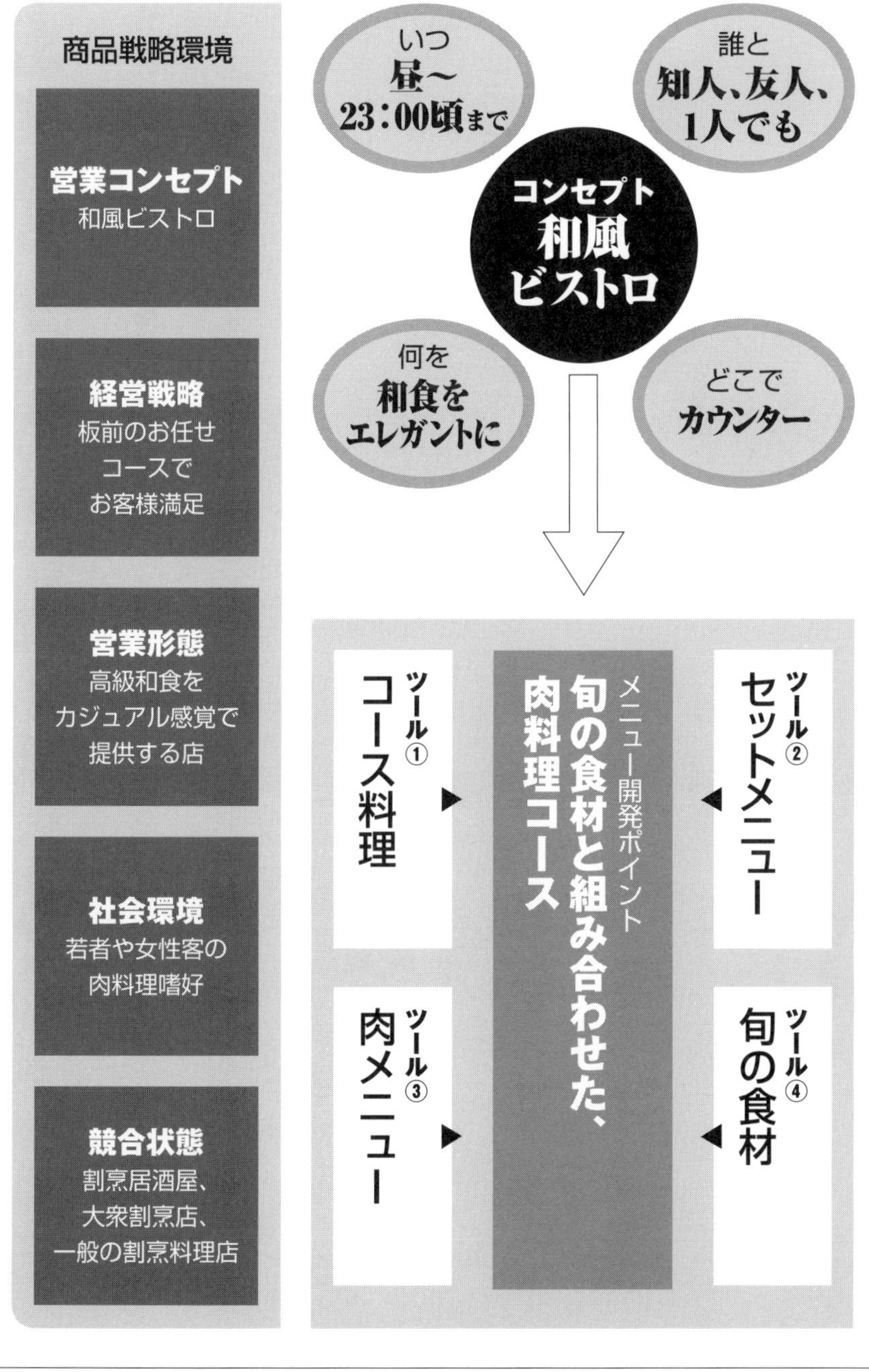
商品戦略環境
営業コンセプト
和風ビストロ
経営戦略
板前のお任せ
コースで
お客様満足
営業形態
高級和食を
カジュアル感覚で
提供する店
社会環境
若者や女性客の
肉料理嗜好
競合状態
割烹居酒屋、
大衆割烹店、
一般の割烹料理店
いつ
昼〜
23：00頃まで
誰と
知人、友人、
1人でも
コンセプト
和風
ビストロ
何を
和食を
エレガントに
どこで
カウンター
ツール①
コース料理
メニュー開発ポイント
旬の食材と組み合わせた、
肉料理コース
ツール②
セットメニュー
ツール③
肉メニュー
ツール④
旬の食材

02 お座敷割烹店のメニュー開発ポイント

●それなりのメニュー構成と価格設定が重要

これまで、企業や官庁関係の接待や会議などに利用されてきた〝お座敷割烹店〟は、接待費の削減によって、一部の店を除いて厳しい経営を強いられており、これまで料亭と言われていた老舗店の多くが潰れている。

これらの店は、特別な来店動機によって利用されている場合が多いことから、一般的には〝敷居が高い店〟とされている。しかし、女性グループによる会食が増えている今日、これらの客が利用しにくい位置づけにあるのは、せっかくのビジネスチャンスを失っているといっていいだろう。

私は、3年前に京都の割烹料理店の経営改革に取り組んだが、この場合も、経営者をはじめ一般客も〝割烹料理店〟への意識が強かったため、経営改革には相当の苦労をした。この店は、主婦グループにも気軽に利用してもらえるようなメニュー開発でやっと成功させることができたが、そこにたどり着くまでにはたいへんな時間を要した。

お座敷割烹店は、店の格式や店格を重視しなければならないことは言うまでもない。これは、その店を利用することにステータスを感じるお客様が来店するからに他ならない。したがって、店の格式を疑わせるようなメニュー構成と価格設定は避けるべきである。

●女性客グループ客が狙えるメニュー開発を

そこで、女性客や高齢者に喜ばれるようなヘルシー感覚の〝美容懐石〟や〝野菜懐石〟などもいいだろう。これに、旬の野菜やフルーツなどによる手づくりデザートが加われば、これまでの敷居の高い店から一転して、リーズナブルな割烹店として注目されるはずだ。その場合、価格設定を女性客が利用できる５０００円を限度として値づけすることも大切である。

強力な消費パワーを持つ女性客をターゲットにすることは、今日の飲食業において欠かせない経営戦略である。しかも、会話と食を同時に楽しむこの客層は、お座敷割烹店にとって、重要な客層であることを忘れてはならない。

お座敷割烹店のメニュー開発ポイント

商品戦略環境

営業コンセプト
美容・健康
懐石料理

経営戦略
主婦の会合、会食、
パーティーを狙う

営業形態
和食の格式を
重視した
会席料理店

社会環境
女性の社会進出と
サークル活動の増大

競合状態
ホテルの
高級飲食店、
宴会場を備えた
高級店

いつ
**昼～
23：00頃まで**

誰と
知人、友人、商談相手、グループ客

**コンセプト
美容・健康
会席料理**

何を
**ヘルシー感覚で
会席料理**

どこで
お座敷割烹店

メニュー開発ポイント
**女性客と高齢者が気軽に
利用できる美容・健康会席料理**

ツール① 美容懐石

ツール② デザート

ツール③ 野菜懐石

ツール④ ステータス

03 大衆割烹店のメニュー開発ポイント

●〝大衆割烹店〟とは何か

夕方になると、サラリーマンやＯＬでにぎわう大衆割烹店は一見、居酒屋業態と何ら変わりなく見えるが、ここではその業態区別をハッキリしておかなければならない。そこで大衆割烹店は、「居酒屋よりもやや高級な飲食店」、と位置づけておくことにする。店構えはもちろん、メニューに関しても大衆割烹店のコンセプトを重視しなければ、居酒屋との区別が不透明になるからだ。

現在の〝大衆割烹店〟は、鮮魚メニューを中心に構成している店が多い。これは、専門店化することによって割烹店のイメージを創り上げようとしているからに他ならない。したがって、これらの店のメニュー構成は、刺身料理にはじまり煮魚、焼き魚など、魚介類を中心にした料理がメインになっている。

しかし最近では、刺身居酒屋などの新業態も生まれていることから、大衆割烹店のメニュー戦略を見直す時期に来ていると言ってもいいだろう。

●ミニ懐石料理をメニューの中心に活かす

一般人が割烹店に憧れるのは、懐石料理にあると言っても過言ではない。しかし金額が〝高嶺の花〟的イメージが強いことから、一般客は手が出ないと言うジレンマを抱いている。

そこで大衆割烹店は、この〝懐石料理〟に着眼したメニュー開発が必要になる。高級料理店のランチが一般店のランチに比べて高額なのに人気があるのは、高級料理をランチタイム価格で食べられるという安心感があるからだ。

この原理から大衆割烹店のメニュー戦略を考えると、懐石料理のカジュアル版として〝ミニ懐石料理〟をメニューの中心にすることによって、大衆割烹店は注目されるに違いない。３、０００円から5、０００円クラスまでのミニ懐石料理を揃えれば、居酒屋との差別化はもちろん、割烹店としての位置づけも明確になる。

これによって、これまでの居酒屋かワンランク上を求めているお客様がターゲットになる。また、若い女性グループ客も、この価格なら大いに利用できるはずだ。

大衆割烹店のメニュー開発ポイント

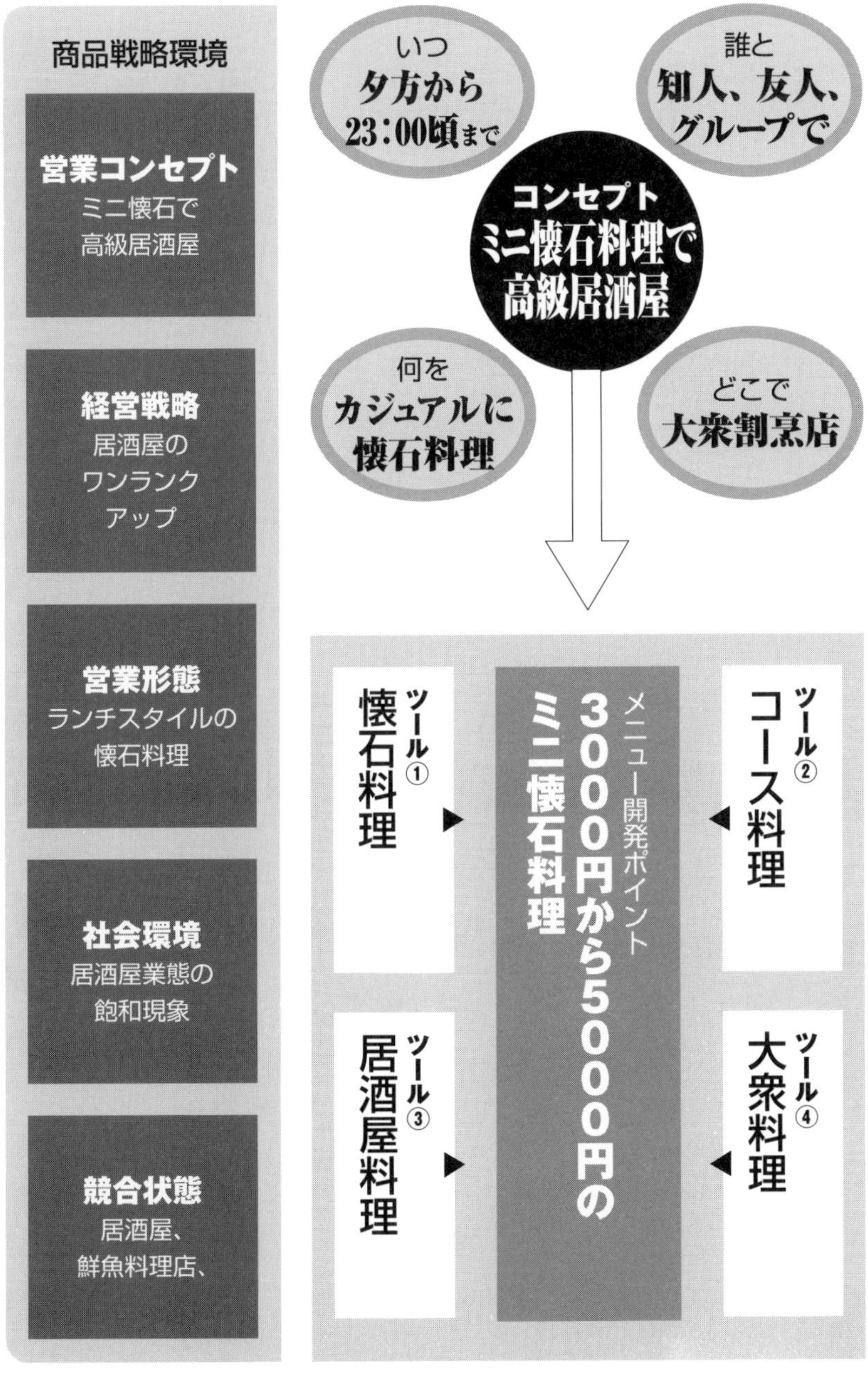
商品戦略環境
営業コンセプト
ミニ懐石で
高級居酒屋
経営戦略
居酒屋の
ワンランク
アップ
営業形態
ランチスタイルの
懐石料理
社会環境
居酒屋業態の
飽和現象
競合状態
居酒屋、
鮮魚料理店、
いつ
夕方から
23:00頃まで
誰と
知人、友人、
グループで
コンセプト
ミニ懐石料理で
高級居酒屋
何を
カジュアルに
懐石料理
どこで
大衆割烹店
メニュー開発ポイント
3000円から5000円の
ミニ懐石料理
ツール①
懐石料理
ツール②
コース料理
ツール③
居酒屋料理
ツール④
大衆料理

04 寿司専門店のメニュー開発ポイント

●差別化が困難な寿司専門店

〝ヘルシーグルメ〟というメディア効果も手伝って、寿司業界は現在、大盛況だ。これまで、回転寿司ばかりにお客様を奪われて〝鳴かず飛ばず〟だった寿司専門店に、ようやく光が差し込んできたようだ。

これによって、古くからの〝寿司専門店〟は、より競争が激しくなってくるだろう。情報がエスカレートすると、消費者の欲求は止まることを知らないほど高まり、同業者の競争意欲も高まってくるからだ。

ネタとシャリで勝負する寿司店は、シンプルながらその商品付加価値の追求には難しいものがある。ネタは、仕入れや食材の部位にこだわることになるが、シャリは米の原産地や銘柄、そして炊飯方法などを工夫して他店との差別化を図らなければならないからだ。

これを見る限り、寿司店のメニュー開発は簡単なことではない。どこの店でも扱う食材が同じだからだ。〝変わり寿司〟も、お客様から見れば、本来の寿司とは見えないだろう。

古くから日本の食文化として親しまれてきた寿司のイメージは、簡単に拭い去ることはできないからである。現在の寿司メニューに新商品を加えても、お客様が喜ぶとは考えられない理由もそこにある。

●生ネタ寿司の口直しに漬物にぎり寿司を

そこで、漬物にこだわった寿司を取り入れてみよう。全国には、〝かぶら寿司〟〝大根寿司〟など、米を使用した漬物の名物料理もあるが、ここでは漬物にこだわった〝漬物にぎり寿司〟である。

漬物は寿司シャリとの相性がいいために、多くの寿司店がメニューに取り入れているが、ここでは〝京都漬物〟をコンセプトにする。したがって、京都の水ナス、みょうが、ミニ大根、赤かぶ、かぶら、すぐきなどを使用する。

そこに全国名産の漬物を加えると、名物料理としての位置づけができる。この創作漬物寿司によって、これまでの寿司専門店でもサブメニューが生まれるに違いない。

寿司専門店のメニュー開発ポイント

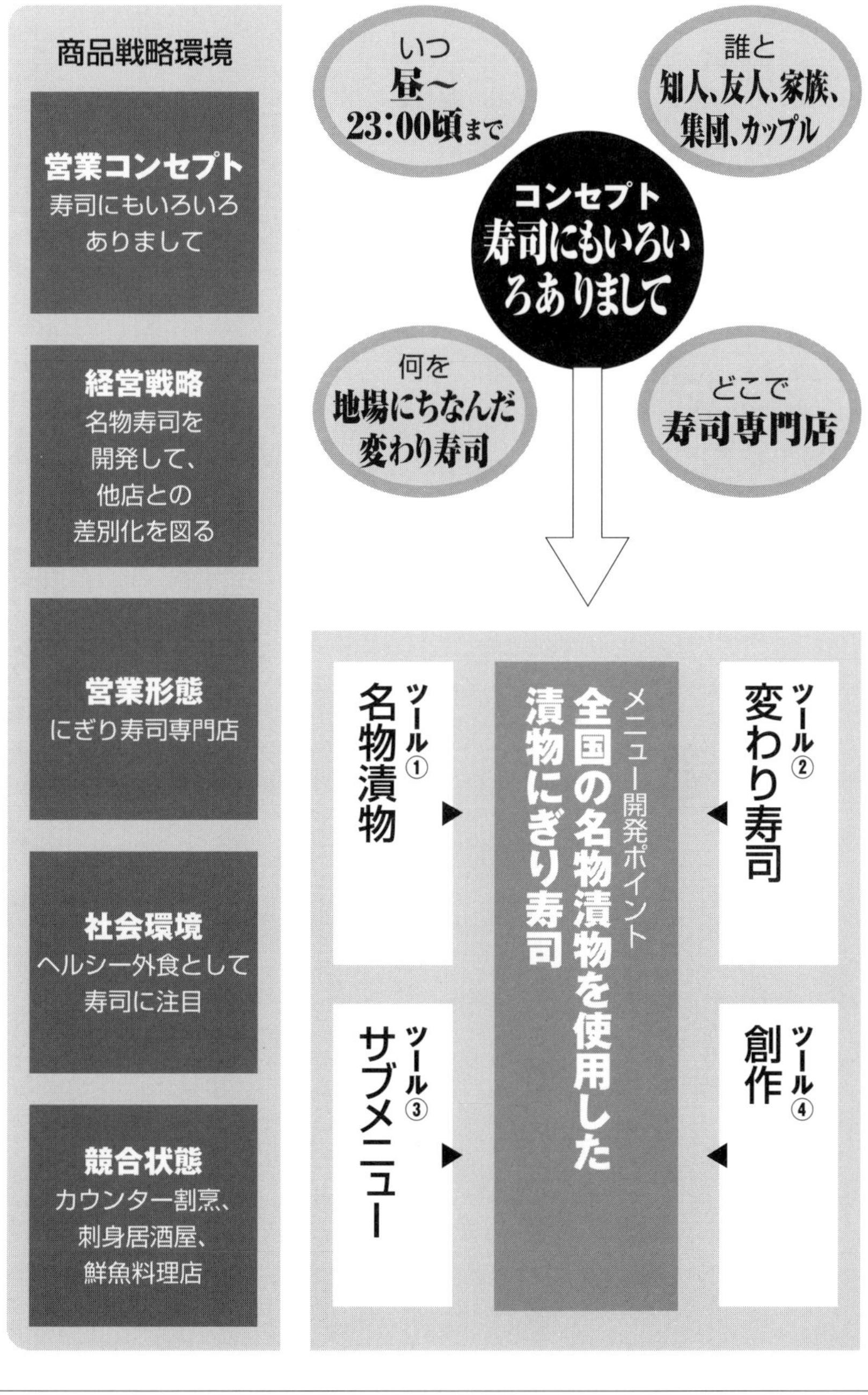
商品戦略環境
営業コンセプト
寿司にもいろいろありまして
経営戦略
名物寿司を開発して、他店との差別化を図る
営業形態
にぎり寿司専門店
社会環境
ヘルシー外食として寿司に注目
競合状態
カウンター割烹、刺身居酒屋、鮮魚料理店
いつ
昼～23:00頃まで
誰と
知人、友人、家族、集団、カップル
コンセプト
寿司にもいろいろありまして
何を
地場にちなんだ変わり寿司
どこで
寿司専門店
メニュー開発ポイント
全国の名物漬物を使用した漬物にぎり寿司
ツール①
名物漬物
ツール②
変わり寿司
ツール③
サブメニュー
ツール④
創作

05 定食店のメニュー開発ポイント

●定食店では〝手づくり感〟と〝家庭の味〟が重要

外食の日常化によって、飲食店の業態の多様化が進んでいるが、それは、より生活に身近になってきている。なかでも定食店は、〝めしや〟や〝○○食堂〟などの看板を掲げ、これまでの生活臭さを払拭することに成功した。これによって、これまでの客層に加えて、女性客や若者が入りやすくなっているのである。

こうした定食店が、郊外立地へ出店するケースも増えているが、これらの店は地域住民やドライバー客の朝食やランチ需要を狙っての出店に違いない。しかし最近では、店の撤退や廃業が目立っている。

この原因は、営業不振によるものと見られるが、その大きな要因はメニュー戦略のズレにある。とくに定食店は、客単価が低いこともあって、大きな売上確保が難しいことと繁閑差が激しいことから、ほとんどの店が大幅な合理化を進めている。クイック調理を可能にするため、冷凍食品や既成食品の使用、さらにほとんどの従業員をアルバイトやパートで賄うなど、本来、定食店の基本として崩してはならない〝手づくり感〟や〝家庭の味〟が損なわれているのである。

●定食店は、二毛作メニューを

これでは、客離れを起こすのも無理はない。この課題は、郊外立地店に限らず、いずれは中心繁華街やオフィス街の店にも生まれてくるだろう。店側は、お客様が定食店に〝家庭食〟を求めていることを忘れているからだ。

そこで、営業戦略とともにメニュー戦略の見直しが必要になってくる。無造作にお金を遣える若者や一般人をターゲットにしている定食店だが、ディナータイムの売上確保が難しい面もあるからである。

定食店は、夜の営業を居酒屋スタイルに変更して、飲酒客をターゲットに「二毛作営業」をお勧めする。メニューは、これまでの商品に加えて酒肴メニューを増やすだけなので、特別なメニュー開発を必要としない。これで、定食店の課題である客単価の確保とディナータイムでの売上確保が可能になるはずだ。

定食店のメニュー開発ポイント

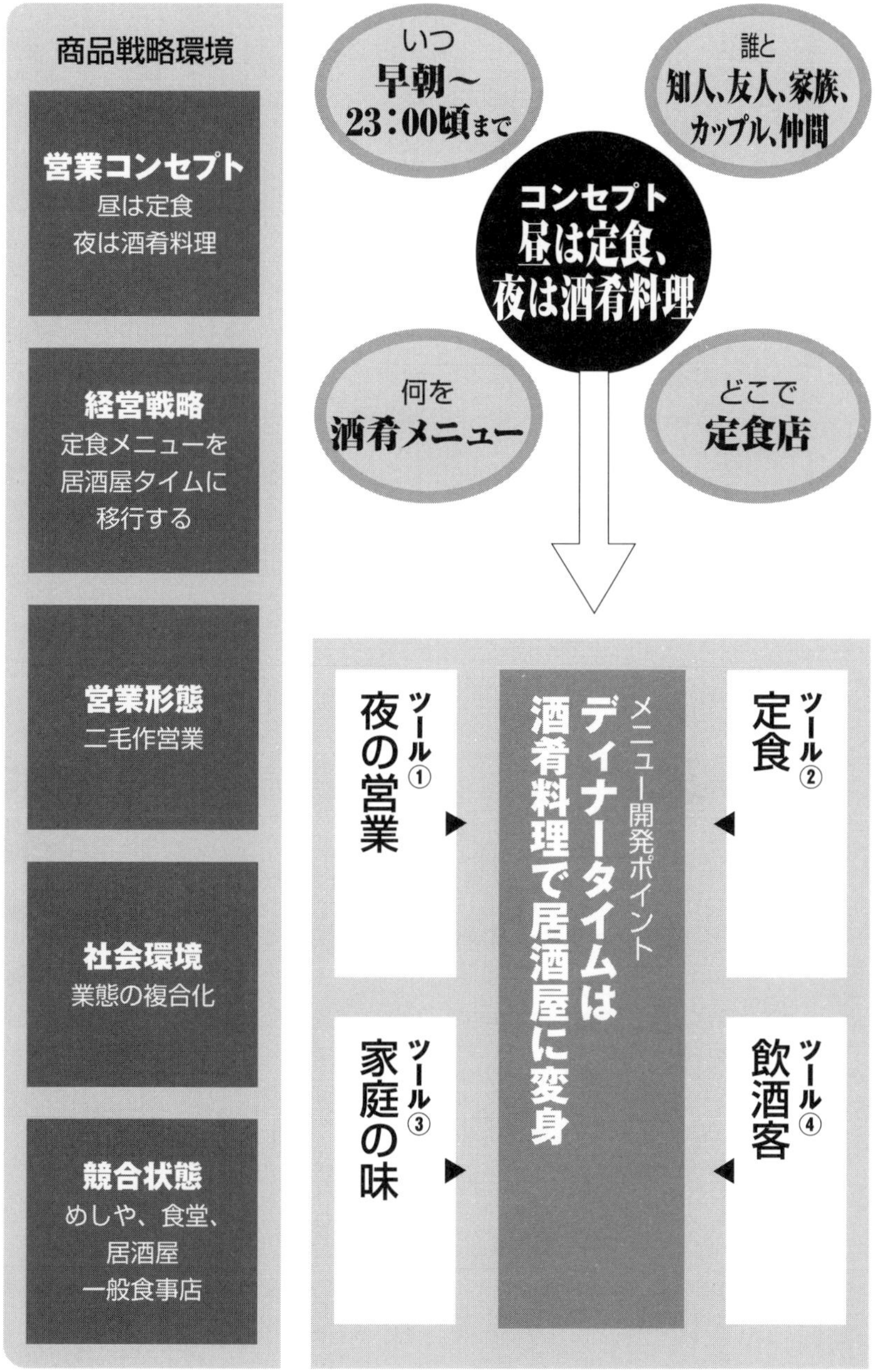
商品戦略環境
営業コンセプト
昼は定食
夜は酒肴料理
経営戦略
定食メニューを
居酒屋タイムに
移行する
営業形態
二毛作営業
社会環境
業態の複合化
競合状態
めしや、食堂、
居酒屋
一般食事店
いつ
早朝～
23：00頃まで
誰と
知人、友人、家族、
カップル、仲間
コンセプト
昼は定食、
夜は酒肴料理
何を
酒肴メニュー
どこで
定食店
メニュー開発ポイント
ディナータイムは
酒肴料理で居酒屋に変身
ツール①
夜の営業
ツール②
定食
ツール③
家庭の味
ツール④
飲酒客

06 大衆食堂のメニュー開発ポイント

●メニュー構成が幅広い大衆食堂

大衆食堂は定食店とは異なり、メニューが複雑にある。一品料理にはじまり、どんぶり物から麺類、定食、それも和・洋・華など、そのメニュー構成は幅広い。しかし、これが大衆食堂の魅力である以上、仕方がないことである。

最近では、場末のパパママ食堂が激減して、周辺人口が多いビジネス街や工場地帯に出店する店が増えているが、変化する消費者ニーズへの対応に経営者も懸命だ。

しかし大衆食堂は、定食店とは競合状態にあり、その明らかな差別化を迫られている。最近の定食店は、料理をチョイスして食事を楽しめる業態だが、大衆食堂は、単品型メニューによって、お客様の空腹を満たしていると言っても過言ではない。したがって、そのメニュー開発はより以上に求められるのである。

●大衆食堂の魅力は、食生活の主食メニュー

大衆食堂は、ほとんどが固定客と言っても過言ではない。したがって、メニューの豊富さも重要だが、飽きられない料理を作り続けることが重要になる。そして、もっとも大切なことは、その店の〝お値打ち商品〟を確立することである。

そこでメニュー開発のポイントは、素材を活かした〝本日の市場メニュー〟や〝朝市メニュー〟などを、「お値打ち商品」として黒板メニューでアピールすることだ。大衆食堂を利用するお客様のほとんどは、食生活の中の主食（朝・昼・晩）を満たすために来店する。そのため、こうしたタイムリーなメニューが、お客様に付加価値を感じさせるからである。

また、朝食・昼食・夕食のそれぞれを、日替わりメニューとして提供することもいいだろう。毎日の主食が「しょうが焼き定食」や「とんかつ定食」など、一般店で食べられるメニューばかりでは、何とも味気ない食生活になってしまうからだ。

このように大衆食堂は、食生活の中の主食を意識したメニュー開発を完成させることによって、業態の確立とともに、定食店との差別化が図れるのである。

大衆食堂のメニュー開発ポイント

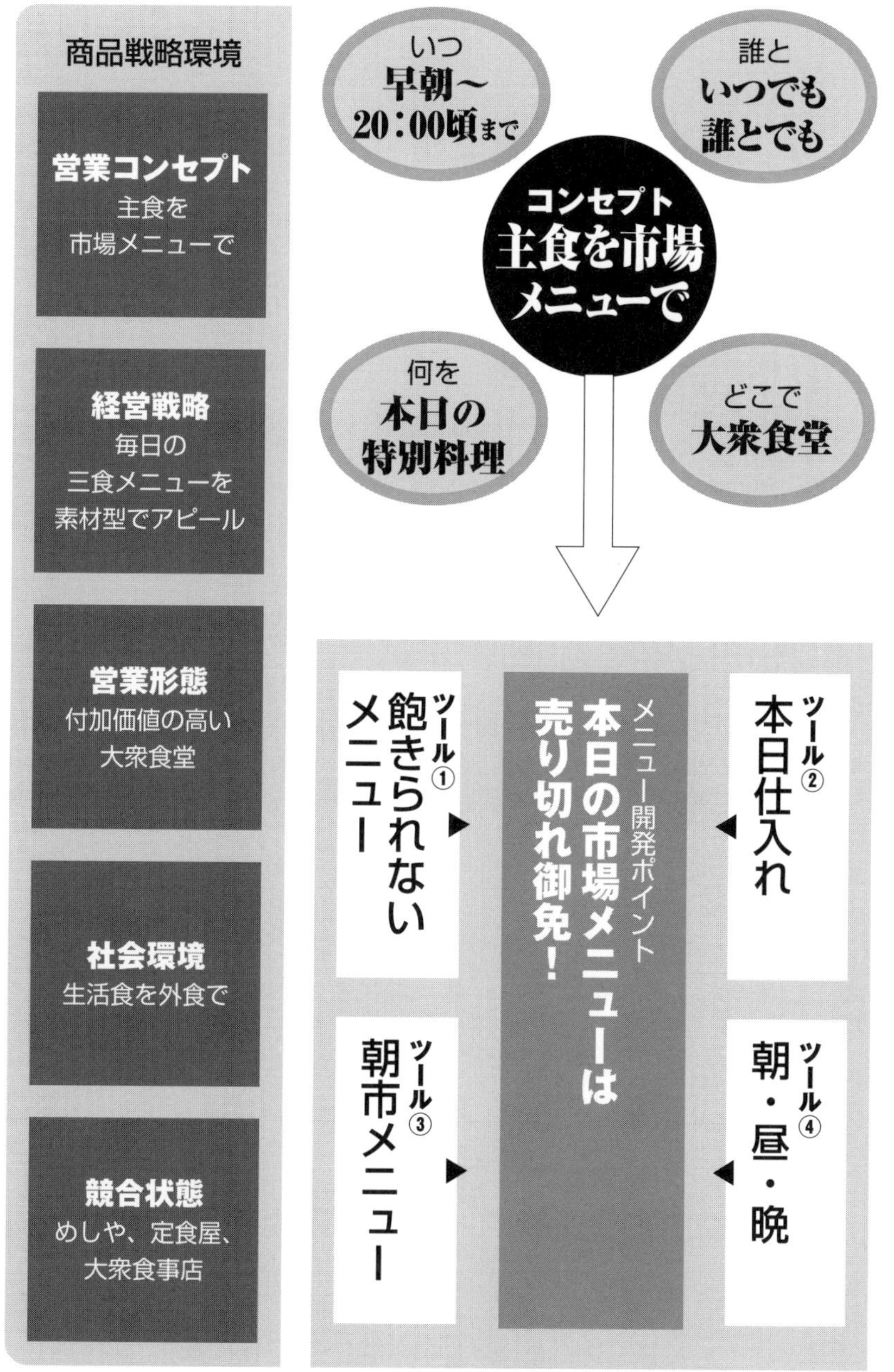
商品戦略環境
営業コンセプト
主食を
市場メニューで
経営戦略
毎日の
三食メニューを
素材型でアピール
営業形態
付加価値の高い
大衆食堂
社会環境
生活食を外食で
競合状態
めしや、定食屋、
大衆食事店
いつ
早朝～
20：00頃まで
誰と
いつでも
誰とでも
コンセプト
主食を市場
メニューで
何を
本日の
特別料理
どこで
大衆食堂
ツール②
本日仕入れ
メニュー開発ポイント
本日の市場メニューは
売り切れ御免！
ツール①
飽きられないメニュー
ツール④
朝・昼・晩
ツール③
朝市メニュー

07 郷土の産物を活かしたメニュー開発ポイント

●特別でなくなった郷土料理

都市化現象による地方の発展とともに、その地方の地域産物が全国的に知られるようになった。流通の発達も手伝って、現在ではこうした地域産物メニューを出す飲食店が増えている。

それまでは、その地域でしか食べられなかった料理が身近に食べられるようになったことは、消費者にとっても喜ばしいことである。

しかし一方では、その地方の産物が容易に入手できるようになったために、その食材の価値が薄れていることも否定できない。つまり、これまでは特別の素材だったものが一般化したことによる弊害である。

これによって、郷土の産物でメニュー開発をしてきた飲食店にとっては大きな痛手となっている。特別メニューが特別でなくなるわけだから、お客様を説得することも難しい。これまでのように、〝北海道の○○料理〟や〝京野菜料理〟、〝○○地鶏〟、〝信州のそば〟などのメニューは、特別なイメージを抱かせなくなっているのだ。

●マイナーな地方の産物を探して差別化を

そこで、こうした知名度の高い地域の産物ではなく、マイナーな地方の産物を探すことが必要になってくる。

たとえば、一般にはあまり知られていないが、隠れた存在である栃木の〝そば〟や鳥取の〝砂丘らっきょう〟など、これまで光が当てられなかった地域の産物を狙うのである。

これによって、メニューにこれまでとは異なる新鮮味が生まれてくる。しかも、こうしたマニアックなお客様が多いのも最近の傾向であることから、メジャーな産物より、こうした産物のほうが効果は高くなる。さらに、メジャーな地方の郡部の産物を狙うことも面白い。

たとえば、京都府大江町の堀川ごぼうや茨城県大子町のコンニャクなど、地域をさらに絞り込むことによって、メニューの信憑性が生まれてくるのだ。

いずれにしても、郷土の産物を活かしたメニュー開発を成功させるには、その郷土の奥深くに入り込むことである。

郷土の産物を活かしたメニュー開発ポイント

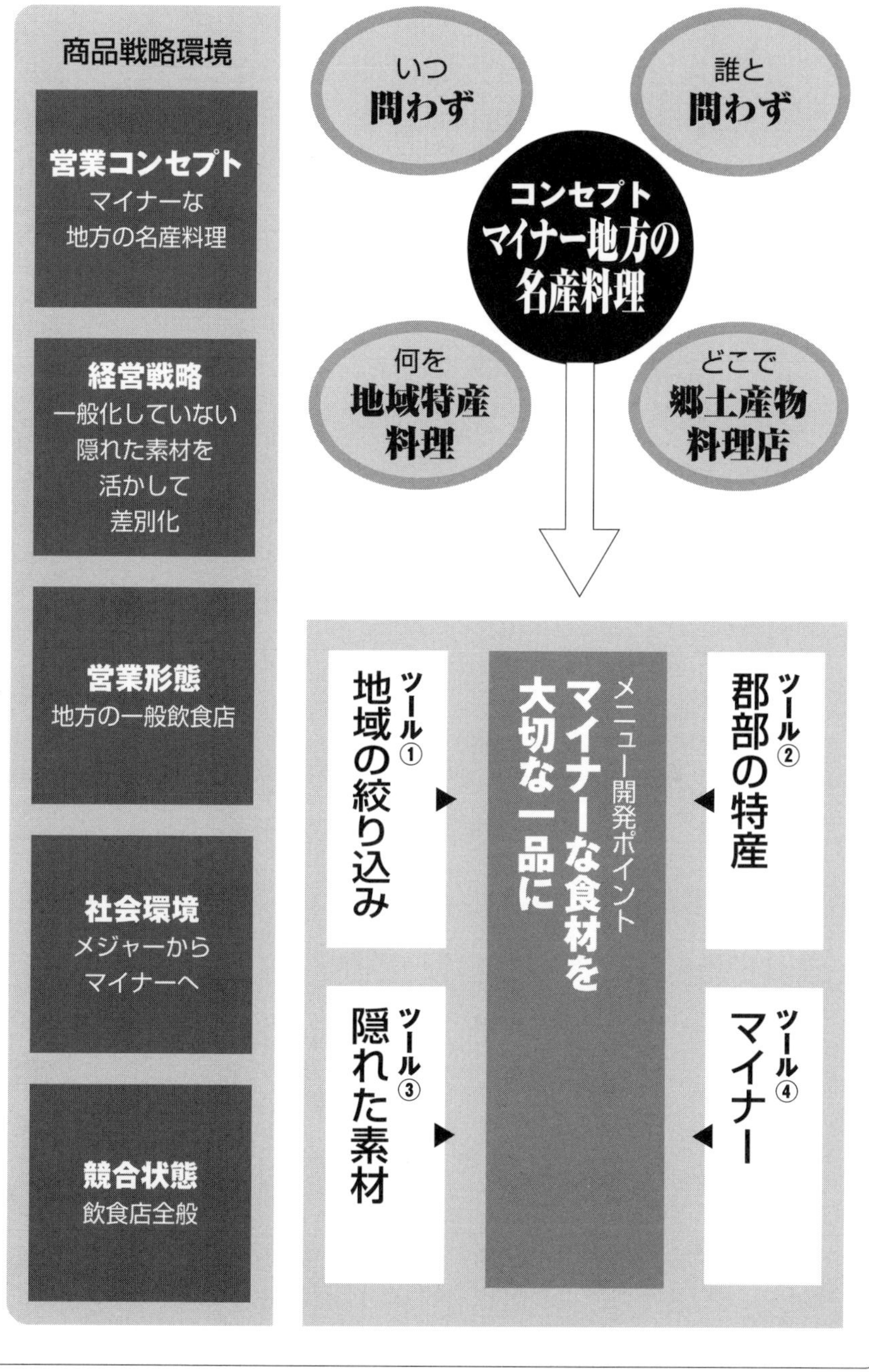

商品戦略環境
営業コンセプト
マイナーな
地方の名産料理
経営戦略
一般化していない
隠れた素材を
活かして
差別化
営業形態
地方の一般飲食店
社会環境
メジャーから
マイナーへ
競合状態
飲食店全般
いつ
問わず
誰と
問わず
コンセプト
マイナー地方の
名産料理
何を
地域特産
料理
どこで
郷土産物
料理店
ツール①
地域の絞り込み
メニュー開発ポイント
マイナーな食材を
大切な一品に
ツール②
郡部の特産
ツール③
隠れた素材
ツール④
マイナー

08 観光地の郷土料理店のメニュー開発ポイント

●伝説上の料理を掘り起こそう

団塊世代の国内旅行が大幅に増えている現在、これからは観光地の飲食店経営が上向いてくるに違いない。それに加えて、余暇人口もさらに増えてくるとあれば、観光地の飲食店にスポットが当てられるのも時間の問題と言ってもいいだろう。

しかし、観光地にある飲食店と言えば、山間部では、そば・うどん店が多く、海岸沿いでは魚介料理が多くなる。あるいは、ドライブインスタイルの大衆食堂だ。もちろん、地場の産物をメニューとして出している店もあるが、観光地には意外に郷土料理店が少ない。

そこで考えなければならないことは、郷土料理へのこだわりである。郷土料理は、その地域に伝わる食文化をメニューに活かすものだが、地域産物を利用した料理もあれば、山梨県の〝煮貝〟のように、伝説上に生まれた料理もある。こうした料理は、地域の高齢者などに代々伝えられていたり、料理や地域の行事に欠かせない伝説の中にある。したがって、土地の老人にたずねたり、地域資料館などで調べて、これらの料理を復元してみることが必要となる。

●その土地にしかない料理を現代のおいしさに

郷土料理は、以上のように伝説上の料理と名産料理に分けられるが、いずれにしても、観光客はどこでも食べられる料理に食欲を掻き立てられることはない。かと言って、昔ながらの料理の味つけや盛り付けでは、満足してはもらえない。おいしいものを経験・体験してきた現代人が、貧困時代の料理そのものを受け入れるはずがないからだ。

さらに、観光地には景観や歴史背景があることから、メニュー開発するうえではこのいずれかを反映させなければならない。

たとえば、小浜から京都の出町までの〝鯖街道〟に、マグロのおいしい回転寿司が生まれても、観光客が喜ぶとは考えられない。むしろ、昔から伝わる「鯖寿司」「若狭ぐじ」「若狭かれい」など、小浜と京都の文化交流の歴史にある料理が観光客の狙いになる。

観光地の郷土料理店のメニュー開発ポイント

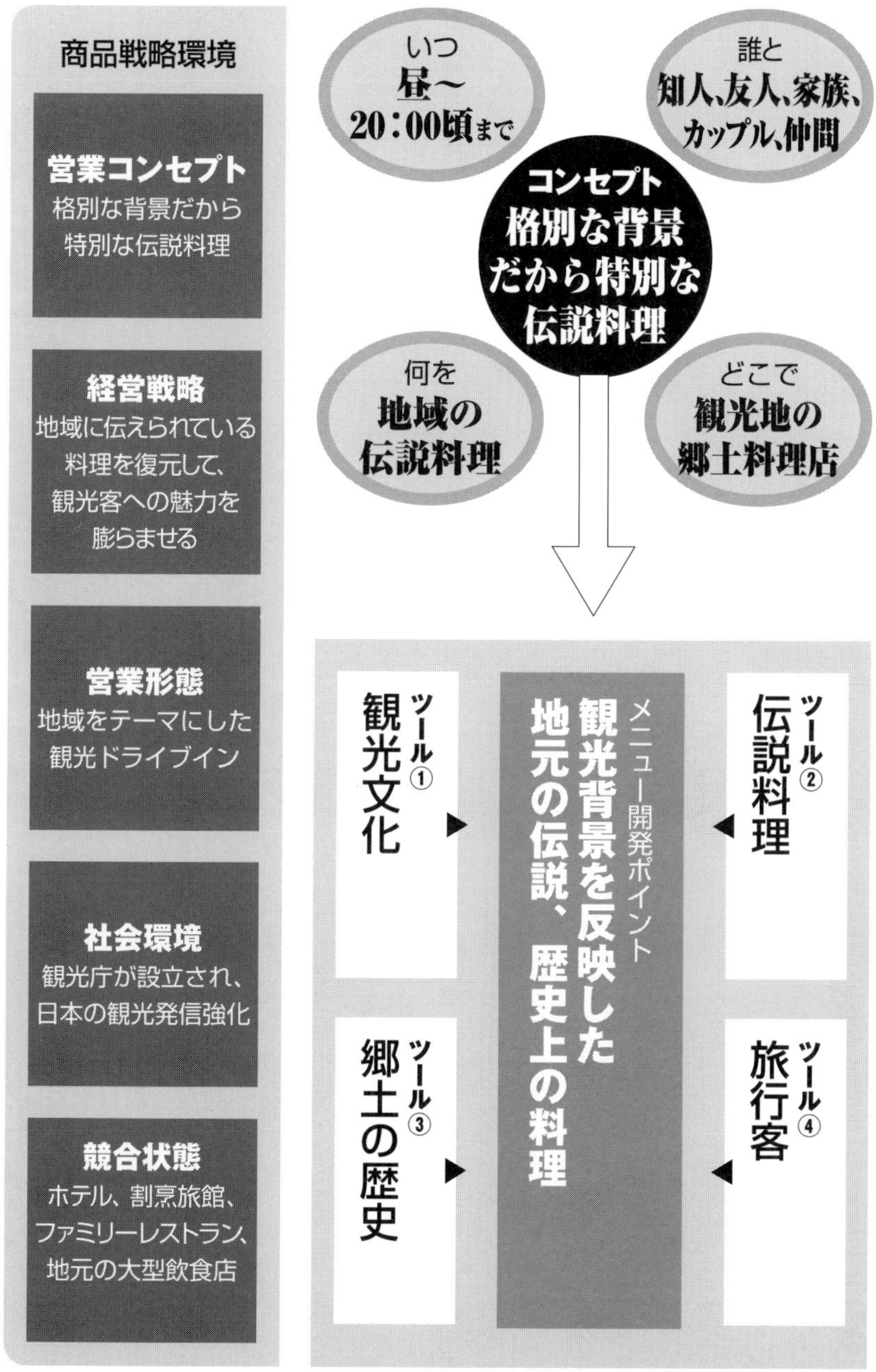
商品戦略環境
営業コンセプト
格別な背景だから
特別な伝説料理
経営戦略
地域に伝えられている
料理を復元して、
観光客への魅力を
膨らませる
営業形態
地域をテーマにした
観光ドライブイン
社会環境
観光庁が設立され、
日本の観光発信強化
競合状態
ホテル、割烹旅館、
ファミリーレストラン、
地元の大型飲食店
いつ
昼～
20：00頃まで
誰と
知人、友人、家族、
カップル、仲間
コンセプト
格別な背景
だから特別な
伝説料理
何を
地域の
伝説料理
どこで
観光地の
郷土料理店
ツール①
観光文化
メニュー開発ポイント
観光背景を反映した
地元の伝説、歴史上の料理
ツール②
伝説料理
ツール③
郷土の歴史
ツール④
旅行客

09

山村の郷土料理店のメニュー開発ポイント

●グルメ客が利用する山村郷土料理店

山村にある〝郷土料理〟は、都市部の料理とはその特色はかなり異なってくるが、どちらかと言えば、観光やレクリエーションを兼ねた利用客やマニアックなグルメ客が利用する店と言っても過言ではない。

とくに郷土料理店は、農産物から生まれる「穀物料理」や「野菜料理」、さらに「果実料理」、そして畜産物から生まれる「酪農料理」と、東北地方の「マタギ料理」がある。

変わった山間部の郷土料理としては、広島県の「ワニ料理」（サメの料理、サメの肉は腐りにくいことから、山間部の刺身料理として生まれた）もあるが、これは食生活の知恵から生まれた郷土料理である。

しかし、これらの郷土料理店が、一般の飲食店と格差がありすぎることは事実である。その要因として、往来客が少ないことがあるのだろうが、そうとばかりは限らない。

なぜなら、そもそも山間部立地では、外来客の来店が条件で出店・開業しているにもかかわらず、外来客の勧誘手段は、地元の観光協会や新聞などの広告のみだからである。

●マニアックな料理が人気店の要因

私が育ったのは、茨城県大子町という山村だが、ここでは、〝こんにゃく料理〟と〝鮎料理〟が郷土料理として知名度が高い。

こんにゃくの生産地としては群馬県が有名だが、茨城県や栃木県、広島県も生産地である。そのため、そのこんにゃくを活かした料理と久慈川の鮎が郷土料理として生まれたのだろう。山村ゆえの食材だからその土地には合っているが、その郷土料理店が繁盛しているとは考えられない。

その要因は、こだわりが少ないことと他の郷土料理と特別な差別化が見られないことにある。山村の郷土料理店のメニュー開発は、こだわりを超越した〝マニアックな料理〟で、遠方のお客様を勧誘しなければならないことを忘れてはならない。

山村の郷土料理店のメニュー開発ポイント

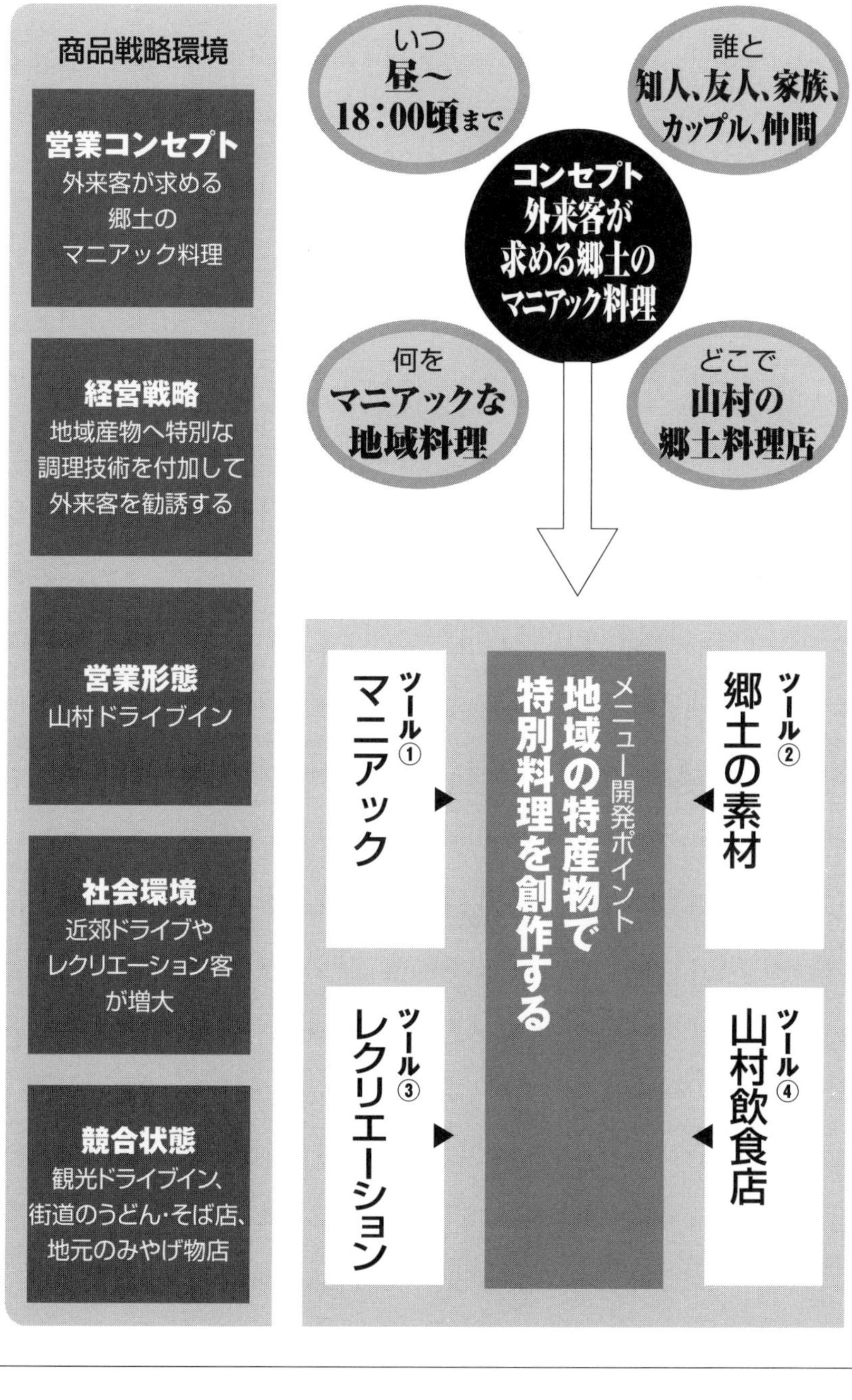
商品戦略環境
営業コンセプト
外来客が求める
郷土の
マニアック料理
経営戦略
地域産物へ特別な
調理技術を付加して
外来客を勧誘する
営業形態
山村ドライブイン
社会環境
近郊ドライブや
レクリエーション客
が増大
競合状態
観光ドライブイン、
街道のうどん･そば店、
地元のみやげ物店
いつ
昼～
18：00頃まで
誰と
知人、友人、家族、
カップル、仲間
コンセプト
外来客が
求める郷土の
マニアック料理
何を
マニアックな
地域料理
どこで
山村の
郷土料理店
ツール①
マニアック
ツール②
郷土の素材
メニュー開発ポイント
地域の特産物で
特別料理を創作する
ツール③
レクリエーション
ツール④
山村飲食店

10 漁港・港町の郷土料理店のメニュー開発ポイント

●その土地の特色を活かした郷土料理がある

海に囲まれた日本列島は、魚介料理が豊富である。したがって、日本各地には各漁港に水揚げされた魚介を用いた〝名物魚介料理〟が数多くある。

たとえば、千葉県の銚子市や茨城県の波崎、神栖地域には〝後妻漬け〟という大根と背黒鰯を漬け込んだ料理がある。この料理は、あまりにもおいしいため、〝後妻には食べさせるな！〟ということから名づけられたと言う。銚子漁港に背黒鰯が水揚げされる時期になると、どこの家庭でもこの〝後妻漬け〟を漬けはじめるが、これが郷土料理になる。

しかし、保存食に頼らなくても年間を通して食材を調達できる港町は、食文化が育ちにくい。山村地域では、冬の間の保存食として塩漬けや乾燥食品とすることから、独自の食文化が生まれてきた。郷土品として有名な〝明太子〟は、九州地方の産物だが、原料の鱈子は北海道である。鱈子を食べたい九州人が、その保存方法として、あの辛子付けの明太子を生んだに違いない。

●メニューづくりは食材の再加工から

このように、漁港・港町の郷土料理店は、その地域のオリジナル料理を開発することが難しい。それは、新鮮なものを食べることが何よりもおいしいことを地元の人たちが知りすぎているからだ。しかし、それが郷土料理、名物料理ができない原因となり、あとは店舗のデザインや価格戦争になるのである。

そこで、この地域の郷土料理店は、オリジナルな魚介料理を開発することがポイントになる。たとえば、静岡県伊東市にある「伊豆屋」は、魚介味噌汁で有名になり、現在、伊豆風ブイヤベースなどの商品で観光客に人気を得ているが、この店は、その地域の名物料理を開発したことで成功した。

以上のように、港町・漁港の郷土料理店は、食材ばかりでなく、その食材を再加工することからメニューづくりをはじめる必要がある。そのオリジナル料理が、地域のお客様だけでなく、外来客への〝何よりのご馳走〟になるのである。

漁港・港町の郷土料理店のメニュー開発ポイント

商品戦略環境

営業コンセプト
漁師の工夫で
オリジナル

経営戦略
これまでの魚介料理
から脱皮して、
欧風、中華、アジア
風などを工夫する

営業形態
外来客をターゲット
にした噂の漁師の店

社会環境
高齢化社会で
シーフード
嗜好者増大

競合状態
港街の魚介料理店、
漁港の飲食店

コンセプト
漁師の工夫で
オリジナル

いつ
昼～
22：00頃まで

誰と
知人、友人、家族、
カップル、仲間

何を
漁港の
漁師料理

どこで
漁港・港町の
郷土料理店

メニュー開発ポイント
漁港で揚がる魚介で
オリジナル漁師料理

ツール① 漁師

ツール② 漁港

ツール③ オリジナル

ツール④ 外来客

地域産物で“鬼っこ餃子”を開発

私が郷土料理を開発することは難しいが、郷土の名物料理なら、これまでにも数多く手がけてきた。とくに、地域産物を利用したメニュー開発は得意と自負している。

京都府に“鬼伝説”で有名な大江町(現在は福知山市)がある。この町は、由良川(河川勾配がゆるいことから、年間に数回も洪水が起こる)の下流にある。

したがって、河川口には上流から肥えた土が流れてきて、ここでは、上質な“京野菜堀川ごぼう”や“八つ頭芋”などが生産されている。

当地の地域活性化事業に関わった私は、町民とのミーティングを何回となく続けてきた。名産品が多すぎるのだ。これでは、どれを名物料理として開発するか、迷うところである。

そのとき、この町のリーダーをしていた松田さんという農家の方が、「原田先生！　一度ワシらの畑や田んぼを見てくれんかね」と言われた。

これまでにも、何回となく町おこし事業に関わってきたが、町のすべてを把握しておかないと、本当の活性化はできない。そこで、同行させてもらうことになった。

由良川が中央に流れるこの町には、“ギバチ”という鯰に似た魚や堀川ごぼう、酒呑童子の里のそばなど、名産品が豊富だった。松田さんに連れられて、田のあぜ道を歩いていると、そこに、八つ頭芋の小芋が捨てられていた。それはビックリするほどの量だった。

「松田さん、この芋をどうするんですか！」

すると、

「京都の町へ出荷するのは、お正月の八つ頭芋ですから、小芋が毎年あまるんですわ！」

と言う。

もったいないと言うより、この人たちは高品質な農作物をめざすあまり、こうした駄物は捨てているのだろう。

私は、この捨てられている芋を利用して、“鬼っこ餃子”を開発した。酒呑童子の鬼の里から命名したものだが、この餃子は、あの粘りのある食感とそこに加えたレンコンの食感が融合して、これまでの餃子とはひと味違う一品が完成した。

こうした経験から、町民への私の思いは“食は無駄にしないで！”というものだった。

9章

中華料理店のメニュー開発ポイント

01 中国家庭料理店のメニュー開発ポイント

●アイテム数が多い中国家庭料理

中国料理は、京都の公家料理・町衆料理同様、宮廷料理と家庭料理に分けて考えることができる。現在の中国料理店は、この双方をミックスしたものだが、高級店は宮廷料理分野を幅広く、家庭料理を若干取り入れて構成されている。

一方、大衆店は逆に、家庭料理分野を幅広く取り入れている。

しかし中国家庭料理店は、本来、中国の家庭で日常的に食べられている料理をメニュー化したもので、その内容は中国各地の料理に他ならない。

したがって、それぞれの地方の特色を活かしているのが特長で、そのアイテム数は日本の家庭料理の比ではない。野菜料理から肉料理、麺料理、点心など、そのメニュー幅は数え切れないほど多い。

このような実情から、中国家庭料理のメニューを新たに開発する必要はない。

そこでここでは、商品コンセプトの絞り込みをポイントに考えていくことにしよう。

●中国家庭野菜料理はヘルシー感覚で日本人好み

中国には、野菜料理が豊富にある。たとえば、大根やセロリ、きゅうり、人参、キャベツなどの漬物や韮、ニンニクの芽、えのきだけ、レタス、ナスなどのお浸し、さらに炒め物には、ほとんどの野菜が利用されている。

こうした料理は、一般的に油性分が多いと考えられているが、中国野菜料理は、日本料理と似たような調理方法が多いため、実は意外とあっさりしている。

そこで、この野菜料理を主力にしたメニュー構成によって、現在のヘルシー志向時代にふさわしい飲食店としての位置を確立する必要がある。

さらに、メニューの間口が広すぎることもあって、家庭料理店としてのコンセプトが不透明である部分を、今後は〝医食同源〟をコンセプトに、他の中華料理店との差別化を図ることが重要になってくる。

以上のように、野菜を盛りだくさんに組み込んだメニューによって、顧客の満足を満たすことがポイントだ。

中国家庭料理店のメニュー開発ポイント

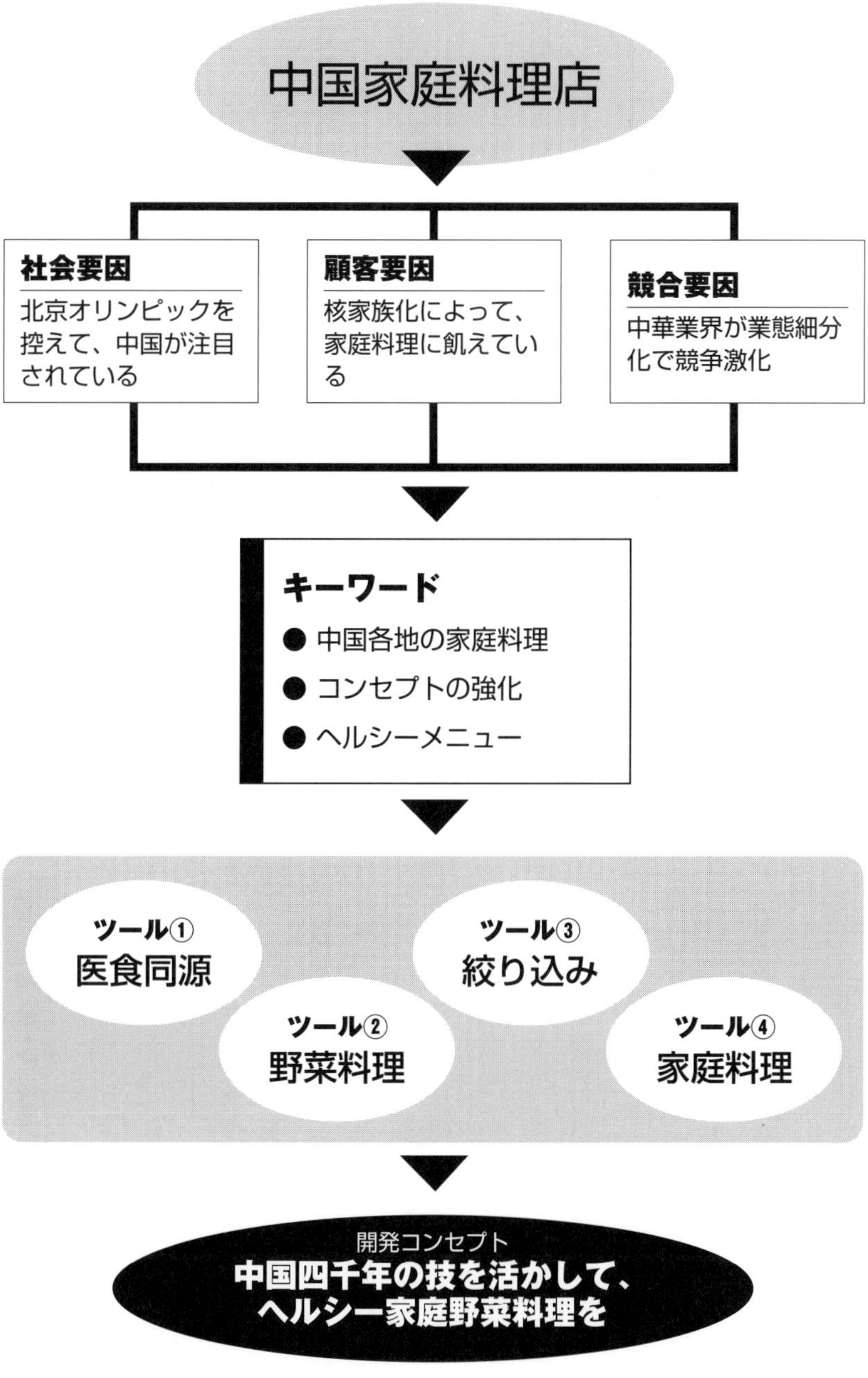
中国家庭料理店
社会要因
北京オリンピックを控えて、中国が注目されている
顧客要因
核家族化によって、家庭料理に飢えている
競合要因
中華業界が業態細分化で競争激化
キーワード
● 中国各地の家庭料理
● コンセプトの強化
● ヘルシーメニュー
ツール① 医食同源
ツール② 野菜料理
ツール③ 絞り込み
ツール④ 家庭料理
開発コンセプト
中国四千年の技を活かして、ヘルシー家庭野菜料理を

02 小規模中華料理店のメニュー開発ポイント

●中華料理店としての位置づけを明確に

一般の中華料理店は、比較的小規模店が多い。オーナーが、調理人としてがんばっているのもこのタイプの店である。しかしこれらの店は、メニュー戦略に乏しいため、中華料理店としての業態が不透明になっている。

たとえば、麺・飯料理が多くなりすぎて、大衆中華の店や中華麺店といった位置づけになってしまっているケースがそれである。

こうした問題を解決するためには今後、中華料理店としての位置づけを明確にしなければならない。最近では、新しいスタイルの中華料理店が、都心を中心に人気を得ていることからも、それが理解できる。これらの店は、点心や薬膳料理、フカヒレ料理などにこだわり、それぞれの特徴を明確にしていることから、お客様もその一品に魅力を感じて来店する。これこそ、小規模店のメニュー戦略と言える。

そこで、これからは素材にこだわり、家庭料理や鍋料理、点心類などを店の特別メニューとして開発することが、中華料理店としての存在をアピールするとともに、他店との差別化につながる。

●小規模店こそ、本式中華が似合う

もっとも大切なことは、その料理が本格派であることだ。小規模店は、客席数が少ないこともあり、客単価が低ければ売上げを求めにくく、経営は苦しくなるばかりだ。それをフォローできるメニュー戦略が本格中華なのである。

しかしこれとは逆に、一般的に小規模店ほど客単価が低下する傾向がある。これでは、大手のチェーン店や新しく開店する店に勝つことは難しい。価格は別にしても、本格中華にこだわれば、お客様の利用動機が膨らみ、アルコール需要も増えてくるだろう。小規模店だからこそのメニュー戦略なのだ。

以上のように、本格中華店の位置づけを築くことが、小規模店が生き残る要因であり、これを実現した店が勝ち組となる。したがって、お客様が明確な来店動機を抱いて来店できるメニューが何よりも大切なのである。

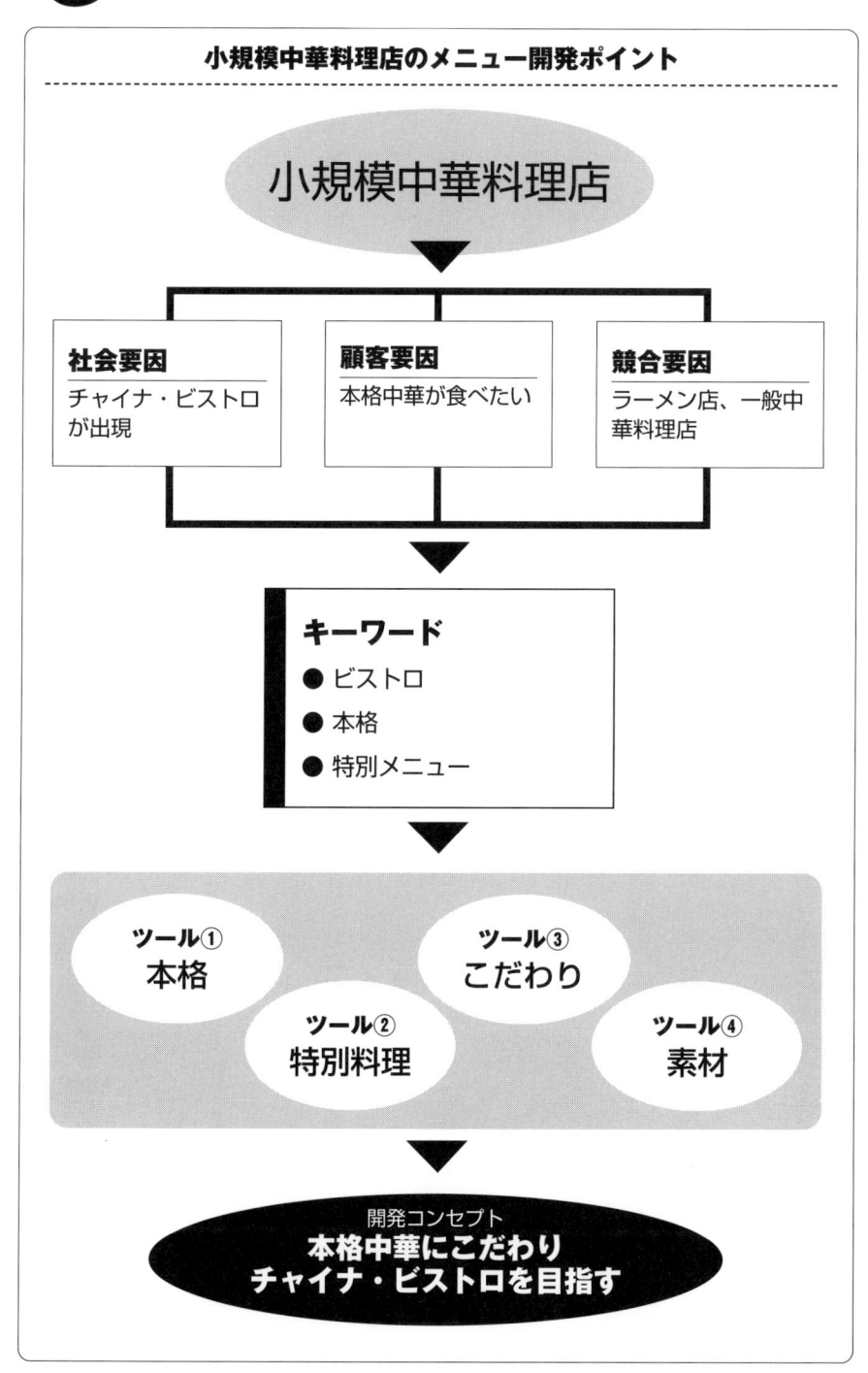

小規模中華料理店のメニュー開発ポイント

小規模中華料理店

▼

社会要因
チャイナ・ビストロが出現

顧客要因
本格中華が食べたい

競合要因
ラーメン店、一般中華料理店

▼

キーワード
- ビストロ
- 本格
- 特別メニュー

▼

ツール①
本格

ツール②
特別料理

ツール③
こだわり

ツール④
素材

▼

開発コンセプト
本格中華にこだわり
チャイナ・ビストロを目指す

03 大衆中華料理店（麺・飯を含む）のメニュー開発ポイント

●大衆店は本式中華にこだわろう

中華料理店は、いろいろな料理が気軽に食べられることが特徴になっている。とくに大衆店の場合は、食堂と同じような利用動機を抱いて来店するお客様が多いことから、食事性の高いメニューを取り揃えることが肝心である。

大衆中華料理店は、一品料理から麺・飯料理に至るまで、とにかく何でも揃っていることが繁盛の要因となる。

しかし、カツ丼やカレーライス、オムライスなど、中華料理と明らかに異なるメニューが増えすぎると、お客様は大衆食堂のイメージを膨らませ、その店の付加価値を感じなくなるため要注意である。

と言っても、大衆店の場合はメニューを豊富に取り揃えなければ、大衆店としての意味をなさなくなる。そこで、そのメニュー開発のポイントとして、本式中国料理の〝麺類とご飯類〟にこだわることも大切だ。なぜならば、大衆店を訪れるお客様は、本式中華をカジュアル価格で堪能したいという願望があるからだ。

●ラーメン店にはないラーメンを開発する

大衆料理とは、一般客が気軽に食べられる料理であっても、価格が安ければよいというわけではない。中華料理店においても、その考えは同じである。

そこで、これまでの大衆中華料理店では食べることができなかった〝ご馳走麺〟、〝ご馳走ご飯〟のメニュー開発を行なう。

たとえば、ホテルや高級中華レストランのメニューの中から、スペアリブ中華飯や豚角煮ラーメン、パイコー麺、サンラータンメン、フカヒレラーメンなどを抜粋して取り揃えることである。

しかし、メニュー単価が一般の麺・飯類よりもやや高額であることから、その付加価値として食器にこだわることも大切になる。大衆中華料理店の特別メニューとして、お客様に納得してもらうための作戦である。

以上のメニュー開発が、大衆中華料理店の付加価値になれば、店の独自性が高まるばかりか、客層拡大への期待も膨らんでくるに違いない。

大衆中華料理店のメニュー開発ポイント

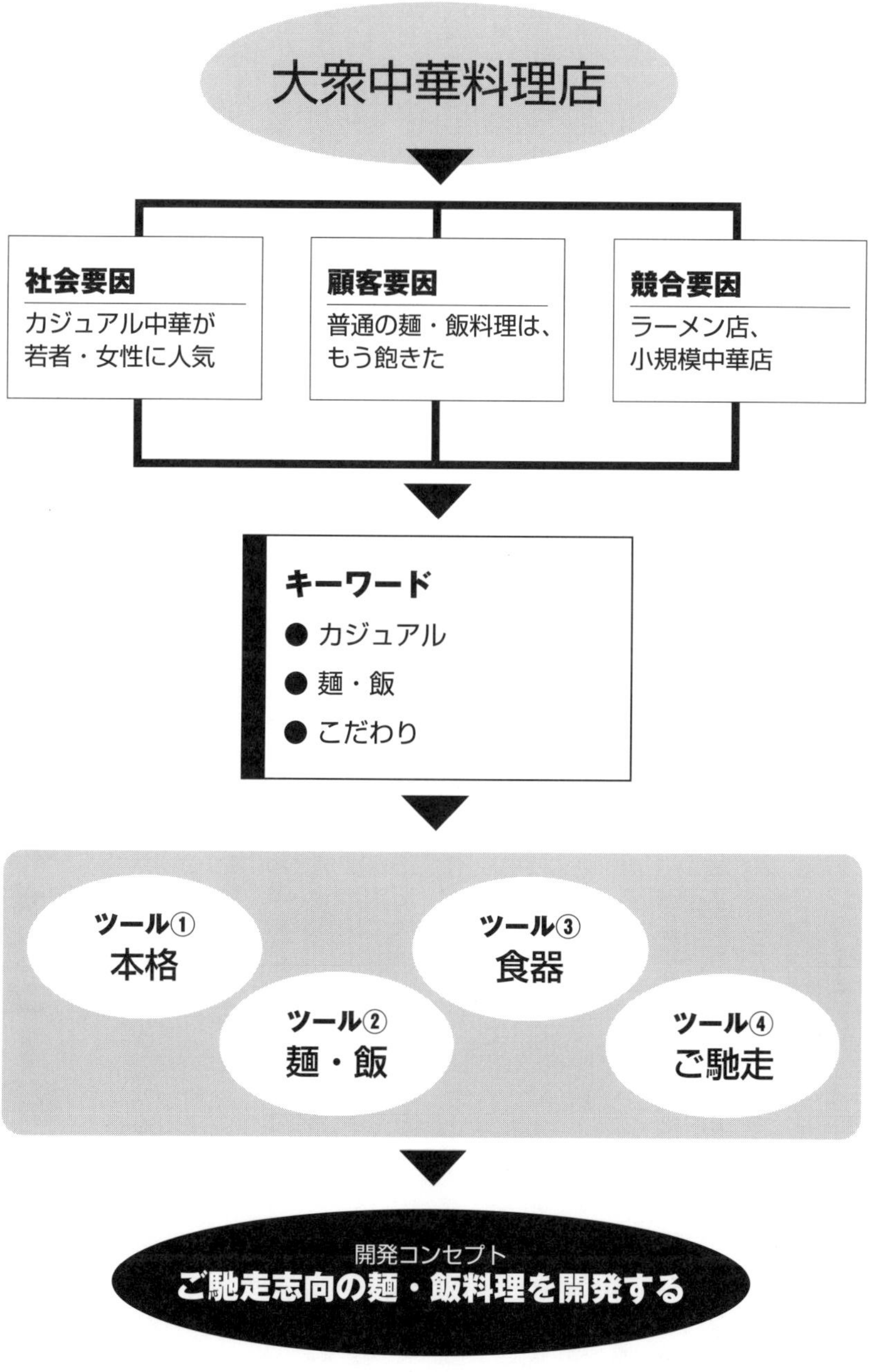

04 高級中華料理店（宴会・パーティーを含む）のメニュー開発ポイント

●高級店こそ、差別化が必須

中国料理は、一種類の食材を利用して多彩な料理を生み出せることから、飲食店の中でもメニューアイテム数が多いことが特徴になっている。ということは、カット方法、調理方法、味つけ方法、他の食材との組み合わせ、その他コース料理や宴会料理など、高級店ともなれば、そのメニュー数は３００種を超えることになる。

ところが、その一方で高級中華料理店は、他店との差別化が打ち出せない。

強いて言えば、「広東料理」「四川料理」「北京料理」「上海料理」など、料理の特色を掲げる程度である。しかし、これは差別化ではなく、料理の特色であることから、お客様は特別な付加価値を感じることはない。いずれにしても、高級中華料理店は、その店格の上にあぐらをかいていることが問題なのである。

これからは、高級店なればこそ、他店との差別化を図らなければ生き残ることすら難しくなるだろう。その理由として、中小規模中華料理店が、高級志向のコンセプトで開業していることがあげられる。中華ビストロなどはその代表的コンセプトだ。

●高級な一品を看板メニューへ

そこで高級中華料理店は、これまでの多品種メニュー志向から一品重視型メニューに取り組むことが必要になる。とくに豊富なメニューによって、これまでの自慢の一品が隠れてしまう傾向が強いことから、これを超える〝特別料理〟を開発するとともに、そのアピールが重要になる。

本場中国では、高級料理店のほとんどが専門店の位置づけをしている。たとえば、北京ダックや蟹料理、鍋料理など、自慢メニューを掲げている。そして、その他の料理の存在感が感じられなくなるほど、その料理の質が高いことから有名店になっているのである。このように高級中華料理店は、その店が自慢できる〝特別な一品〟を開発しなければならない。高級店だからこそ、そこへ来店動機を抱くお客様は、そこの料理への関心も高いということを忘れてはならない。

高級中華料理店のメニュー開発ポイント

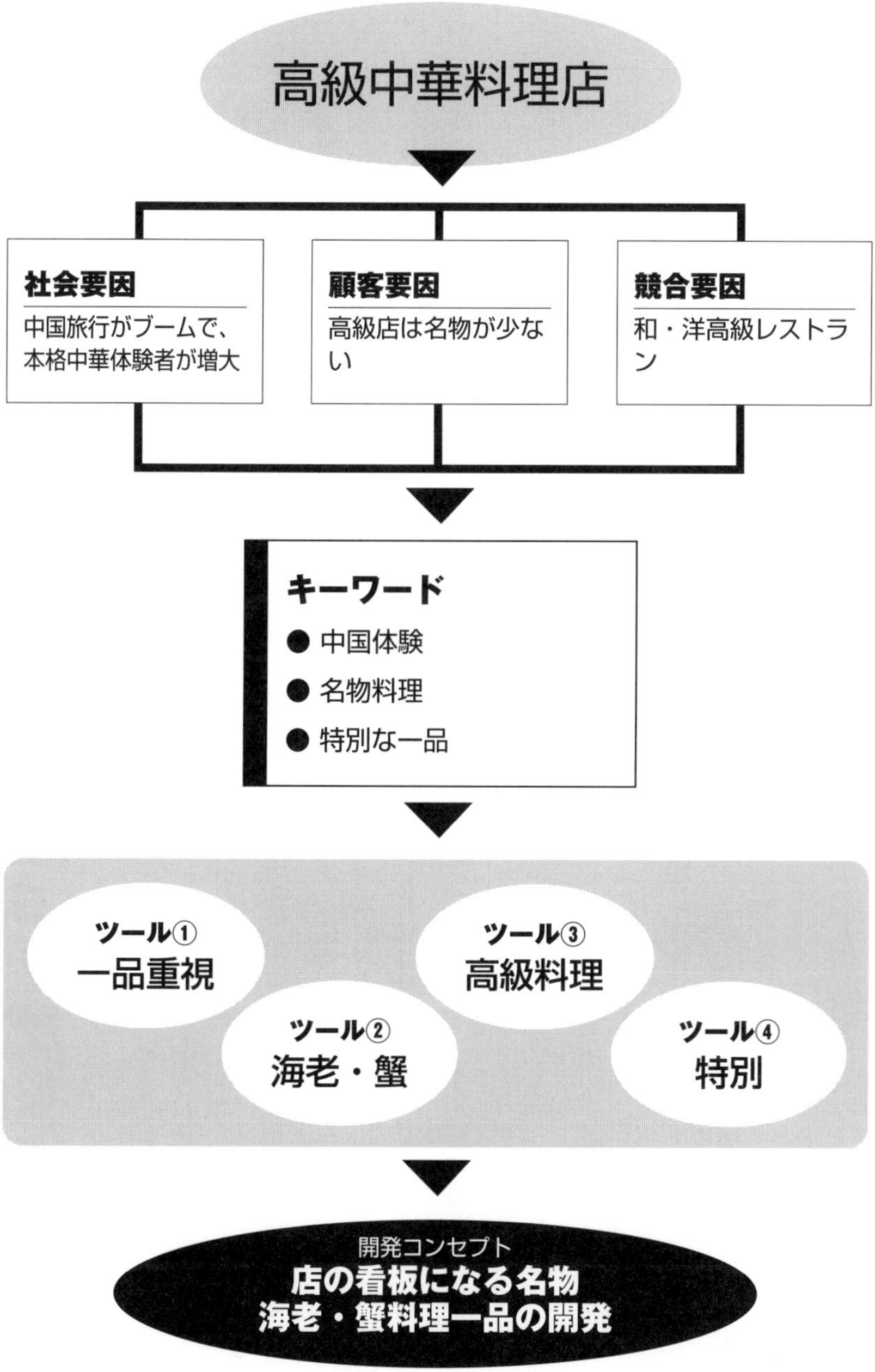

05 郊外型中華レストランのメニュー開発ポイント

●大手チェーンを意識した独自のメニュー戦略を

　繁華街を狙って出店していた中華料理店は、外食の日常化とともに、駐車場を設けた郊外立地へ出店するようになった。つまり、ファミリー中華の店である。

　これらの店は、麺・飯料理を中心に〝セットメニュー〟や〝ファミリーコースメニュー〟などをお買い得品として、洋風ファミリーレストランに対抗してきた。しかし最近では、大手チェーンにお客様を奪われ、郊外型中華レストランのほとんどが窮地に追い込まれている。

　そこで求められるのが、独自のメニュー戦略である。とくに、大手チェーンを意識して商品アイテム数、価格帯、オリジナル商品など、メニュー改定を覚悟して、これらのメニューを開発する必要がある。

●手づくり飲茶メニューの実演販売を

　郊外型中華レストランは、規模が大きいことから必然的に客席数も多い。したがって、メニュー数を増やしすぎると、料理の提供時間が遅くなるため注意しなければならない。とくにファミリー客は、「早い・おいしい・安い」の三拍子を求めて来店することから、このひとつでも欠けてしまうと、来店動機を抱かなくなるので要注意である。さらに、大手に勝つためには、この条件を満たしたうえで、彼らがもっとも苦手とする〝手づくり感〟を演出することが大切になる。

　そこで、店内に飲茶コーナーを設け、手づくり飲茶や中国デザートを実演調理することで差別化を図ることが効果的だ。これによって、店内の雰囲気が一変して、「シズル感」が漂うばかりか、現在人気の中華デザートが話題になるだろう。

　飲茶職人は現在、中国から容易に招聘できることから、人材確保については難しいことではない。最近では、女性点心師も大勢いるため話題性も高まるだろう。

　いずれにしても、最近の郊外型中華レストランは、新鮮味に欠けている。これを解決するには、こうした新しいコンセプトとともに、店内の雰囲気を変えることによって、中華ファミリーレストランのイメージアップを図っていかなければならない。

郊外型中華レストランのメニュー開発ポイント

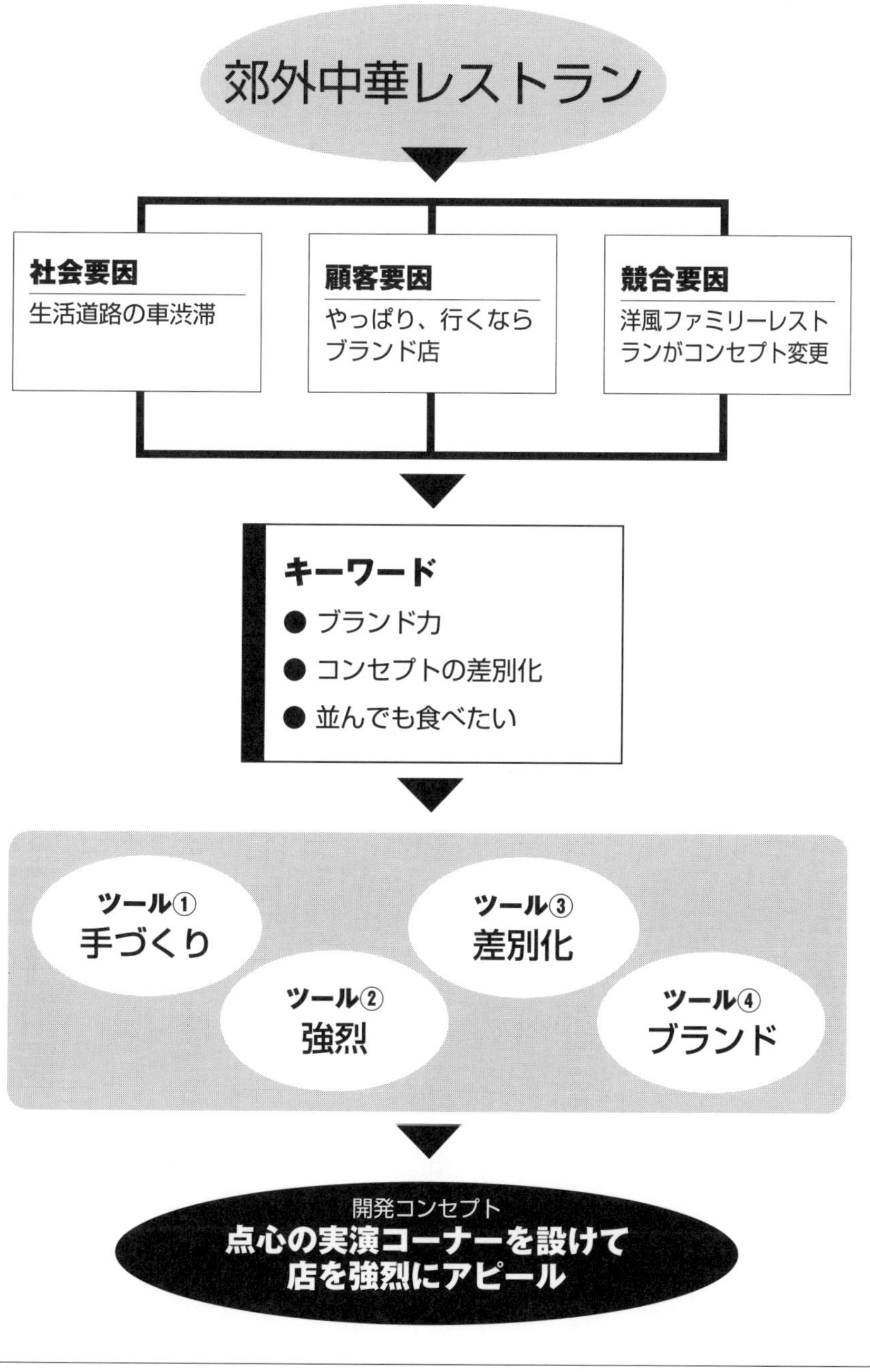

06 住宅密集地における中華料理店のメニュー開発ポイント

●営業コンセプトをさらに明確に

住宅地に出店している中華料理店は、古いタイプの〝大衆中華店〟と最近流行の〝中華風ビストロ〟のようなお洒落な店に二分化されている。

そのいずれも、地域の家族連れをターゲットにしているが、最近ではこの住宅密集地へ大手チェーンが出店をはじめている。

中華料理は、万人向けということもあって、他の飲食店よりも幅広い客層をターゲットにできるが、これからは、大手チェーンのように店舗力、サービス力、商品力といった、外食店の三要素を磨いていかなければ、お客様を満足させることは難しいだろう。

そこで、住宅密集地の中華料理店は、営業コンセプトをさらに明確にしておく必要がある。でないと、大手チェーンとの競争に勝てないからだ。一般客が抱く来店動機には、メニュー内容だけでなくブランド志向もあるからだ。

●〝円卓は和の心〟なり

最近では、回転寿司や小皿料理、バイキングなど、自分の好きなものだけを求める飲食需要も大きいが、中国では、この逆の食文化による食生活を営んでいる。それを私は、〝円卓は和の心〟と称している。

つまり、円卓を囲んで家族が同じ目線で食事をすることが家族円満の秘訣であり、食生活の基本としているのである。

日本にも昔から〝囲炉裏を囲んで家族団欒〟という文化があったが、現在ではその囲炉裏がなくなってしまったことから、こうしたものも失われてしまった。外食が一般生活に欠かせなくなっている今日、〝円卓は和の心〟への社会貢献も見逃すことはできない。

そこで、この営業コンセプトをもとにメニューを開発する。たとえば、低価格の円卓料理を開発して、家族客が囲んで食べられる料理の提供である。

このコンセプトによって、1人1500～2000円程度の価格のメニューを開発することが、住宅密集地における中華料理店の繁盛ポイントとなるのである。

住宅密集地における中華料理店のメニュー開発ポイント

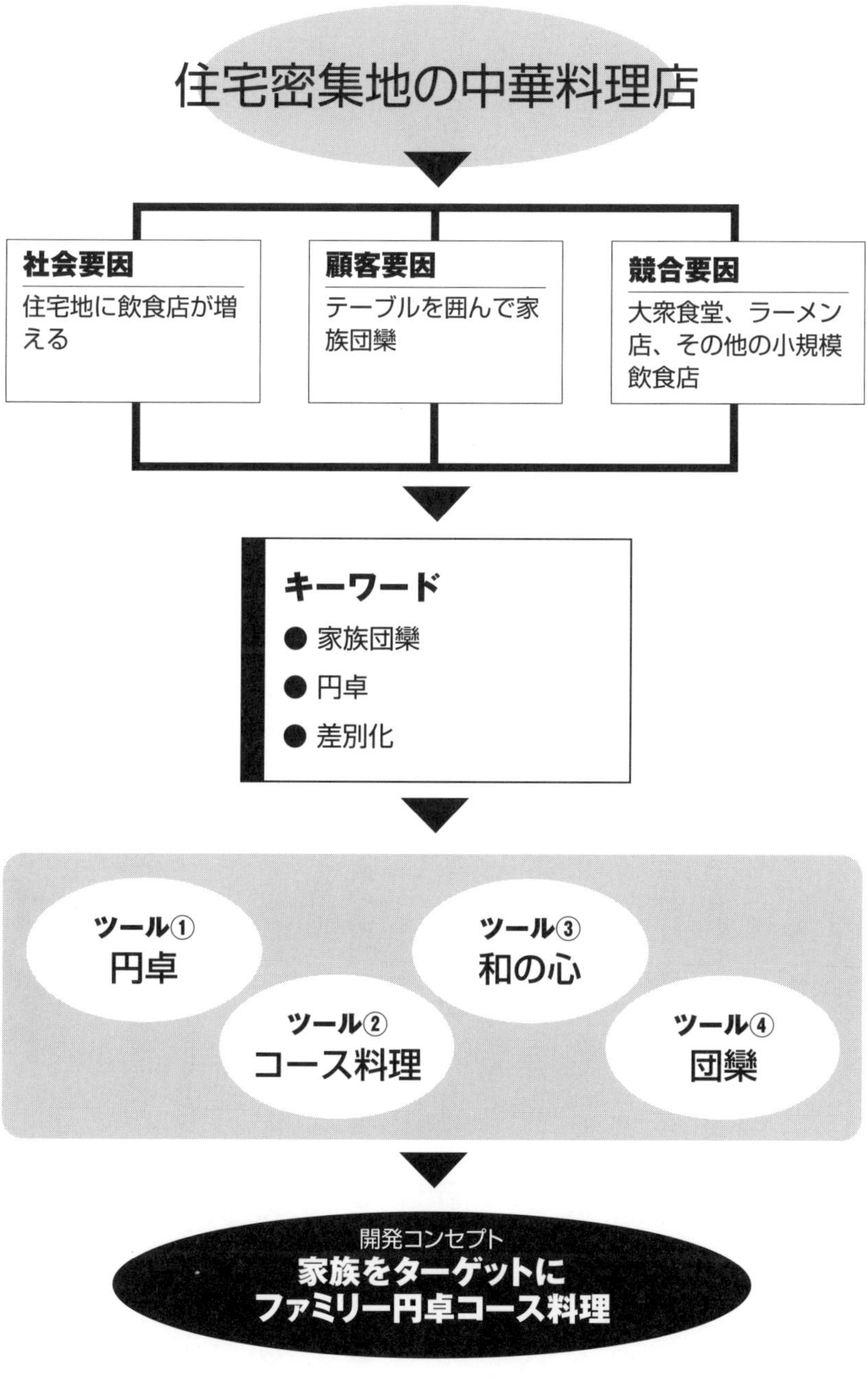

07 中国飲茶店のメニュー開発ポイント

●〝オリジナル点心〟でメニュー構成を

日本における飲茶料理がなかなか一般化しないのは、中国の食生活との違いである。しかし、そのなかで年々需要が増えているのは、冷凍輸入品の品質が向上したことや本物志向の〝手づくり飲茶〟の店が増えていることによる。

とくに最近では、商業ビルのフードコートなどで実演販売をしている点心専門店やイート・インのできる点心専門店がめだって増えてきている。

「点心」という言葉は、始皇帝の時代に生まれたとされているが、その意味は〝心がこもった色々〟ということである。中国点心には、「北京風点心」「維揚風点心（上海や揚州、杭州などの地方）」「四川風点心」「広東風点心」に分けられるが、その特徴は、それぞれ異なる。日本で紹介されている飲茶式点心のほとんどは広東・香港風だが、日本人が好む餃子は北京が本場であり、〝小龍包子（ショーロンパオズ）〟は、上海が本場である。

そこで、これからの中国飲茶店のメニュー戦略は、これまでの「品揃え」から脱皮して、〝自店のオリジナル点心〟を中心にメニュー構成するべきである。なぜなら、日本人にとって中国点心は、間食のひとつに過ぎず、嗜好品として考えられている以上、求められるのは品揃えではなくて、名物商品だからである。

●野菜料理と点心のコラボレーションメニューは日本人向き

日本人は、〝おかず〟が食卓に数多く並べられていることによって、ご馳走感や満足感を抱く。これは、ご飯を主食としている生活環境によるものだろう。それは飲茶や点心専門店においても同様で、それ以外の料理がなければ満足できない。そこで中国飲茶店でも、名物点心以外に前菜や小皿料理などを揃える必要がある。

飲茶風点心と相性のよい料理は野菜料理である。青菜炒めや大根とスペアリブの蒸しスープ、アスパラガスのさっぱり炒め、白菜と春雨のスープ、中国の東北野菜料理などのメニュー開発によって、自店のオリジナル点心の存在価値がより高まるに違いない。

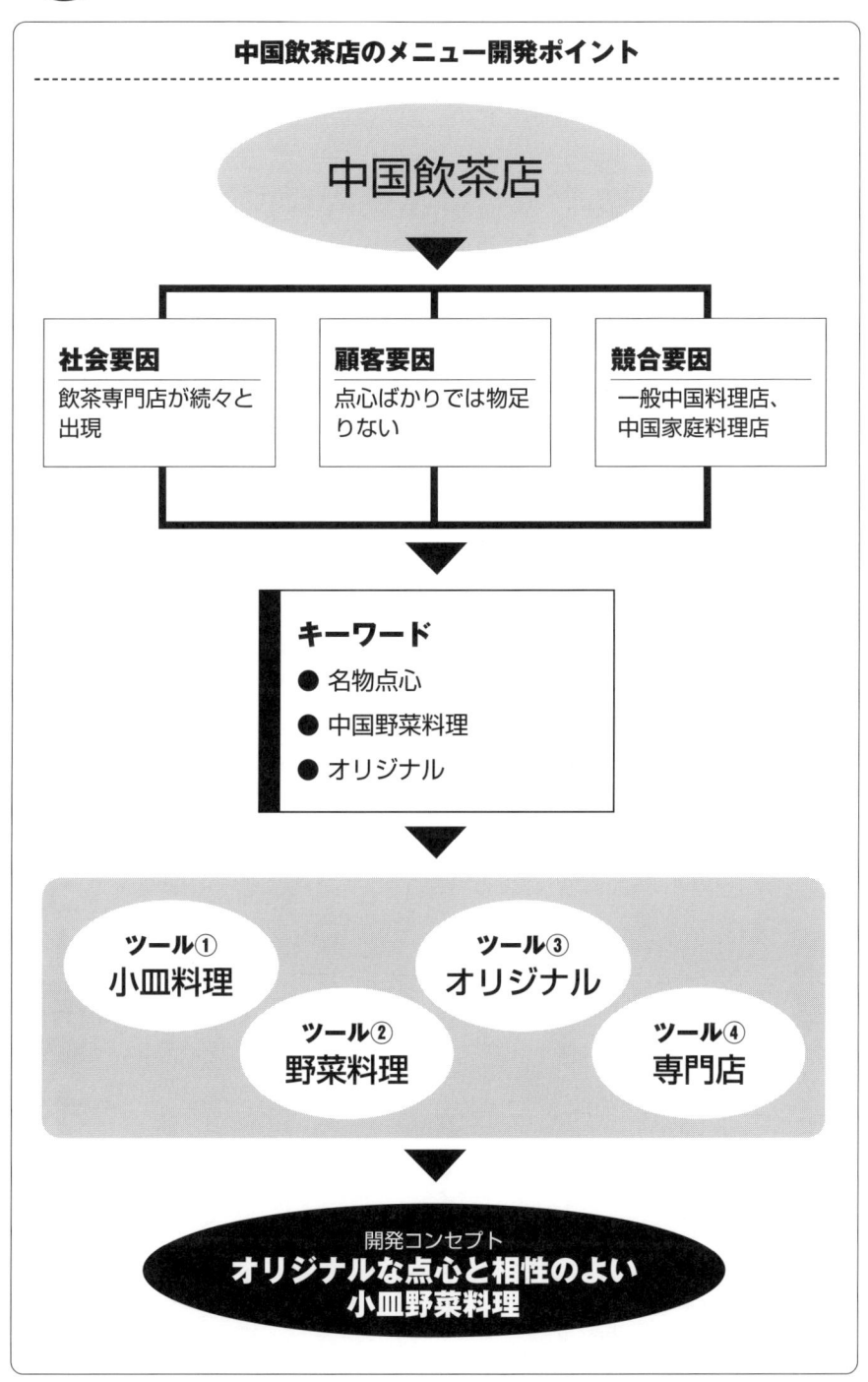

中国飲茶店のメニュー開発ポイント

中国飲茶店

社会要因
飲茶専門店が続々と出現

顧客要因
点心ばかりでは物足りない

競合要因
一般中国料理店、中国家庭料理店

キーワード

- 名物点心
- 中国野菜料理
- オリジナル

ツール① 小皿料理

ツール② 野菜料理

ツール③ オリジナル

ツール④ 専門店

開発コンセプト
オリジナルな点心と相性のよい小皿野菜料理

08 オフィス街の中華料理店のメニュー開発ポイント

●アイドルタイムのメニュー開発を

中華料理は、ランチタイムやディナータイムにおいても幅広いメニューで対応できることから、あらゆるお客様の欲求に応えることができる。しかし、その課題はアイドルタイムにある。これは他の飲食店においても同様だが、とくにオフィス街などの場合は、集客がランチタイムとディナータイムに限られることから、このアイドルタイムでのメニュー開発が求められている。

そこで、その時間帯に特化した売上確保のためのメニュー開発が必要となる。

アイドルタイムの需要は、軽食やドリンク・デザートメニューにあるが、この分野をもっとも苦手としているのが中華料理店と言っても過言ではない。その理由は、店内の雰囲気にある。ティータイムに利用できるようなインテリアやデザインが施されている店が少ないのだ。

●「美容」と「健康」をテーマにしよう

そこで考えられることとは、「美容健康・飲茶タイム」を前面に打ち出したメニューの開発である。とくに、中国の漢方食材を利用した「美容・健康デザート」や「薬膳おかゆ」などをテーマにメニュー開発することだ。中国には、〝医食同源〟の食文化があるように、健康を増進する食材には不自由しない。たとえば、当帰（とうき）という生薬は、女性の冷え症や生理不順、更年期障害などに用いられる。こうした、生薬を利用した「おかゆ」などのメニューや「烏骨鶏卵の茶碗蒸し（体力消耗の多い人に）」といったメニューは、食事タイムよりも、アイドルタイムのほうが利用する人が多い。

またデザートにおいても、黒豆、青小豆、大豆などの豆類や林檎、梨、バナナ、葡萄、マンゴーなどのフルーツを利用して、「美容・健康デザート・メニュー」を完成させることも難しいことではない。

以上のように、オフィス街の中華料理店は、ピーク時間帯以外のメニュー戦略が、何よりも大切になる。この「美容健康・飲茶タイム」のコンセプトは、プライベートタイムだからこそ利用できる、女性の〝美容・健康〟への関心を突いたものである。

オフィス街の中華料理店のメニュー開発ポイント

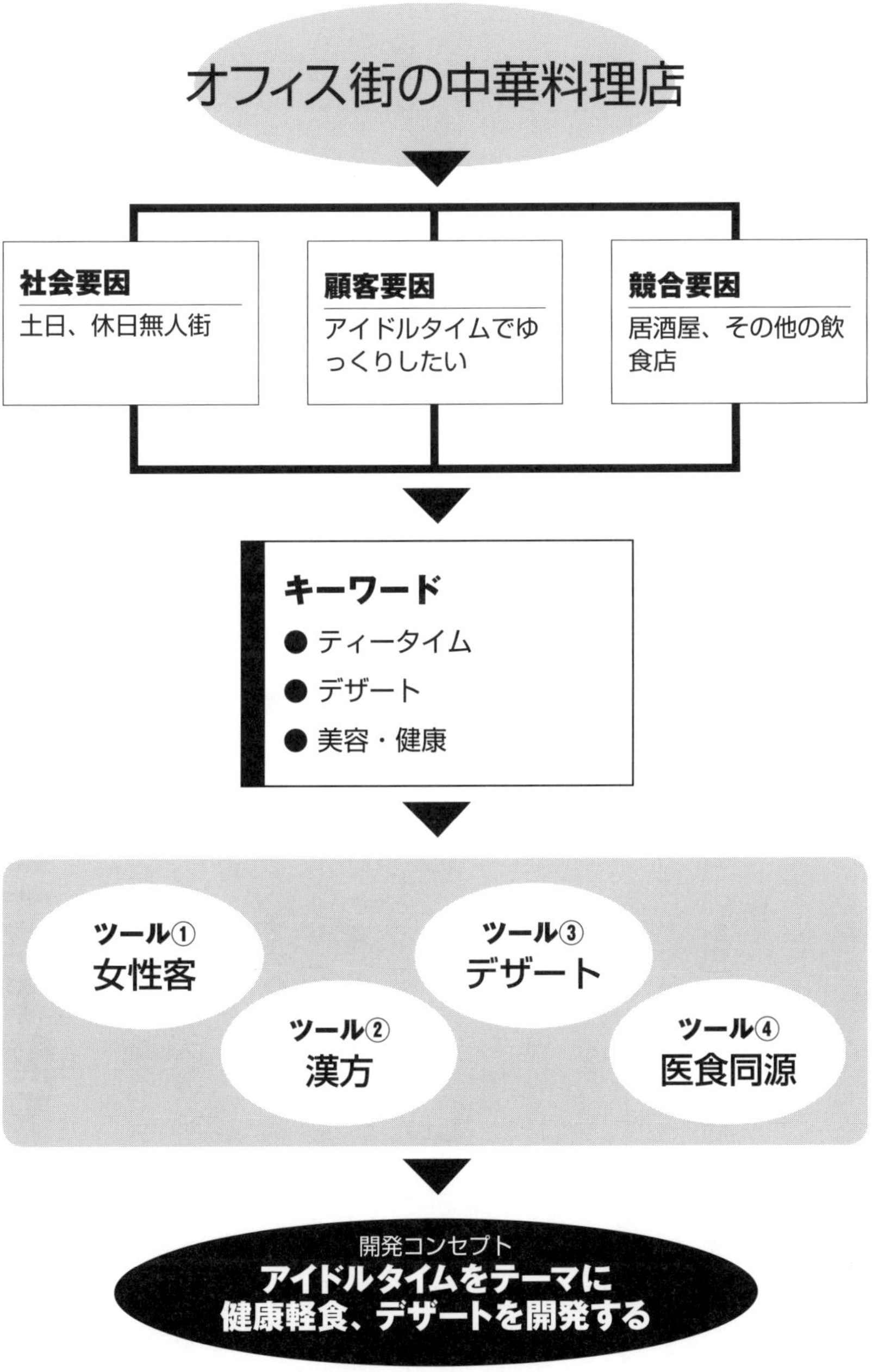

09 商業ビルイン型中華料理店のメニュー開発ポイント

●商業施設への出店競争に勝ち抜くには

大型ショッピングセンターやデパート、駅ビルなどの商業施設には、中華料理店が必ずと言っていいほど出店している。

これらの施設では、ホテルやテーマパークとは異なり、高級料理の需要は少ないが、集客性が高いこともあって、それなりに繁盛している店が多い。

とくに商業施設の中では、スーパーやホームセンター内での飲食店利用比率がもっとも高く、続いて、駅ビルに付帯した商業施設の利用率が高くなっている。

しかし、商業施設に出店している中華料理店は、ファミリー客を意識しすぎるためか、メニューに〝独自性〟が感じられない。どこにでもあるような商品構成、価格設定となっている。その反面、中華の単品にこだわった「ラーメン店」や「石焼チャーハン」など、専門化された店が増えており、これらの店は行列ができるほどの店もある。

これでは、今後ますます激しさを増す大型商業施設への出店競争に勝てるはずがない。デベロッパー側のテナント選考会においては、有名店の看板よりも一坪当たりの売上高が重視される時代になるからだ。

●中華料理店としての位置づけを明確に

そこで、何よりも重要になるのが、商業施設型メニュー戦略だ。ここでは、多種多様な飲食店がゾーニングされていることから、それぞれの店の特徴をコンセプト表現することが大切になる。したがって、メニュー戦略といっても、他店との差別化を図るようなメニューではなく、その施設の中で中華料理店としての位置づけを明確にした看板メニューが求められている。

商業施設の飲食利用は、グループ客や家族連れが多いことから、これらの客層をターゲットとして考える必要がある。そこで、中国料理の醍醐味を集大成にした「中華萬漢プレート料理」などのメニューを開発することがポイントとなる。

ひとつの皿に複数の料理を盛り合わせる手法は、少量多品目需要の時代にピッタリのメニュー戦略だろう。

商業ビルイン型中華料理店のメニュー開発ポイント

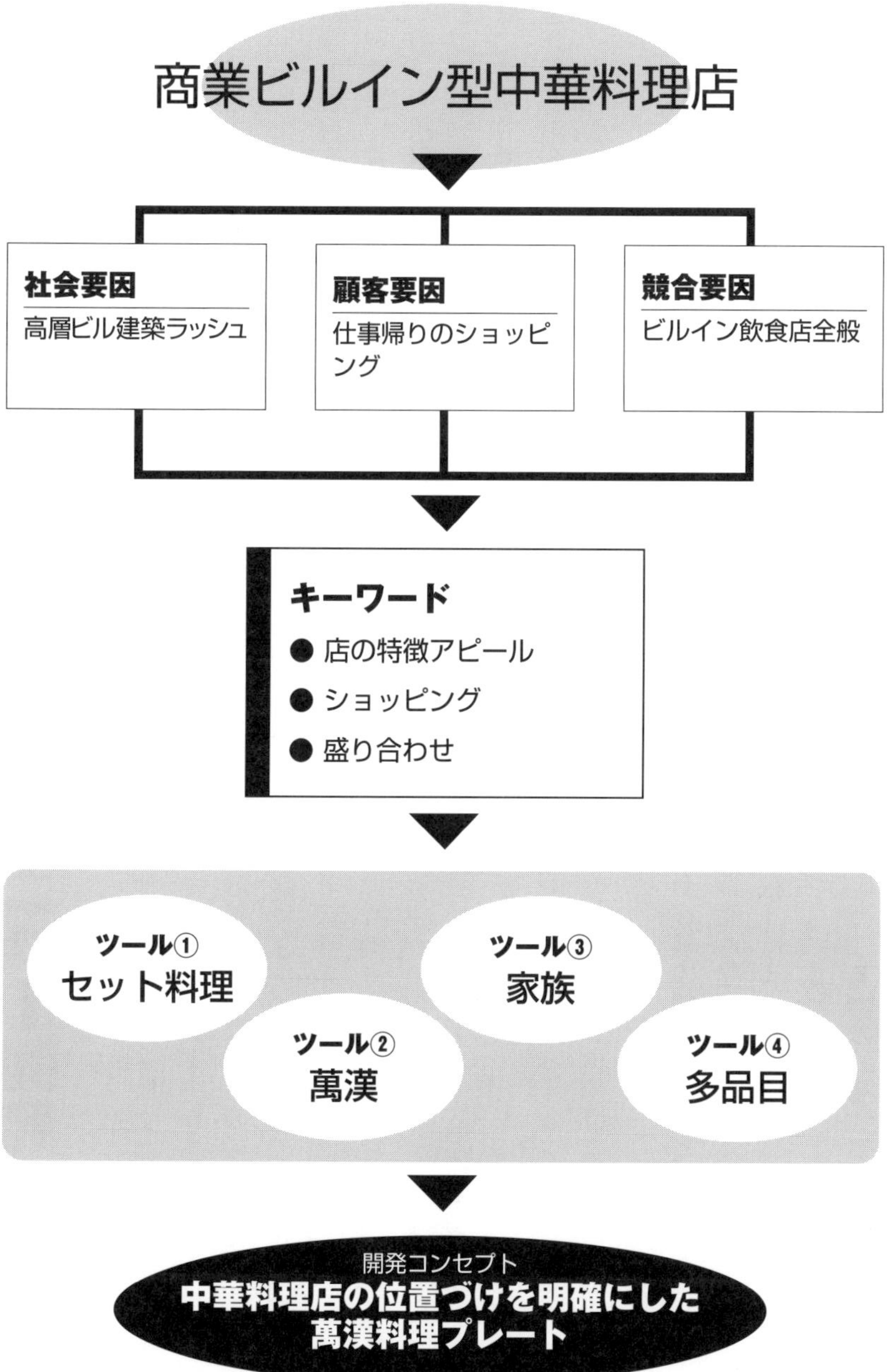

10 飲食街における中華料理店のメニュー開発ポイント

●店頭の演出効果を高めて集客

最近では、駅の地下街や商店街、商業施設などへ飲食街が数多くゾーニングされている。これは、日常生活に飲食店が欠かせなくなっている証しだが、飲食街では必然的に競争・競合を覚悟しなければならない。それに勝つための戦略は、言うまでもなく〝メニューの差別化〟にある。前項の事例とは異なり、飲食街の場合には、同じ業態との競争・競合もあり得るからだ。

飲食街で競争に勝つためのポイントとして、店頭の演出効果を高めて集客する方法がある。飲食街を往来するお客様は、入店意思を決めている人が意外に少ないからだ。したがって、そこを往来しながら目についた店に入店動機を膨らませる。その顧客を勧誘するには、店頭の演出が何よりも効果的なのだ。

●名物点心メニューを実演コーナーで

中華料理店は、クローズキッチン（調理場が客席から見えない）の店が多い。したがって、これらの店は、店の入りやすさやデザインによって選ばれるケースが多く、とくに飲食街のような立地では、その傾向がより強くなる。これでは、ブランド力がある大手チェーン店にお客を奪われる確率が高くなるのは当然だ。

そこで、〝自慢の点心〟を開発して差別化を図ることをお勧めしている。

これを、店頭や通りから見える場所で、実演、あるいはデモンストレーションコーナーでシズル感の演出と看板メニューのアピールをする。これによって、他店との差別化ポイントは〝一目瞭然〟となる。

たとえば、〝当店自慢のショーロンパオズ〟や〝手づくり海老シュウマイ〟など、他では食べることができない「特製点心」の開発によってメニューのインパクトを強めることで、お客様の関心も高まるに違いない。

飲食店が競合する立地では、オリジナルメニューや名物メニューがなければ、競争に勝つことは難しい。横浜の中華街などを見ても理解できるように、繁盛している店には、その店の〝名物の一品〟が必ず存在しているのである。

飲食街における中華料理店メニュー開発ポイント

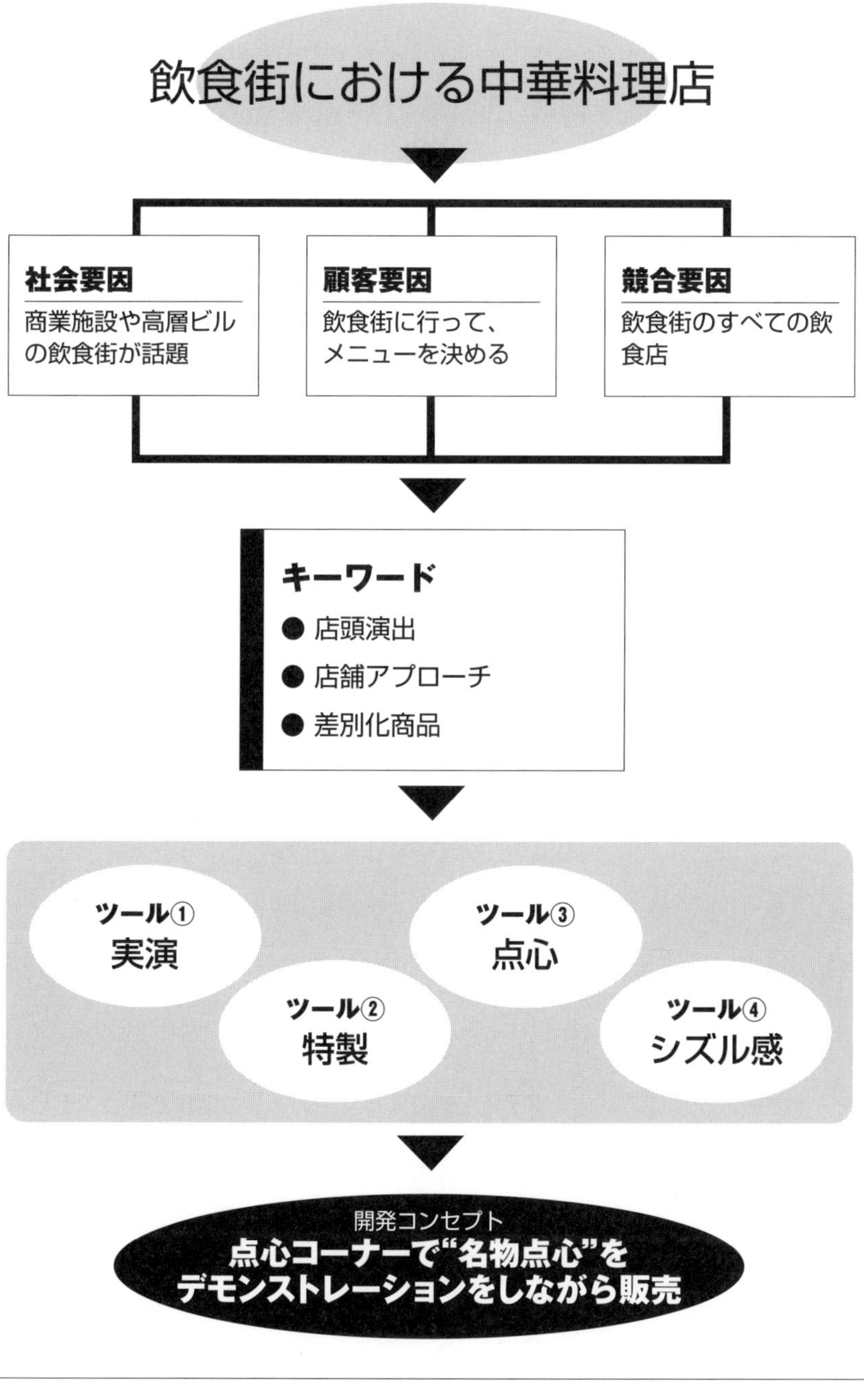

刺身料理で中華の前菜を一新

私は26年間、中国料理人として、中国をはじめレストランやホテルをわたり歩き、さらに経営者としての経験も積んできた。

しかし、料理人として腕を振るっていた頃を思い出すと、常に新しい料理を考え、オリジナルメニューの開発に明け暮れていた記憶しかない。

今になって思えば、その当時の経験が、今日の“商品開発の原点”として役に立っていることに感謝している。

私が経営者時代、茨城県で100席あまりの中国料理店を出店した。宴会場を備えた本格中国料理店だ。当時は、ホテルオークラ出身のコックの店ということで話題になり、連日長蛇の列ができるほどだった。ローカルで店を開店することに不安はあったが、宴会が多く取れることを狙っての出店だった。

開店後、狙い通りに、宴会場はいつも予約でいっぱいだったが、困ったのが献立だった。とにかく常連客が多いことから、同じ料理では飽きられてしまうのである。

もっとも気を遣うのが宴会料理の最初に出す「拼盆前菜」だった。彫刻が得意な私は、前菜に力を入れた。“龍”や“鳳凰”などの「拼盆前菜」である。しかし、お客様は拍手をするものの、何となく田舎にはふさわしくない雰囲気を感じ取ったようだ。

そこで私は、この拼盆前菜を一切やめることにして、“刺身”をこの前菜に応用することにした。刺身を利用して、鶴や鷹、鷲、花や蝶などの花鳥風月を彩った。何種類かの魚を使用すれば、かなりの色使いができることから、そのできばえは自分なりに満足できるものとなった。

ところが、この刺身前菜が話題になって、“中国刺身”という商品名が勝手についてしまった。これには困った。なぜなら、この料理は宴会料理としてしか出せない料理であるにもかかわらず、一般客の注文が増えてきたからだ。

仕方がなく、このメニューをグランドメニューに入れることにした。売れ残った場合のロスを考えると恐ろしいが、お客様の要望が強いことから、勇気を持って実行した。これが、当店の名物料理になって、これまでの中華前菜を一新できたのである。

10章

その他の飲食店のメニュー開発ポイント

01 フレンチ・ディナーハウスのメニュー開発ポイント

●フランス料理とヘルシー志向の融合を

最近では、おしゃれ感漂うディナーハウスや○○ダイニングといったコンセプトを活かした飲食店が、女性客や若者の人気を集めている。特別な日（誕生日やクリスマス）など記念日には、とくにこれらの店の利用が増える。

フレンチ・ディナーハウスは、フランスの正式な食事ができる店で、フルコース料理が出される。したがって、晩餐や夕食を提供する店ということになる。

これらの店は、高度な調理技術を持ったシェフが、自慢の腕によりをかけてそれぞれオリジナルなメニューを出していることでも知られている。

最近では、創作料理や薬膳料理なども、このディナーハウスから生まれることが多い。

しかし、フランス料理は日本人にとって胃に重たく、もたれるというイメージがある。ヘルシー志向が高まっている今日では、このイメージを拭い去るようなメニューの開発が求められている。

とくに、グルメ志向の顧客層に向けた、〝身体に優しいフレンチコース〟の開発が急がれている。

現在でも、すでにこうした取り組みをしている調理人は少なくないが、単発的なイベントメニューに終わっているケースがほとんどである。

そこで、有機野菜とシーフード、フルーツやハーブ、漢方食品などを組み合わせたオリジナルメニューを定番化させることがポイントとなる。

この店を訪れる中心客層は、中高年者や女性客となるが、この客層がもっとも健康への気配りが大きい。

したがって、美容や健康メニューは、特別な購買動機を膨らませることになるため、リピートも期待できるのである。

これらのメニューには、ソースの開発も大きなポイントとなる。本来、フランス料理はソースの使い方で、その料理が判断できるほど大切なものであるだけに、健康をイメージさせるソースの開発は何よりも大きな武器となるに違いない。

フレンチ・ディナーハウスのメニュー開発ポイント

フレンチ・ディナーハウスの問題点

フレンチ料理は、日常的に利用するお客にとって、胃に重たく感じやすい

▼

問題解決キーワード

- 身体に優しいイメージを築く
- 有機野菜などの使用でヘルシー感を出す
- 中高年者向け料理の開発

▼

ツール

・シーフード
・有機野菜
・フルーツ
・ハーブや漢方食品
・ソース

開発ポイント

● 健康を意識した食材とソースによる、"身体に優しいフレンチコース料理"

02 鉄板焼きステーキ店のメニュー開発ポイント

●鉄板焼きステーキ店の増加

最近では、シティホテルに限らず観光ホテルなどでも〝鉄板焼きステーキ〟の店が増えている。これまでのステーキコーナーが鉄板焼きに変わった背景には、コック自らによるお客様へのサービスと、国産牛肉への人気が高まっているからに違いない。こうした鉄板焼きステーキの店が、街中にも次々に開店していることから見ると、今後はこの業態の競争がますます激しくなるものと思われる。

これまでの鉄板焼き店は、肉はもちろん野菜や魚介類、ガーリックライス、焼きそばなど、何でも焼いて提供する店がほとんどだったが、現在では〝鉄板焼きステーキ〟の看板を多く見かけるようになった。これは、それまでのステーキ店が看板を変えて、新たな客層の掘り起こしを狙ったケースが多いためだ。そこで、鉄板焼きステーキ店のメニュー開発について見ていこう。

●鉄板焼きステーキ店はマンネリメニューは禁物

欧米で鉄板焼きと言えば、肉を焼いて提供する店のことを言うが、日本の鉄板焼きは、野菜や魚介類、さらにお好み焼きまでの幅広い料理を意味している。しかし鉄板焼きステーキ店は、ステーキがメインである以上、その素材が限定される。そこで起こる問題が、メニューのマンネリ化である。これまでのように、肉質やその銘柄にこだわるばかりでは、お客様には肉のイメージしか伝わらないことから、やがて飽きられ、リピートが減少していくことは当然だろう。

こうしたマンネリ現象を防ぐためには、肉以外の食材を開発する必要がある。現在でも、こうした工夫をしている店は多いものの、そのすべてが〝ステーキのガルニー〟になっていることから、お客様の目からは、やはり肉のイメージを拭い去れない。そこで、旬の野菜や魚介類をメインにしたコース料理を開発することによって、このイメージからの脱却を図る。とくに、こだわり農家の有機野菜や名産地の特産野菜と岩牡蠣やアワビなどの旬の魚介類を組み合わせたコース料理を完成させることがポイントになるだろう。

鉄板焼きステーキ店のメニュー開発ポイント

鉄板焼きステーキ店の問題点

ステーキの肉質や銘柄にこだわるあまり、お客様に飽きられやすくリピートが減少している

▼

問題解決キーワード

旬の野菜や魚介類をコース料理へ

こだわり農家の産物などをアピールする

マグロのステーキやアワビのステーキがメインでもよい

▼

ツール

・ステーキにできる
・有機野菜
・マグロ
・アワビ
・牡蠣

開発ポイント

●旬の野菜や魚介類のコース料理でバリエーションを増やす

03 スパゲティー専門店のメニュー開発ポイント

●麺好きな日本人にピッタリのスパゲティーを

〝イタめしブーム〟以来、スパゲティーは麺店業界にしっかり定着している。最近では、手打ちスパゲティーが話題になるなど、ラーメンやうどん・そば店同様、すっかり麺店の仲間入りをしている。とくに、若者や女性客の人気を集め、全国隈なく広がっている。

こうした状況から、スパゲティー店の競合・競争が激しくなっている。そこから脱却するために、各店がメニュー開発や店舗の開発など、さまざまな工夫を凝らしているが、いまだ、「これ！」という方策が見出せずにいる。

また、これまで多くの調理人や一般人が、さまざまな工夫やアイデアによってメニュー開発をしてきたことから、商品に関しては、頭打ちというところまできている。こうなると、もっとも強いのは本格派のイタリアン・スパゲティーということになってしまう。それでは、これまでの苦労が〝水の泡〟である。

そのため、スパゲティーの新時代が築けるようなメニュー開発が求められる。つまり、麺好きな日本人にピッタリのスパゲティーである。これまで、スープスパゲティーやうどんスパゲティー、生めんスパゲティーなど、さまざまな商品を生んできたスパゲティー業界であることから、新しい商品づくりはお手のものだろう。

●ソースのバリエーションがポイント

そこで、これまでのいろいろな麺を使用して、ソースのバリエーションを増やすことを考えてみたい。そもそも、イタリアでは家庭で手軽に作るパスタは、これといった決まりがあるわけではない。したがって、麺との絡みがよく相性のよいソースであれば、おいしいスパゲティーができあがるだろう。

たとえば、中国料理からスパゲティーを考えると、チンジャオロースウ・スパゲティーやエビチリ・スパゲティー、マーボ・スパゲティー、青菜とガーリック・スパゲティーなどを考えることができる。これを実際にテストしてみたが、おいしいスパゲティーが完成した。専門店であれば、こうしたパスタ・バリエーションがあれば、お客様はスパゲティーの虜になるはずである。

スパゲティー専門店のメニュー開発ポイント

スパゲティー専門店の問題点

パスタブームによってさまざまなスパゲティーが生まれ、商品の新鮮味が失われている

問題解決キーワード

ソースでイメージチェンジ

トッピングでイメージチェンジ

イタリアン以外からヒントを得る

ツール

・変わりソース
・アジアンソース
・日本料理
・中国料理
・韓国料理

開発ポイント

●世界各国のソースとスパゲティーを絡めてワールド・スパゲティーを完成させる

04 ピッツァ専門店のメニュー開発ポイント

●宅配店の競合で価格競争に

最近では、ピッツァがスーパーマーケットでも販売されるようになっている。

これまでは、厚いクラフト生地によるデリバリーピッツァの人気が高かったが、現在では宅配店の競合によって、価格競争となっている。しかも、ピッツァ専門店が宅配をはじめたこともあって、より競争が激しくなってきている。

トッピングやチーズの変化によって、商品アイテム数を増やしているピッツァは、数多くの商品が生まれているが、お客様の目からはたいして差別化されているようには見られない。そのため、〝この店のこのピッツァ〟というものが少ない。

そこで、これからのピッツァ専門店は、明らかに差別化されたピッツァの開発が求められる。

しかしピッツァは、生地とオリーブオイル、チーズ、トマトソース、そしてトッピング具の融合で味を完成させることから、話題になるような商品が生まれにくいことも事実である。

●カルツォーネを工夫して新しいメニューを

イタリアの南部には、詰め物をしたピッツァがある。これが〝カルツォーネ〟である。この商品は、餃子のように生地で具材を包んで焼くことから、これを工夫することで、新しいピッツァの可能性がある。しかも、具材はいろいろと考えられることから、楽しい商品になるはずだ。

ブラジルのおやつに〝パステル〟という揚げ物があるが、この具材は、ゆで卵や牛挽肉、ニンニク、トマト、パルメザンチーズなどにオリーブオイルやチリパウダーをまぶして生地で包む。

こうした商品を参考にすれば、面白いピッツァが生まれるだろう。包む料理は、中国料理をはじめ世界中にあることから、楽しい料理がいろいろ考えられる。

たとえば、チリソースを使用したり野菜を包んだり、チーズと相性のよい素材であればなんでもいい。

ピッツァ専門店のメニュー開発ポイント

ピッツァの問題点

具材トッピング・ピッツァの一般化により、商品の話題性に欠けている

▼

問題解決キーワード

- 新しいクラフトの開発
- 具材トッピング以外の方法を考える
- 具材を生地で包んでみる

▼

ツール

- 中国の餃子
- イタリアのカルツォーネ
- ブラジルのパステル
- イタリアのラビオリ

開発ポイント

●具材を包むカルツォーネ風なら、中身はいろいろ

05 イタリアンレストランのメニュー開発ポイント

●過当競争から業態分裂へ

全国で、〝イタリアンブーム〟の先駆者と呼ばれる人が何人もいる。しかし、このブームがどこからはじまり、何がきっかけとなったかは定かではない。とにかく、パスタにはじまり、ティラミスがさらに火をつけたと言っても過言ではない。なかでも、西麻布の〝アルポルト〟のオーナーシェフである片岡護氏の貢献は大きい。イタリア料理を日本人向けに創作し、フレンチとも和食とも取れるイタリアンを完成させた高度な技術である。この意味では、彼が先駆者に違いない。

さて、イタリアンブームが席捲した結果、街中にイタリアンの看板が並ぶようになり、ここからイタリアンの過当競争がはじまった。さらに、追い討ちをかけるように業態分裂（スパゲティー専門店、ピッツァ専門店、ドルチェ専門店、レストランなど）がはじまり、最近ではカフェレストランにおいてもイタリアンが提供されるようになっている。

これでは、イタリアンレストランの経営が厳しいものになることは当然だ。この対策として、新しいイタリアンメニューの開発が求められている。

●イタリアンは、鍋にこだわれば食材が活きる

しかしイタリア料理は、料理そのものが家庭料理からスタートしていることから、調理バリエーションが広すぎる。したがって、開発する余地が少ない。

そこで、イタリアンの食材に注目したい。イタリアンは、豊富な魚介類や野菜を使用することから、おいしい鍋料理を開発することができるものと考えられる。現在でも、イタリアンには単品鍋料理はあるものの、それほど有名な鍋料理は見当たらない。したがって、ここは商品開発のチャンスがあるということである。

鍋料理は、肉、野菜、魚介などの食材を何でも調理できることから、これまで、雑料理として庶民の間で親しまれてきた。

しかし、最近では、〝しゃぶしゃぶ〟〝ちゃんこ〟などの鍋専門店が全国に展開していることから、イタリアン鍋は、これから注目される料理になるに違いない。

イタリアンレストランのメニュー開発ポイント

イタリアンレストランの問題点

イタリアンが一般化するとともに、競合激化を招いている

問題解決キーワード

イタリアンのまったく新しい料理を開発する

これまで知られていない
イタリア料理に力を注ぐ

現在の単品料理から、
皆で取り合う大鍋料理へ

ツール

・イタリアの鍋料理
・大皿料理
・家庭の大鉢料理
・アレンジ・ポトフ

開発ポイント

●トマトソースをベースにした“イタリアン鍋”が新しい

06 カレーハウスのメニュー開発ポイント

●新しいカレーの開発を

カレー、ラーメン、ハンバーグは、日本の庶民の味を代表するフードメニューである。そのなかでも、カレーの人気は落ちることなく続いている。この人気の要因は、あの香りにある。

とくに、各種の香辛料を使用するカレーは、癖になる食べ物と言っていいだろう。

しかし最近では、カレーショップが過度の競争時代を招いている。駅の構内をはじめ、路面店でもチェーン店が多店化を目指して出店している。

そこで、これからのカレーハウスは、新しいカレーの開発に挑まなければ、これらに勝つことは困難である。特別なカレーでなくても、チェーン店のネームバリューがお客様を安心させ、集客に成功しているからである。

●創作カレーに挑むことが繁盛店へのポイント

カレーのおいしさのポイントは、〝ガラムマサラ〟という合わせ香辛料にある。このブレンド具合が調理人の腕の見せ所ということになる。

さらに、甘味を出す食材として、蜂蜜や林檎、玉ねぎ、フルーツなど、その手法はさまざまであり、調理人の裏技なのである。

このように、これといったレシピが確立されていないカレーは、カレールーの開発も重要だが、それ以外の差別化のほうがお客様に与えるインパクトは強い。これを裏づけるように、売れ筋メニューでは、ビーフカレーよりもカツカレーの売上げが断然高いことからも理解できる。チェーン店は、ここに目をつけてメニューバリエーションを拡大している。

したがって、カレーハウスのメニュー戦略は、〝創作カレー〟にチャレンジすることがポイントとなる。最近では、多種多様な即席カレーやカレールーも市販されていることから、お客様の口は肥えている。

そこで、カレーに相性のよい食材を選ぶことがポイントとなる。たとえば、柔らかく煮込んだ〝かぶら〟をくり抜いて、その中にカレールーを入れるなどの創作カレーである。

カレーハウスのメニュー開発ポイント

カレーハウスの問題点

カレーハウスの競合が激しくなり、新しい商品開発が求められている

▼

問題解決キーワード

- 香辛料のブレンドで特徴を出す
- 素材を変えてみる
- トッピングにアイデアを用いる

▼

ツール

・フルーツ
・ガラムマサラ
・創作カレー
・トッピング

開発ポイント

●庶民的なメニューであることから、日常的に利用されている素材と意外性で創造する。野菜やフルーツなどによるカレー開発

07 レストランのメニュー開発ポイント

●客離れを起こしているファミリーレストラン

〝レストラン〟とひと口に言ってもさまざまなスタイルがあり、その業態はひと括りにはできない。したがってここでは、洋風ファミリーレストランと位置づけて、考えていくことにする。つまり、アメリカンスタイルのレストランである。

ファミリーレストランは、グルメ時代の先頭に立ち、その活躍には目を見張るものがあった。外食産業が発展したのは、この〝ファミレス〟の貢献と言っても過言ではない。しかし、これらのほとんどが大手チェーンであり、個人店があまり見られないのは残念である。ファミレスは、外食産業成長期に成長していったが、最近では、海外出店などに意欲的な企業も増えている。

しかし、イタめしブームやエスニックブーム、さらにはラーメンブームなどのグルメブームが到来すると、その勢いも一時ほどは見られなくなっている。この要因には、メニュー戦略の欠落と商品レベルの低下にある。全盛期に比較しても、そのレベルは標準化されすぎて、客離れを起こしているのである。

●サラダやドリンクメニューの充実を

現在のファミリーレストランは、ほとんどの店でサラダバーやドリンクバーが飲み放題やとり放題になっている。しかし、この味気なさにお客様が白けていることも事実だ。高齢社会を迎えて、サービスの合理化は感心できることではない。

そこで、このレストランのメニュー開発として、「サラダメニュー」と「ドリンクメニュー」を急ぐ必要がある。とくに、現在のドリンクバーやサラダバーを廃止するほどの商品が求められる。ドリンクにおいては、健康ドリンクが人気になるだろう。女性客や高齢者にとって、美容・健康を欠かすことはできないからだ。

たとえば､マンゴスチンジュースや梅エキスジュース、カシスジュース、ハーブティー、漢方ドリンクなどである。サラダは、言うまでもなく〝有機野菜サラダ〟〝フルーツ野菜〟など。これらの商品を、一品として確立させることが大切なのである。

レストランのメニュー開発ポイント

レストランの問題点

新しく開発された飲食店の勢いに押されて、メニュー戦略にマンネリ化現象

▼

問題解決キーワード

新しいチョイスメニューの開発

話題になるドリンクメニューの開発

健康をテーマにしたサラダやドリンクの開発

▼

ツール

・漢方ドリンク
・健康ドリンク
・有機野菜サラダ
・薬膳スープ

開発ポイント

●これまでのサラダバーやドリンクバーを廃止して、サラダ、ドリンク、スープの付加価値を高める

08 カフェレストランのメニュー開発ポイント

●さまざまな営業スタイル

これまでは「軽食喫茶」だったカフェレストランは、近年生まれた業態名称だが、店内の雰囲気やメニュー内容は、これまでの軽食喫茶とはまったく異なっている。

とくに注目すべきところは、若者や女性客に人気があることだ。これらの店は、最近ではディナーハウスに近いメニューを出している店が増えている。イタリアンやフレンチメニューを研究している店が各地に生まれているのだ。また、パティシエを雇用して、本格的なデザートを完成させている店もある。

こうして、カフェレストランではさまざまな営業スタイルが生まれている。この現象によって、今後は明確なテーマを持った店づくりが求められるだろう。このままでは、業態としての位置づけもままならないのは明白である。食事を中心とした店、デザート中心の店、ドリンクをメインにしている店、どのタイプの店がカフェレストランなのだろうか。消費者は困惑するに違いない。

●カフェレストランは、メニューバランスが肝心

これからの飲食店は、料理がおいしくなければお客様が来店するわけがない。価格が多少高くても、おいしい店を選ぶ傾向が強いからだ。そこで、カフェレストランは、一般のレストランとの差別化を明確にするために、料理のテーマを明確にしなければならない。でないと、ちょっとおしゃれなだけの店になってしまうからだ。かと言って、流行のメニューばかりを集めた店では、お客様に飽きられてしまうのは時間の問題だろう。

このためカフェレストランは、メニューバランスを重視して、こだわりのメニュー戦略を展開していかなければならない。

まず、ドリンクにこだわり、コーヒー、紅茶、ジュース類を充実させる。決してメニューアイテム数は多くなくていい。次に、デザートメニューをフルーツ使用のケーキやババロアなどにする。最後は食事メニューだが、パスタ類やピラフなどオリジナルな食事メニューを入れるなど、現在の客層に合わせたメニュー構成が大切である。

カフェレストランのメニュー開発ポイント

カフェレストランの問題点

トレンド的人気が先行。しかし、業態確立が不透明なため、今後は他業態に吸収されやすい

▼

問題解決キーワード

- メニュー戦略による業態の確立
- 他業態との差別化
- カフェとレストランのバランスを明確にする

▼

ツール

・こだわりの一品
・オリジナルドリンク
・デザート
・本格軽食メニュー

開発ポイント

●ドリンクやデザートにオリジナル性を持たせて、店の名物料理を開発する

09 カフェ・バーのメニュー開発ポイント

●メニュー戦略を確立させよう

カフェ・バーと称される店は、今では〝ダイニング・バー〟とか〝ラウンジ〟といった名称で営業しているが、30年前に流行した、深夜営業をするおしゃれな飲食店として若い女性客に人気だった業態である。東京の一部や地方都市では、いまだにその人気を維持している店もあるが、その営業形態はまちまちで、明確なコンセプトは確立されていない。

しかし、深夜利用客が増えている今日、このカフェ・バーは若者客だけでなく、今後ますます需要が増える業態に違いない。

最近では、深夜に限らずディナータイムの営業も行なうなど、営業形態をはじめ、メニューの幅もかなり広がっている。カフェ・バーのコンセプトを明確にするためには、メニュー戦略を確立させることが重要になる。とくに、ドリンクメニューとフードメニューの組み合わせで、カフェレストランやダイニング・バーとの差別化を図ることが重要なのである。

●カフェ・バーは、イタリアンがよく似合う

カフェ・バーは、カクテルやオードブルがメニュー構成の核となるが、食事メニューとしてはイタリア料理との相性がよい。とくに、深夜の食事となれば、胃にもたれる食事よりも、ヌードルや魚介のトマトソース系の味がピッタリだろう。

さらにこれらの店では、宴会・パーティーの需要も多いことから、パーティーメニューの開発も必要になる。こちらのメニューでも、家庭料理の延長にあるイタリアン料理が向いているものと考えられる。

そこでドリンクは、若者向けのリキュールベースのカクテル類を開発するとともに、フードメニューは魚介類を使用した創作イタリアン料理やサラダなどでメニュー構成することがメニュー開発のポイントとなる。

業態を区分しにくい飲食店が増えている。カフェレストラン、カフェ・バー、ダイニング・バーなど、これらの差別化には、メニュー戦略とその営業コンセプトの確立が何よりも重要になるだろう。

カフェ・バー のメニュー開発ポイント

カフェ・バーの問題点

カフェレストランやダイニング・バーとの差別化が明確でないため、業態存続の危機

▼

問題解決キーワード

カクテルやオードブルを充実させる

カフェ・バー としての
メニューテーマを明確にする

フードメニューを専門化する

▼

ツール

・創作イタリアン
・ヌードルメニュー
・サラダ
・一品オードブル
・カクテルの品揃え

開発ポイント

●ドリンク類、フード類を若者・女性客に絞って、この双方で専門的メニューを完成させる

10 スナック・バーのメニュー開発ポイント

●すべてが中途半端で消滅の危機に

最近では、スナック・バーの看板を見かけることが少なくなった。この業態は、昭和39年に施行された都道府県条例により、バーやキャバレーなどができなくなったため、この法律に抵触しないスナック・バーが誕生した。

しかし最近では、このスナック・バーの撤退があいついでおり、新しい業態の〝ラウンジ〟や〝カフェ・バー〟にその座を奪われている。

ここでスナック・バーを取り上げる理由は、このスナック・バーが、現在のカラオケブームのきっかけをつくり、深夜遅くなってからでも食事と軽いアルコールなどが気軽に楽しめる、庶民の代表的な飲食店だからである。私も20代の頃、神奈川県の平塚市内でスナック・バーの経営経験があるが、当時はおいしい料理と生のギター演奏で朝5時までの営業でも連日満員だった。この業態は、親子や夫婦による小規模経営が大半であることから、お客様が身近に通える店と言える。

ところが、カラオケはカラオケボックスに客を奪われ、憩いの場所としてはラウンジに、そして食事・飲酒においては居酒屋に客を奪われている。これでは、今後この業態が消滅してしまうことにもなりかねない。

●オープンなイメージでこだわりのメニューを

最近のスナック・バーでは、食事メニューが乏しい。ナポリタン、ミートソース、豚のしょうが焼き、コロッケ、鶏のから揚げなど、あまりにも一般的すぎる。ドリンクメニューでも、ビール、ウイスキー、焼酎、日本酒など、これでは、昨今のお客様が楽しめるはずがない。この古くて陰湿な雰囲気を拭い去り、もっと明るいイメージの店へ改革し、これまでのメニューをすべて変える必要がある。

左図は、そのコンセプトを表現したものだが、メニューではおいしいカクテルの開発、料理も自慢の一品を開発することが必要となる。

とくに、価格設定には注意を要する。高額な値づけは絶対にやめるべきであり、リピート客を中心に気軽に利用してもらえる店にすることが大切である。

スナック・バーのメニュー開発ポイント

スナック・バーの問題点

お客様の利用動機が曖昧になっている。すべてが中途半端であることから、今後は消滅の危機も

▼

問題解決キーワード

顧客ターゲットを明確にする

食事とドリンクを両立させたメニュー戦略

風俗イメージを拭い去り、
エンターテイメント飲食店を

▼

ツール

- お洒落なカクテル
- 自慢の一品料理
- シアターや音楽
- お気軽プライス

開発ポイント

●おいしい自慢の料理とカクテルで音楽や映画を楽しみながら気軽に楽しめる店の開発

創作カレーでイベント成功

私はカレーが大好きで、1日3食食べても飽きないほどである。若い頃、カレー料理を学びたくて、当時渋谷のハチ公前にあった「渋谷ランチ」という店にもぐり込んで修業したこともある。

したがって、カレーの開発には、これまで相当の時間をかけてきた。それが幸いして、中国上海へのカレーハウス出店や京都の“町おこし事業”でも、カレーを使用した“薬膳カレー”などのコンサルティングに関わってきた。

30代後半のある時期、コンサルタント会社の依頼によって、ファミリーレストランの立ち上げに関わった。そこで、販促イベントにカレーメニューをテーマにすることが決まった。

しかし、当時のファミリーレストランには、専門技術を持っている調理人が少なかったことから、その商品開発のすべてを私が完成させることになった。

カレー好きな私だが、本格カレーの調理経験は少ない。そこで、知人のインド人に教えを乞い、名店のカレーを分析するなどの試行錯誤の末、独自のガラムマサラを合わせることに成功した。

完成したメニューは、タイ風ココナッツカレー、スペイン風ドライカレー、中華風ライスボールカレー、ハワイアン風パイナップルカレー、ベジタブルカレーなどなど、8種類が完成した。

ハワイアン風カレーは、パイナップルをくりぬいてその中にカレーを入れて提供した。中華風では、おにぎりを肉団子のミンチで包み、油で揚げ、そこにナスやしし唐などを載せてカレールーをかける。これをフォークとナイフで食べてもらうなどの創作カレーだった。

このメニューが完成したとき、社長は涙を流して喜んだ。「これがカレーですか！」と、これまで見たこともないカレーに大感激の様子だった。

このイベントは、大成功のうちに終了したが、その商品開発のご褒美として、調理場一同が1万円ずつ祝儀をいただいたことは、今でも忘れられない思い出となっている。

著者略歴

原田　諦（はらだ　あきら）

東京都出身。工業エンジニアを経て外食業界に入る。国内外のホテル、レストランの調理長を経て中国料理店、食品加工場、会社などを経営。その後、外食コンサルティング会社のチーフコンサルタントとして、全国の飲食店の指導を行なう。また、台湾、韓国の外食企業の商品開発に携わる。現在、飲食ビジネスコンサルタントとして、国内外の飲食店の経営指導、海外出店コンサルティング、再チャレンジ・ビジネスコンサルティング、食品メーカーの商品開発顧問として活動している。2007年8月、日本フードコンサルタント協会を創立し、若手コンサルタント育成活動を開始する。また、「メニューマーケティング」によって経営博士号を取得。豊富な体験と実践理論に基づき、全国に話題の繁盛店を開発している。“経営と調理ができるコンサルタント”として、若手育成に情熱を傾ける傍ら、各府県の地域活性事業の指導など、行政コンサルタントとしても活動。2000年にはその功績が認められ、社会文化功労賞を受賞している。
外食専門誌「月刊店舗」、「近代食堂」、「日経レストラン」などで長期連載。その他、ラーメン店開業マガジン、ラーメン店繁店BOOK、レストランビジネス、おでん大全、独立開業BOOKなど、執筆多数。
著書として、『図解　はじめよう！　麺の店』『必ず当たる！　売れるメニューはここが違う』（ともに同文館出版）『成功するための開業種選び！』㈱テンポ）などがある。

株式会社　日本外食総合コンサルティング代表取締役。
社団法人　日本フードコンサルタント協会代表。
再チャレンジ・ビジネスコンサルティング主宰。

連絡先　　〒107-0052 東京都港区赤坂７－２－１７
㈱日本外食総合コンサルティング
TEL03-3408-1015　FAX03-6805-5078
Email:jfc@lagoon.ocn.ne.jp
URL:http://wwwjfc.co.jp(会社案内) www.inshoku.biz（飲食ビジネス）

勝ち残る飲食店の「メニュー開発」はここが違う

平成20年5月14日　初版発行

著　者――原田　諦

発行者――中島治久

発行所――同文舘出版株式会社

東京都千代田区神田神保町1-41　〒101-0051
電話　営業03（3294）1801　編集03（3294）1803
振替00100-8-42935

 ISBN978-4-495-57971-5
印刷／製本：三美印刷　Printed in Japan 2008